那些比钱更重要的事

〔美〕罗伯特·清崎 等著　汪天盈 译

四川人民出版社

图书在版编目（CIP）数据

富爸爸那些比钱更重要的事 /（美）罗伯特·清崎等著；汪天盈译. — 成都：四川人民出版社，2019.1
ISBN 978-7-220-10756-6

Ⅰ.①富… Ⅱ.①罗…②汪… Ⅲ.①企业管理 – 通俗读物 Ⅳ.① F272-49

中国版本图书馆 CIP 数据核字（2018）第 072558 号

More Important Than Money
Copyright © 2017 by Robert T. Kiyosaki and The Rich Dad Advisors
This edition published by arrangement with Rich Dad Operating Company, LLC.

版权合同登记号：图进 21-2018-734

FUBABA NAXIEBIQIANGENGZHONGYAODESHI
富爸爸那些比钱更重要的事
〔美〕罗伯特·清崎　等著　汪天盈　译

责任编辑	张春晓　李京京
特约编辑	张　芹
封面设计	朱　红
版式设计	乐阅文化
责任印制	聂　敏
出版发行	四川人民出版社　（成都市槐树街2号）
网　　址	http://www.scpph.com
E-mail	scrmcbs@sina.com
新浪微博	@四川人民出版社
微信公众号	四川人民出版社
发行部业务电话	（028）86259624　86259453
防盗版举报电话	（028）86259624
照　　排	北京乐阅文化有限责任公司
印　　刷	三河市中晟雅豪印务有限公司
成品尺寸	168mm×234mm　1/16
印　　张	25
字　　数	406千
版　　次	2019年1月第1版
印　　次	2019年1月第1次印刷
书　　号	ISBN 978-7-220-10756-6
定　　价	65.00元

■版权所有・侵权必究
本书若出现印装质量问题，请与我社发行部联系调换
电话：（028）86259453

致中国读者的一封信

亲爱的中国读者：

你们好！

今年是《富爸爸穷爸爸》在美国出版20周年，其在中国上市也已经整整17年了。我非常高兴地从我的中国伙伴——北京读书人文化艺术有限公司（他们在这些年里收到了很多读者来信）那里了解到，你们中的很多人因为读了这本书而认识到财商的重要性，从而努力提高自己的财商，最终同我一样获得了财务自由。

我很骄傲我的书能够让你们获益。20年后的今天，世界又处在变革的十字路口。全球经济形势日益复杂，不断涌现的"黑天鹅事件"加剧了世界发展的不确定性，人们对未来充满迷茫，悲观主义情绪正在蔓延。

而对于你们，富爸爸广大的中国读者来说，除了受世界经济的影响，还要面对国内经济转型的阵痛，这个过程艰苦而漫长。当然，为了成就这种时代的美好，你必须坚持正确的选择，拥有前进的智慧和勇气。这就需要你努力学习。此次修订除了对原来内容的更新，还增加了许多全新的小版块。这些小版块贯穿全书，可以看作是穿越时光的透视镜，它们从今天回望

1997年这本书诞生的时候，用今天的形势来印证富爸爸当初的理念。

最后，我还是要说，任何人都能成功，只要你选择这么做！

罗伯特·清崎
2017年6月

出版人的话

转眼间,"富爸爸"问世已20年,与中国读者相伴也已17余年。在中国经济和社会蓬勃发展的17余年间,"富爸爸"系列丛书的出版影响了千千万万的中国读者,有超过1000万的读者认识了富爸爸、了解了财商。在"富爸爸"的忠实读者中,既有在餐厅打工的服务员,也有执教讲堂的大学教授;既有满怀创业梦想的年轻人,也有安享晚年的退休人士。"富爸爸"的读者群体之广、之大,是我们不曾预料到的。

作为一套在中国风靡大江南北、引领国人创业创富的财商智慧丛书,"富爸爸"系列伴随和见证了千万读者的创富经历和成长历程,他们通过学习财商,已然成为中国的"富爸爸",这也是我们修订此书的动力。十几年来,"富爸爸"系列也在不断地增加新的"家族成员",新书的内容也越来越贴合当下经济的快速发展以及国内风起云涌的经济大潮,我们也在十几年的财商教育过程中摸索出了一套适合国内大众群体的"MBW"财商理论体系,即从创富动机、创富行为习惯、创富路径三方面培养学员的财商,增强大家和财富打交道的积极意识,提高抗风险的能力。

曾有一位来自深圳的学员告诉我,他当年就是因为读了《富爸爸穷爸爸》一书,并通过系统的财商训练,才在事业上取得了巨大的成功。难能可贵的是,成功后的他并没有独享财富,而是将自己致富的秘诀——"富爸爸"财商理念分享给了更多想要创业、想要致富、想要成功的人。

在"富爸爸"的忠实读者群中，类似的成功故事还有很多很多。在"富爸爸"的影响下，每一位创富的读者都非常乐意向更多的朋友传授自己从财商训练中获得的成功经验。

值此"富爸爸"20周年之际，作者的最新修订版再次契合了时代的发展、读者的需要。在经济金融全球化的发展与危机中，作者总结过去、现在和未来财富的变化与趋势，并重温了富爸爸那些简洁有力的财商智慧，在中华民族伟大复兴的新时代，"富爸爸"系列丛书将结合财商教育培训，为读者带来提高财商的具体办法，以及在中国具体环境下的MBW创富实践理论。丛书的出版公司北京读书人文化艺术有限公司将和相关的财商教育培训机构一起，从图书、财商游戏、财商培训、财商俱乐部等多角度多方面，打造出一个立体的"富爸爸"，不仅要从财商理念上引导中国读者，更要在实践中帮助中国读者真正实现财务自由。读者和创业者可以通过登录官方网站：www.readers.com.cn及www.fubaba.com，或关注读书人俱乐部微信，来了解更多有关"富爸爸"系列丛书和财商培训的信息。

正如富爸爸在书中所说，世界变了，金钱游戏的规则也变了。对于读者和创富者来说，也要应时而变，理解金钱的语言、学会金钱的游戏。只有这样，你才能玩转金钱游戏，实现财务自由。

汤小明
2017年4月

读书人俱乐部

通过阅读本书，你将了解到：为什么上学这一途径会毁掉我们与生俱来的企业家天分？

更重要的是，通过阅读本书，你还将了解到：如何寻回曾经失去的企业家精神？

我们每个人都可以成为企业家。我们都可以拥有属于自己的售卖柠檬水的小摊。

至于如苹果或脸书之类跨国企业的创办人与柠檬水摊贩之间的差异，则正是本书关注的重点。

你无法看清前方的路，只有蓦然回首，才能一目了然。

因此，你必须对未来抱有信心，相信船到桥头自然直。你必须对自己抱有信心——无论是勇气、命运、人生、因缘，还是其他方面。

上述行事之道从未让我失望过，正是这一点造就了我生命中所有的精彩。

——史蒂夫·乔布斯

谨以此书献给

所有拥有企业家精神的人们

目 录

I 前 言

第一部分：你的团队都有哪些人？

3　引　言　　　　　　　　　　罗伯特·清崎

15　《富爸爸胜利之师》　　　　布莱尔·辛格

23　B-I 三角形：商业 8 要素　　罗伯特·清崎

第二部分：真实的企业家

29　**罗伯特·清崎**

29　个人背景与企业家简介

37　将企业打造成一个品牌

49　《富爸爸穷爸爸》节选

73　《富爸爸第二次致富机会》节选

87　金·清崎

- 87　个人背景与企业家简介
- 93　现金流的秘密：资产重于收入
- 101　《崛起时刻》节选

111　肯·麦克尔罗伊

- 111　个人背景与企业家简介
- 115　OPM：如何借助债务致富
- 121　《不动产投资入门》节选

137　布莱尔·辛格

- 137　个人背景与企业家简介
- 144　销售 = 收入
- 155　《富爸爸销售狗》节选
- 173　《富爸爸胜利之师》节选

181　加勒特·萨顿

- 181　个人背景与企业家简介
- 187　保护你的资产
- 195　《富爸爸如何拥有自己的公司》节选

201 《富爸爸如何买卖一家公司》节选

汤姆·惠尔赖特
213 个人背景与企业家简介

223 如何利用税法增加你的现金流

229 《免税财富》节选

安迪·塔纳
241 个人背景与企业家简介

247 纸资产：投资和风险管理策略

255 《富爸爸股票投资从入门到精通》节选

达伦·威克斯
273 个人背景与企业家简介

277 沟通：融资的关键

283 《融资艺术》节选

乔希·兰农　莉萨·兰农
297 个人背景与企业家简介

309 针对社会需求制定的商业模式

319　《富爸爸社会企业家》节选

第三部分：掌握 B-I 三角形

337　B-I 三角形：使命　　　　金·清崎

339　B-I 三角形：领导力　　　迈克·苏利文

345　B-I 三角形：团队　　　　肖恩·卡尼利亚

349　B-I 三角形：产品　　　　罗伯特·清崎

353　B-I 三角形：法律　　　　加勒特·萨顿

361　B-I 三角形：系统　　　　肖恩·卡尼利亚

365　B-I 三角形：沟通　　　　莫娜·甘贝塔

371　B-I 三角形：现金流　　　汤姆·惠尔赖特

377　总　结

前　言

罗伯特·清崎

许多人都有自己的远大抱负。他们坚信，自己那些关于全新产品或服务的想法，能够让自己日进斗金，走上人生巅峰。问题在于，他们中的大多数并不知道，如何将梦想变为现实。

Q：为何人们往往无法将他们的想法转变为真金白银？

A：因为绝大多数人只在学校学习如何为他人工作，也就是毕业后做雇员，根本无法学习如何让他人为自己工作，也就是争做企业家。

正因为此，绝大多数人听到的建议都是这样的："你去上学，然后找一份工作。"至于另一种说法："去学校吧，去学习如何为他人创造工作岗位。"你肯定闻所未闻。而后者正是成为成功的企业家应该做的。

多数人去学校的目的是为了学习如何赚钱谋生，也就是获得稳定的工资收入，鲜有人抱着了解如何创造价值的目的去学习，而后一种方式却可以让企业家们不再需要工资收入。如果你曾经阅读过《富爸爸穷爸爸》一书，兴许就能回忆起来自富爸爸的第一课，那就是"富人从不为钱工作"。企业家对此心知肚明，他们寻求各种途径，让钱为自己工作。他们通过资产的积累，不但从中获得了现金流，还拥有了相关权益。

大卫、歌利亚以及比维赫尔曼①

世界上的企业家可以明确地分为三种类型：大卫型、巨人歌利亚型以及小人物比维赫尔曼型。

巨人歌利亚型企业家的例子有很多，例如我们耳熟能详的史蒂夫·乔布斯，他创办的苹果成为美国历史上最赚钱的公司之一。其他的例子也不胜枚举，例如甲骨文的拉里·埃里森，福特汽车的亨利·福特，微软的比尔·盖茨，通用电气的创办人托马斯·爱迪生，维珍集团的发起人理查德·布兰森，以及华特·迪士尼的迪士尼公司。

一个需要记住的重点在于，所有这些巨人歌利亚型企业家，都是从小人物比维赫尔曼型转变而来。

而另一个需要指出的重点就是，这些巨人型企业家全都曾在某一时刻化身为大卫型——就是传说中记载的在战斗中打败巨人并取其首级的那个大卫。传记片《硅谷传奇》讲述的就是年轻的比尔·盖茨以及史蒂夫·乔布斯打败巨人企业IBM以及施乐的故事。按照影片的说法，比尔·盖茨的PC业务"剽窃"自当时的大型主机巨头IBM，至于后来人们看到的鼠标以及麦金托什计算机，则是史蒂夫·乔布斯从施乐公司那里"顺走"的。对于比维赫尔曼型及大卫型企业家来说，《硅谷传奇》这一影片不容错过，因为其展现了充满勇气的小人物挑战巨人并有望取而代之的传奇故事。

至于理查德·布兰森的故事，则与前述故事有着相似的画风。这位最初涉足唱片行业的企业家，也曾经一度展现出大卫型风格，其用自己的初创公司维珍航空单挑当时的航运业巨头英国航空。现如今，维珍集团俨然已成为"巨人杀手"，尾随于各种有着臃肿、懒惰、傲慢且收费高昂特性的巨人身后，伺机而动。举例来说，当理查德看见移动通讯市场存在的"油水"（即利润）之后，便创办了维珍移动。在今天的美国市场，维珍移动已成为沃尔玛的主打推荐品牌，且成为美国主流运营商之一。

当然，并非所有的大卫型企业家都需要充当巨人杀手的角色。通过推出能够

---

① 传说，大卫挑战巨人歌利亚并杀死了他。——译者注

改变世界的产品，一些默默无闻的小人物，最终也能成长为巨人般的存在。举例来说，托马斯·爱迪生在发明了电灯泡之后，实现了从小人物到大卫再到歌利亚巨人的角色转换过程，而他的这一发明更是直接促成通用电气的成立。

马克·扎克伯格在他位于哈佛的学生宿舍中开始了其作为小人物创办脸书的历程。而在将脸书从哈佛推广到其他大学用户的过程中，他成为了大卫。最后，马克进一步将该服务推广到全世界，成功实现歌利亚巨人的角色转变。

当埃隆·马斯克的太空探索技术公司开始承担美国国家航空航天局的部分任务时，其便完成了从小人物到大卫再到歌利亚巨人的转变。

接下来，埃隆通过他的特斯拉，推出动力更强劲、外形更性感的电动汽车，对包括通用汽车在内的传统汽车厂商造成冲击。

小人物也能改变世界

要改变世界，你不必非得成为大卫或者歌利亚巨人。

通过成为"纵倾调整片①"，小人物也能够改变世界。我写过一本名为《第二次机会》的书，该书于2015年出版，其中提到巴克敏斯特·富勒博士以及他如何改变我人生的故事。如果不是因为富勒博士，或者习惯被人称之为"巴奇"的这个人，就压根不会有富爸爸公司的存在。我可能仍然在和那些摇滚乐衍生产品纠缠不休，就像理查德·布兰森一样。我绝不可能成为一位教师或者财商教育方面的企业家。

我曾经三度有幸从富勒博士那里聆听教诲，时间分别是1981、1982以及1983的夏季。在最后一次课程结束的数周后，富勒博士便离开了人世，这一变故促成我放下了摇滚乐衍生品业务，成为了一位财商教育方面的小人物。针对金融危机，富爸爸公司推出过一集名为《能够窥见未来的男人》的迷你纪录片，供那些有兴趣通过财商教育来学习如何预见未来以及如何面对经济危机问题的人免费观看。

传统教育行业通常给人一种墨守成规的感觉，既不与时俱进，还存在距离感，

---

① 此处用来比喻可以逐渐造成重大影响的小人物，详细解释参见下文中的问答。——译者注

且收费极其昂贵。现在，富爸爸公司正致力于消除这些成见。我们的任务不是要杀死教育行业的歌利亚巨人，而是要成为人们称之为教育系统的巨轮上的纵倾调整片。

Q：什么是纵倾调整片？

A：纵倾调整片是位于船只或航空母舰操控面后缘的一处体积很小的表面，就好比船舵，其在舵手无须持续施加操纵力的情况下，帮助船身平稳航行于既定航道上。

富勒经常问自己，我只是一个小人物，我能做什么呢？彼时，他决定成为"纵倾调整片"。与其作为一位共和党人或民主党人，奔波于各种政治事务间，醉心于操控全局，不如选择成为"纵倾调整片"，安心居于一隅。要知道，通过"纵倾调整片"那微小但强劲的力道便足以影响航行方向，造成改变。1927年，他作为小人物，改变了世界。在纪录片《能够窥见未来的男人》中，你可以看到富勒众多终身成就中的少数几项，包括由他设计的1967年于加拿大蒙特利尔举办的世博会中的美国馆。你还会看到，我是如何在他的影响下，成为财商教育界的小人物。

富爸爸公司正在以小人物的角色影响着教育界。小人物也能够改变世界。这就是企业家的意义。今天，作为一种教育工具，《富爸爸现金流》游戏正在被世界各地的用户所广泛接受，而这一切却没有通过学校体系来实现。

如果你有兴趣成为一位企业家，并化身为富有且睿智的商业领袖改变世界，那么这本书正是为你而写。无论你是打算对那些声名显赫的公司发起挑战，还是勇于探索未知领域，作为一位企业家，成功的道路绝非坦途，这需要实力、承诺以及自律。这需要一群头脑灵活、经验丰富且值得信赖的顾问团队围绕在你身边，给予你远见及信心。

我相信你会发现：你的团队将会成为你最有价值的资产，如同我所拥有的一样。他们能够填补横亘在优秀的想法与成功的商业之间的鸿沟。

第一部分
你的团队都有哪些人？

做生意和投资都是团体竞技项目。

——富爸爸

引　言

罗伯特·清崎

数月前，在我与医生的交谈过程中，对方骄傲地告诉我："我是一名百万富翁，我终于挣了超过100万美元的钱。"

我首先对他表示祝贺，因为我们是非常要好的朋友，接下来我很自然地问道："你为此缴纳了多少税款？"

"大约70万美元。"他羞怯地回答道。

"那可是一大笔钱。"我惊讶得几乎说不出话来。

"那好吧！你又缴纳了多少税款？"对方问道，"我知道你赚的比我多。"

"我缴纳的要比70万美元少得多，"我回答道，"我确实赚的比你多，而且多的不是一丁半点……然而我缴纳的税款却少得多。"

"你建议我怎么做？"对方问道。

"炒掉你的会计师。"我直接回复道。

坏的建议

多年来，我不得不解雇为数众多的会计师、律师、CEO、总裁以及其他被称之为专业顾问的人。在我看来，这些来自声名显赫的公司的会计师和律师简直不可救药。因此，当我对那位医生朋友说"炒掉你的会计师"时，我是认真的。

如果你阅读过我的其他书籍，你一定知道我曾多次提及团队的重要性。在本书中，你将会听到来自我的团队的声音。他们是货真价实的。这些富爸爸顾问以及富爸爸团队中的其他企业家将会分享他们的专业才干，以及他们在成为一位企业家的道路上所经历的各种关于成功、挑战以及失误的故事。

我的团队比起金钱本身来说，要重要得多。因为没有他们的帮助，我很可能无法赚到哪怕是一丁点的钱。

在本书里，我的团队不仅会告诉你应该怎么做，而且还会告诉你为什么要这么做。举例来说，我的会计师汤姆·惠尔赖特会向大家解释：为什么有钱人缴的税要少得多，以及你如何做才能达到同样的目的。这就是"智慧比金钱本身更重要"在汤姆身上的体现。他的建议帮我在税费方面节省了数百万美元，而且还是合法的。加勒特·萨顿将在公司实体以及资产保护章节提到上述话题。

你可能会对自己说：我并没有赚到数百万美元啊！既然没有赚到那么多钱，我还有必要看这本书吗？答案是：绝对有必要！对许多人来说，他们之所以没有赚到很多钱，正是因为他们在税费方面的支出超出了他们本应承担的数额，而这些就是采纳那些不称职的顾问给出的拙劣建议后所带来的后果。

最重要的事情

依照许多社会学家的说法，对于人的一生来说，最重要的因素来自社交圈及网络职业。换句话说，就是那些在你身边的、在你团队中的以及你与之共事的那些人。如果你身边的人尽是一些贫穷的人，那么你很可能也只是一个穷人。有句老话说得好：物以类聚，人以群分。

现金流象限代表了商业世界中四种不同类型的人。请记住，企业家可以来自这四个象限中的其中三个：S、B以及I。

E　代表雇员
S　代表自由职业者或小企业主

B 代表大企业主（拥有 500 名或更多员工的大公司）
I 代表投资者

我的这位医生朋友便是来自 S 象限的小企业主。字母 S 在英文中也是专家、小企业主、聪明的人以及明星的首字母，体坛大腕以及影星就属于明星范畴。

在解雇他的会计师之前，医生问道："如果我炒掉了我的会计师，那么我应该找谁呢？"

我向他推荐了三个人，分别是我的会计师汤姆·惠尔赖特、我的律师加勒特·萨顿以及我在不动产方面的合作伙伴肯·麦克尔罗伊。

"为什么我需要找三个人呢？"医生问道。

"因为做生意是一种团体竞技活动。他们是我团队的一部分。"我回答道，"我们一起共事多年，合作赚取了数百万美元，我毫无保留地信任他们。"

"为什么需要三个人呢？"医生问道。

"因为这三位不同的顾问会各司其职：赚钱、节税以及防范那些觊觎钱财的人。如果缺少他们中的任何一位，我就很可能落到与你类似的境况，虽然赚的不少，却要支付超额的税款，还要担心某些不怀好意的人利用司法系统的游戏规则窃取我积累的财富。"我这样回复。

"你是说诉讼吗？"他问道。

我点点头："对，诉讼和税务。你看，如果你想变得富有，那么在此之前，你就需要知道如何保护自己。"

医生又提出了一个问题："那为什么我的会计师没有告诉我这些呢？"

这个问题问得真是很绝妙，对不对？然而，答案是：我不知道！要想知道真相，我的那位医生朋友恐怕只能自己去问他的会计师了。但我能够确信的是，我的上一任会计师在保护我的财富这方面显然力不从心。他们才智过人且代价不菲。但是当我意识到，他们并不知道或完全不了解我投资不动产的用意时，我选择让他们走人。当另一家会计公司建议我卖掉所有的不动产并投资于共同基金时，我立马解雇了他们。在 E 象限，他们或许能够被称之为聪明的会计师，但在 I 象限，显然不是这样。

在本书中，你将能够通过我的团队学到如何建立自己团队这一方面的知识。

成为一位企业家不是什么了不起的事情。基本上人人都可以成为企业家。

在我的邻居中，曾经有一位非常年轻的女孩，她开展过保姆业务。在父母的允许下，晚上她可以将不同年龄段的儿童带回自己家中照看，而那些儿童的父母很高兴在付费之后享受一段不受打扰的夜生活。等那些孩子睡着之后，这位年轻的企业家就可以做自己的家庭作业，同时还可以从每位儿童身上赚取每小时十美元的报酬。星期六的晚上通常是最忙碌的，有时需要她照料的孩子人数多达 7 个。这样的话，她每小时可以入账 70 美元，这还不包括小费在内。对于一位 15 岁的女孩来说，这算得上是一件不错的差事。

她用这笔钱支付了大部分的大学学费以及开销。换句话说，她将收入再投资，从而让她成为更加富有的企业家。我不知道她是否为此支付了税款，那是她与税务部门之间的事情了，一定程度上取决于她个人的道德修养。

我想说的是，人人都可以成为企业家。问题在于：成为富有企业家的人数却屈指可数。

统计显示，绝大多数的企业家都没法变得富有。实际上，许多小企业主在收入方面甚至还不如他们自己的员工。其原因在于，他们在员工下班回家之后还在继续工作，甚至在业务结束之后，他们仍然在忘我地劳作。如果你将这些小企业主投入的工时以及他们获得的回报一同考虑，以时薪衡量，他们中的许多人在收入方面甚至不如自己的员工。

我有一个朋友，她也是一位企业家。最近有一篇新闻提到她，说她每个月可以赚到 8 万美元。我相信对许多人来说这不是一笔小数目。后来，当我和她一起喝咖啡的时候，我问道："每个月赚到的那 8 万块钱最后还能剩下多少？"她笑着回答说："一分不剩，我将它们全部投入到扩大业务规模中去了，现在我们依靠我丈夫的工资度日。"

企业家是一种终年无休的工作，即便没有进行任何实际的工作，他们在精神层面也不会消停，或者在情感上担心着各种事情。员工可以回家或者是去度假，但绝大多数企业家不可以。我听说，比尔·盖茨最初创办微软的时候，曾经在八年中没有休息过一天。

我之所以强调这一点是因为许多员工认为"当老板是一件很容易的事情"。他们想当然地认为自己做了所有的工作，而老板却坐享其成，赚得盆满钵满。为什么如此多的员工认为老板没有和他们一样辛苦地工作呢？因为员工与老板面对的工作类型是完全不同的，而完成这些工作需要截然不同的技巧。

统计显示，每十家小企业中，就有九家会在最初的五年内倒闭，原因在于，绝大多数的创业者缺乏成为企业家的基本技巧，即便其中的一些从大学毕业甚至拥有如 MBA 这样的高水准出身。更糟糕的事情是，在头五年生存下来的那十分之一的小企业，在接下来的五年里，还是会面临高达 90% 的失败率。我知道，我自己就是其中的一员。我经历过的失败远多于成功。

我非常确定，对于大多数创业者来说，他们成不了企业家的原因在于：害怕失败，担心没有稳定的工资收入。对于那些无法克服这种恐惧感的人来说，最好的办法就是继续他们每日的工作、福利以及带薪假期，继续朝九晚五地工作，下班回家吃晚餐、看电视，享受每年一次、为期三周的假期，继续满足于这种身为员工所具有的安全感。

企业家的含义

企业家的含义极其广泛。对于不同的人来说意味也不一样。《巴伦周刊》出版了一本名为《金融投资指南》的小册子，并在书中对企业家给出了如下定义：

> 企业家：敢于承担风险、开创新事业的人。许多企业家拥有技术方面的知识，并借此生产出被世人所接受的产品，或者根据用户需求设计出全新的服务。

《巴伦周刊》的尝试值得肯定。从字面上看，这一定义基本准确。然而，"企业家"这个词拥有非常深远的意义。如前文所述，绝大多数创业者将会在开创事业的头五年里遭遇失败，因为他们缺乏成为企业家所必需的技巧。我的邻居——也就是那位年轻的保姆——拥有成为一位成功的保姆所需的技能。就她所处的年龄层来衡量，她已经赚到了非常多的钱，能够靠自己的力量完成学业，但她缺乏开创一家公司并且成为一位富有企业家的技能，即便她获得大学文凭后也是如此。现在的她成为一家大型医疗公司的员工，有着不错的薪水。

对于那些读过我其他书的人来说，肯定知道我反复念叨的事情：学校让年轻人成为员工，而不是企业家。这就是我们在那里面不停面对照本宣科和死记硬背的原因。如同巴甫洛夫的狗，每次听到晚餐铃声的响起，就会流口水一样。"完成学业，找一份工作。"学校从来不会引导我们说："完成学业，开创一份事业，创造就业岗位。"

最近，我一位年轻的朋友获得了企业管理方面的硕士学位。他表示，许多讲师在课堂上花费大量时间讲述如何准备一份简历以便获得一份薪水颇高的工作。你在开玩笑吗？真正的企业家是不会学习如何修饰自己的简历的，他们只会翻阅别人的简历，从中发现哪些候选者拥有公司团队所需的技能，以便雇用他们。

各式各样的企业家

企业家有着迥异的类型、规模以及风格。我的另一位邻居是一名医生，他在一家私人诊所工作，他是一位企业家。还有一个人，他也是我的邻居，同样作为一名医生，他从一家大的医院辞职，成为一位企业家，致力于研发某种新药，这种药物可以被用来治疗某种脑部疾病。在等待新药通过政府审批流程的过程中，他和他的妻子不得不忍受长达六年以上节衣缩食的生活。另外还有三位邻居是大型房地产开发商。另一位是一个房地产经纪，她只卖不建，她是一位企业家，拥有一家中等规模的房地产经纪公司。另外两位邻居拥有专业的体育团队，分别是棒球球队和篮球球队。他们是体育行业的企业家，雇用专业的运动员和教练，每年向后者支付数百万美元的薪水。在我的邻居中，有一些来自此类团队中的教练，他们是为体育界企业家打工的员工。

艺术家有成为企业家的倾向，他们中的许多人是专业的画家、音乐家或演员。披头士乐队就是企业家，他们从音乐的世界中赚取了可观的财富。

许多人因为讨厌为别人打工从而走上了成为企业家的道路。他们想成为自己的老板，他们想做自己的事情，他们不希望受到别人的摆布。还有很多人成为企业家是因为他们无法获得一份工作，或者无法找到一份可以坚持做下去的工作。

还有许多被称之为"连续创业家"的人。他们创办一份事业，在成功之后就卖掉，然后开创一份全新事业，继续重复上述步骤。他们非常像倒卖地产的炒房客，购买物业的目的只是为了尽快脱手。

还有极少数的企业家成为了改变世界的人，亨利·福特、托马斯·爱迪生、华特·迪士尼、史蒂夫·乔布斯、比尔·盖茨、奥普拉·温弗瑞、谢尔盖·布林、杰夫·贝佐斯、理查德·布兰森以及马克·扎克伯格都属于此类。他们对世界的影响会持续存在许多年。

由于与本书内容存在相关性，这里需要着重指出的一点就是：亨利·福特、华特·迪士尼、托马斯·爱迪生、史蒂夫·乔布斯、比尔·盖茨、奥普拉·温弗瑞、马克·扎克伯格以及理查德·布兰森并未完成学业。他们没完成学业是因为他们不愿意仅仅为了获得一份工作而学习，他们想要成为改变世界的企业家。他们做到了！

天生的企业家？

许多人问过这样一个问题："企业家究竟是天生的，还是后天塑造的？"

我相信，所有人天生都是企业家。这就是为什么我选择在本章的开头就提到那个高中女生自己开创保姆业务的故事。那些由小孩售卖柠檬水或者女童军饼干的摊位足以说明这一点。每个人都能够成为一位企业家——无关年龄大小或教育程度的高低。

在农耕时代，大多数农民就是企业家。他们拥有一小块土地，耕作、播种并收获作物，养育他们的家庭，然后卖掉剩余的粮食。

后来，到了工业时代，数以百万计的农民离开了他们的土地，迁徙到城市，也就是工厂的所在地，变成了员工。

今天，我们的学校继续将年轻人培养成员工。问题是，我们现在身处的是信息时代，越来越多的就业岗位逐渐因技术的进步而消失。当员工组织罢工、要求更高的薪水的时候，他们的岗位要么流向海外那些拥有低劳动成本优势的国家，要么被全新技术所取代。"人工智能的崛起"正在成为现实。如今，超市收银这份以往由人工进行的操作正在被自动化流程所取代。工作岗位变得不再那么稳固，企业家正在变成一种热门的全新行当。许多预言家预测，标普500的规模会缩水为标普300，因为全新崛起的企业家会让其中的200家公司变为过去式。这意味着数以百万计目前选择在错误的公司中工作的员工将会面临失业的后果。

你也许能够回忆起一个名叫史蒂夫·萨松的人，他是伊士曼·柯达的员工。1974年，就是他发明了数字摄影技术。其后，不到40年的时间，也就是2012年，柯达这家有着131年历史的老公司向法院提出了破产保护的申请。让公司倒闭的是来自其自身不断更新换代的技术，数以千计的柯达员工的岗位成为了陪葬品。

如今，那个关于"上学才能得到一份安全且稳固工作"的口头禅已然过时，技术的变化以及全球化竞争将会在未来的某一天让所有身为员工的我们面临被淘汰的结局。这也许就是为何世界上许多地方的大学生宿舍会成为未来那些学生企业家的孵化器，从中也许会诞生下一个脸书，下一个全新事物，下一个改变世界的公司。问题是：对于绝大多数企业家来说，即便他们的事业能够勉强运转，其自身也无法变得富有。

现实情况是，绝大多数企业家与员工并没有多大区别，他们还是在为了一份收入而工作。成为一位富有的企业家绝对是一项挑战！

向企业家提问

接下来的内容节选自《福布斯》杂志，主要是关于大学教育对于成为一位企业家的重要性方面的调查。

> 参与调查的企业主中，有69%的人拥有大学教育背景（明显高于全国平均教育水平）。在这些拥有大学教育背景的被调查人群中，只有68%的人认为这种教育对他们的成功有显著帮助。相比较而言，在社会大众中间，有86%的人认为，大学教育是一项很好的投资——即使花费不菲。在被调查的企业主中，只有61%的人认为，要想在如今的社会取得事业上的成功，大学教育这一因素非常或者较为重要。这与社会大众对大学文凭价值的感受形成鲜明对比。

也就是说，如果你想成为一名员工，或者是成为像医生和律师那样的自由职业者，那么传统教育非常重要。

出租车企业家

1907年，哈利·艾伦，作为一位企业家以及纽约出租车公司的创办人，从法国进口了600辆燃气出租车。他就是创造"出租车"这个词汇的人。随后，数以百万的人变成了企业家，也就是我们熟知的出租车司机。

今天，"出租车"这个词汇被"优步"取代，许多独立的企业家也成为优步司机。

问题是，在出租车司机和优步司机面临淘汰结局之前，还有多少时间？在诸如谷歌自驾汽车这类不需要人类驾驶员的技术发展成熟之前，优步和出租车司机还有多少时间？

2014年，在佛罗里达的彭萨科拉，我参加了前海军陆战队飞行员战友组织的聚会。彭萨科拉是上世纪70年代我们作为新晋飞行员训练的地方。之后，我们参加了越战，在同一个空军中队服役。不出所料，无论老兵还是新人都围绕着一个问题展开讨论："我们还需要飞行员吗？"许多新晋驾驶员正在学习如何操控无人机，而不是飞机。

如果谷歌汽车可以取代对优步驾驶员的需求，那么无人机是否也可以取代对飞行员的需求呢？作为一位前任飞行员，我知道，如今的飞行员越来越少地执行飞行任务，如今的飞机可以在无须人类驾驶员干预的情况下完成起降及飞行任务。人类飞行员更多是作为后备保障，除了让乘客感到安心，剩下的任务就是应对突发的技术故障等问题。

在医疗行业，机器人在手术室中能够较人类的外科医生更好地完成工作。

我们应该问问自己：未来还有谁将会被取代？

为什么要成为企业家？

为何越来越多的人都在成为企业家？这里有少数几个例子。技术的进步和来自国外的竞争让越来越多的人面临淘汰局面。找到一份高薪工作然后一辈子指望这个工作过活的想法已然过时。

如今，越来越多的人意识到，成为企业家也许比成为一名员工更有安全感。

安迪·格鲁夫是英特尔公司的 CEO 以及创办人之一。他有一句名言："只有偏执狂才能生存。"而他那本同名书就是为那些偏执的、执意想变得更加聪明以及想作为企业家变得更加富有的人而写。

在工业时代，企业家创造工作机会、开创事业；而在信息时代，企业家摧毁机会、淘汰事业。

这方面有一个例子就是图书行业。当《富爸爸穷爸爸》于 1997 年首次出版时，实体书店业务还很兴旺。随后，亚马逊出现了，许多诞生于工业时代的书店——比如鲍德斯书店——消失了。

几天前，我去了一个卖食品的地方，许多人正在码货，其中一人拦下我，然后问道："你还记得我吗？"正当我充满疑惑时，她说道："我曾在你家附近的那家鲍德斯书店担任经理。我过去曾负责过你的演讲及签售会的现场布置。"

上述对话让我感到心痛。我尽力让现场气氛保持乐观，并且感谢她为我的书、我的事业以及我本人所做的一切。当我们谈及过去的时候，安迪·格鲁夫的那句名言——"只有偏执狂才能生存"——在我脑海中回荡。

再次强调一下，企业家并不一定创造工作机会。如今，企业家正在以飞快的速度摧毁过时的工作机会，淘汰陈旧的事业。

问题在于，我们的学校仍然试图将学生培养为合格的员工，并让他们从工作中获得安全感，而非培养他们成为企业家，从财务方面获得安全感。

好消息是，学校也开始开设创业方面的课程了。我为他们的努力喝彩！我担心的是，教学生成为企业家的这些人仍然拥有员工的思维定式。这就好比，通过阅读一本书来学会如何冲浪或者打高尔夫。如果你从未经历过被巨浪击倒的体验，你就不可能切身感受到那究竟是怎么一回事？对企业家来说，这相当于，你要面对自己开创的事业被竞争对手击垮这一局面。

简单来说，员工是以员工的心态来看待这个世界，而企业家看待这个世界的目光截然不同。本书是通过真正企业家的目光来看待这个世界。

本书开篇引用的乔布斯语句是我的最爱之一，它极具洞察力，值得不厌其烦地再次重复一遍：

你无法看清前方的路，只有蓦然回首，才能一目了然。因此，你必须对未来抱有信心，相信船到桥头自然直。你必须对自己抱有信心——无论是勇气、命运、人生、因缘，还是其他方面。上述行事之道从未让我失望过，正是这一点造就了我生命中所有的精彩。

大多数人之所以没有成为成功的企业家，是因为他们那些创业理论完全来自学校的书本知识，这些人在人生旅途的行驶过程中，始终紧盯后视镜，而企业家却能够做到直视前方。

真正的企业家

作为一位不动产企业家，金展现出真才实学，她与我们的其他顾问为创作这本书贡献良多——因为这是我们在富爸爸公司创建的团队，倾注了我们个人的投资——由此奠定了我们成功的基础。我们的顾问都是经过历练的真正的企业家。他们不但经验丰富，而且会满怀激情地倾囊相授。对于他们对本书的贡献，金和我表示由衷感谢！

在本书中，这些企业家不仅与我们分享了他们成功的点点滴滴，更重要的是，他们向我们展示了自己所犯的错误以及这些错误如何转变为宝贵的经验。大学教育虽然很重要，但是作为最好的老师，没有什么可以取代真正的商场经验。

传统教育中存在的问题之一在于，我们的学校仍然认为犯错误是坏事。传统教师对犯错误的学生施加惩罚，这意味着那些几乎不犯错误的学生，将会被视作优等生。在拥有创业精神的真实世界里，那些犯下最多错误并从这些错误中汲取经验的企业家将会成为最终的赢家。举例来说，在成功发明电灯泡之前，托马斯·爱迪生经历过1000次以上的失败。在成功创办福特汽车之前，亨利·福特经历过五次破产。史蒂夫·乔布斯一度被自己亲手创立的苹果公司扫地出门，后来，他回到公司，重掌大权，将苹果从濒临破产的危机边缘拯救回来。比尔·盖茨成功打赢由美国政府发起的反垄断官司。马克·扎克伯格一度遭到文克莱沃斯兄弟的起诉，后者声称他们才是真正创建脸书的人。

我提到这些极度成功的企业家曾经遭受的审判以及磨难，是因为这就是真正的企业家将会面对的遭遇和经历，从中转化的经验可以为一份事业的未来奠定基础——如果我们能够从每一次的错误和失败中汲取经验和教训。

在本书中，你将会学到：要想成为一位成功的企业家，对你而言，什么才是重要的，什么才是有价值的，以及哪些是你必须要了解的。最重要的是，你将会意识到，为什么仅仅拥有一个"伟大的想法"只是一切的开始……

如何打造一个制胜团队

布莱尔·辛格

周日下午，我们穿上自己支持球队的队服，观看着比赛，从激动人心的赛况中感受勇猛和成就。这是一群由有着坚定信念的个人组成的团队，他们充满不可思议的活力，在赛场上取得了非凡的甚至是几乎不可能的赛绩。我们将之称之为冠军队伍。

对于很多人来说，这是他们仅仅听到，但从未经历过的事情。但是对于任何成功的企业家来说，招募和打造一支制胜团队的能力是其需要掌握的最重要的技巧，其重要性仅次于销售，这能够帮助你将想法和梦想变为现实并取得成功。

为什么这一点如此至关重要？想一想，你的时间、精力和资源都是有限的，不可能事事亲历而为。你需要一个团队来满足外界对你的期望。除此之外，优秀的团队会产生不可思议的协同效应，会一次又一次地创造出超预期的结果。巴克敏斯特·富勒博士将协同效应定义为：把各个部分有机整合在一起，实现 1+1 > 2 的整体。

为自己的事业打造一支优秀团队，可不是靠运气就能完成的事情，也不仅仅是才干与个人魅力的"完美"混合。赫布·布鲁克斯是 1980 年美国冬奥会冰球队的传奇教练，他告诫年轻的队员们："你们没有足够的才能去凭借一己之力获胜。"然而当年，他们却在普莱西德湖的赛场上击败了世界上最好的队伍。这是由鼓舞人心的领导力以及一些非常具有决定性的步骤所创造的战果。

在过去 25 年多的时间里面，我在货运业、培训业、特许经营业以及许可授权业打造了自己的商业团队，同时还加入了许多优秀的团队。我还为数千家大型企业提供培训服务，帮助他们建立自己的团队，这其中既有像新加坡航空、欧莱雅、汇丰银行以及 IBM 这样的大型企业，也有人数仅为 5~10 人的小公司。但在任何情况下，成功团队的准则是一致的。

第一步是确保你对"团队"的定义有一个清晰的理解。对于一些人来说，团队意味着家庭；对另一些人来说，团队就是由有着共同目标的个体组成的团体；还有一些人觉得，团队承载的透明性和诚实水准在其主要关系中难得一见。关于团队的定义并没有对错之分，然而，重点在于，全体团队成员必须对此取得共识。

为了让事情变得简单一点，我将其总结为如下几个关键步骤：

招 募

招募是吸引合适的成员加入团队的一种承诺。为了实现这一目的，重要的第一步就是搞清楚任务是什么？你试图完成什么目标？为什么要完成这个目标？可能这个"为什么"是最重要的。多年以前，罗伯特将他的一个朋友介绍给我们，这位朋友是海军陆战队的一位退役上将。

与他交谈的过程非常令人着迷，因为他过去在海军陆战队就是负责招募士兵的。

他强调了打造团队这方面最重要的事情。他说："海军陆战队的工资水平非常低。因此，新加入的队员显然不是为了钱而来。他们希望在成为海军陆战队员的过程中，变成自己想成为的那种人。这些年轻的队员想成为比他们自身格局更大的事物的一部分。"

现在，花一会儿工夫想想：没有对未来的承诺，也没有金钱的诱惑，唯一的欲望就是成长，并且成为某种格局更大的事物的一部分。

作为一位企业主，你能够给出同样的条件吗？这就是为什么我认为对企业家来说第一重要的技巧就是推销能力。如果缺乏此种技能，你会发现，你很难说服人们为你工作，或者与你共事。想象一下特许经营。特许经营实际上就是花钱来成为某个团队的一分子。

作为一名俄亥俄州立大学的学生，我有成为俄亥俄州立七叶树足球队中学生经理人的特权，该球队是由传奇人物伍迪·海耶斯来担任教练。在那里，我学会了许多十分重要的东西，包括自律、努力工作、忘我的比赛以及超越以获得奖杯为目的所进行的比赛。队伍里的大多数选手都知道，他们不可能在比赛中展现出专业水准，但他们想要成为"某些东西的一部分"。

在我初次创办的货运业务中，我们并没有向员工支付最高的薪酬，但我们员工的流动率却是最小的。此外，我们还拥有令人赞叹的团队，他们一次次帮我们将公司从危机边缘挽救回来，并帮助我们成为在当时的同类航空货运公司中拥有最高成长速度的公司之一。

作为一支致力于参加州锦标赛的高中越野跑队伍，我们的口头禅是"团结一致，互相带动"。如果你对越野跑有一点了解，你就会知道仅凭一到两个水平很高的队员，不可能帮助整个队伍赢得比赛。我们的越野跑队员在整体上相当接近前列。对此，我们感到很骄傲。每天我们都会自问："要参加州锦标赛，我们应该变成什么样的队伍？"

守则

很久以前，通过观察海耶斯教练，我发现：所有优秀的团队都有共同点。事实上，对于任何伟大的公司、宗教、文明以及家庭来说也是如此。

任何想要长久存续以及成功的事物都需要规则，这就是被我们称之为"荣誉守则"的那一套简单、容易理解的规则。

这是一套涵盖并保护任何组织核心价值观的规则，那些价值观包括勤勉、诚实、有担当以及团队协作等。我们可以参考一下"十戒"。

十戒是经典的荣誉守则，它是为一群流离失所的以色列人定制的。十戒赋予他们强大的凝聚力，并使其成为强盛的文明。

无论在公司或是一段婚姻中，当规则遭到忽视或不被遵守的时候，混乱和无序很快便会接踵而来。

如果遇到队员违反宵禁令、训练迟到、在练习场地上偷懒、冒犯某个教练或是功课不及格的情况，海耶斯教练会怒发冲冠。

守则能够将团队凝聚在一起。每位选手都想发挥出最佳状态。海耶斯教练向队员给出的承诺便是：如果你遵从他的规则，你便会发挥出自己的最佳状态。

当我们创办一家公司或者向一家公司提供培训服务时，要做的第一件事情便是建立荣誉守则。为什么呢？因为如果不存在这样的规则，那么人们便会提出他们自己的规则。

随着局面的发展，人们会回归到他们的本能行为模式，而在绝大多数情况下，这都对整个团队不利。倒不是说他们是坏人，而是因为每个人都有自己的经历、背景以及所处境况。

在学校里，我们被要求自己完成自己的事情。对于团队协作来说，这可不太合适。在学校里，互助合作可能会被视为作弊，但商业上的合作往往是通向成功的关键。过去，我曾被教导成为一个坚强的个体，不需要依赖别人的帮助和支持。如果你正在试图让整个团队变得有凝聚力，那么，这样做可不行。这就是为什么你不得不建立规则的原因。

在富爸爸顾问团队中，我们拥有一份荣誉守则，并且我们全都遵守。在不同的公司中，我们有不一样的规则，因为我们属于不一样的团队。我妻子和我拥有一份守则，我们也为孩子和家庭准备了一份守则，我还为自己准备了另一份守则。为什么呢？

2012年，我16岁的儿子和我一同去坦桑尼亚攀登乞力马扎罗山峰。在山上的第一个晚上，我儿子就病倒了，而且病得非常厉害。第二天，尽管他尝试继续登山，但情况更糟了。他无法继续做任何事情。显然，他必须下山找医生，我得面对这样一个抉择：要么我把他带下去，要么让一个随行人员把他带下去。我非常希望征服那座山峰！当时的含氧量非常低，我的欲望非常强烈，而我的思维能力非常低下，这真是一个非常坏的组合。我们在生意中以及人际关系中面对的许多情形其实和这差不多。

当我正在思考的过程中，一个想法突然跃入脑海。那就是：我去写一本关于这方面的书，书名就叫作《如何打造一个制胜团队》。我儿子和我在出发前就创建的首个规则就是：我们自始至终都在一起。我们的守则很明确：绝不放弃任何一个处在危难中的队友。因此，我当即做出决定——我亲自带他下山！

如果没有那些规则的存在，我可能在海拔一万英尺的地方做出了一个非常糟糕的决定。是那些守则保护了我。

下山花了8个小时，之后，他躺在了一个让人不太信任的简陋诊所，而我则躺在旁边陪伴着他，直到他恢复。这件事情永久地加深了我们父子之间的关系，以至于他决定来年再去一次那个地方。2013年7月3号,11点27分，一个让人神清气爽的早晨，他和我一起登上了乞力马扎罗山峰。我交给他一

个一路上随身携带的钥匙环,环上有一个吊坠,上面写着:

> 我们自始至终在一起,我永远是你的后盾。
>
> ——爸爸

我知道,有些东西比山峰更大、更强、更厚重,那就是"爱"。幸运的是,我们创建了一个规则来保护它。不管你相信与否,有些家庭由于在征途中没有做出适当决策,最终导致了他们的分崩离析。

绩 效

团队中的规则之一就是:绩效越高,要求越严格——在规则本身方面也是如此。对于制胜团队来说,他们的自我要求极其严格。团队成员基本上不留任何推卸责任的余地。一旦规则被制定出来,那么团队中的每个人都需要遵守,每个人都有责任去监督这些规则的执行。要做到这一点并不总是那么容易,而且会让人感到不舒服,这就是为什么我们不得不借助"小声音管理助手"的原因。这是一种出现在我们脑海中的呢喃细语,对哪些是我们该做的、哪些是我们不应该做的进行持续地讨论与总结。

我见过许多团队,他们都希望获得高绩效,但在实际运作中,他们却对自己降低要求,然后对于自己为何不能达到期望的绩效感到迷惑不解。这就好比将自己对待小摩托的态度用来对待一辆兰博基尼。

我能讲出关于其他公司和团队的数不尽的故事,来说明真正的勇气不在于承担手头的工作,而是无惧于展示自己的弱点、对团队的其他成员保持一颗开放的心、能够互相体谅地说出事实真相,并且聆听来自其他成员的反馈,这样会让团队变得更优秀,而且这对一个团队的成功来说非常关键。

重点不在于登顶

如今,我已经成功登顶乞力马扎罗山峰好几次了。每一次的挑战都在于:如何带动普通人(来自各行各业的不同登山爱好者),让他们融入到一个团队中,互相帮助，发挥出自己的最佳状态，超越他们对自我的认知极限，最后将他们带上 19341 英尺的顶端。下面就是我学到的：

享受过程

每个团队的目标都可以划分成两部分：完成任务前所做的准备以及任务本身。作为一位领导者，你需要教导你的团队爱上每一部分，并且要享受整个过程。

在攀登乞力马扎罗山峰的过程中，任何事情都可能发生：你可能扭伤自己的脚，天气可能突变。如果你的关注点仅仅在成功登顶这一件事情上面，你可能会感到极端的失望，热情也会快速下降。

庆祝所有的胜利

但如果你在路途中对每一次阶段性胜利都给予庆祝，那么就不可能失败。那些仅仅将关注点放在登顶这件事情上的人，不但会觉得很累、很辛苦，而且并不能最大程度地享受整件事情。实际上，他们变得比其他人更累。他们没有从每日的阶段性成功中获得能量，进而推动他们前进。他们有的只是脑海中的呢喃细语在不停地提醒他们"最终目标"，并为此感到忧心忡忡。

保持专注

排除外来的干扰，让你的团队保持专注。这一点很重要。在乞力马扎罗山，有超过六十位的随行人员帮助我们搬运器材、安营扎寨、做饭以及拔营，我们要做的事情就是专注攀登本身。我把从乞力马扎罗登山队这个最强团队中学到的经验应用于我日后人生中加入的每一个团队中，那就是：

一步一个脚印

不要望向山顶，那样会让你望而生畏。专注于当下正在发生的事情。我们不允许询问关于明天和未来将会发生的事情。对我们来说，当下就意味着全部的结果。我们泰然自若，全神贯注地往上爬，让自己时刻处于巅峰状态。

在比赛冠军诞生之前,或者超级碗比赛开赛之前,对各路参赛队伍的采访如出一辙。当被问及他们对参加如此重大赛事的感受如何时,他们总是会这样回答:"我们不会太关注比赛结果,只会认真地打好每一场比赛,发挥出自己的最佳水准,根据情况随时调整,希望最终取得一个好的成绩。"这就是来自冠军的表述。

在业务中,你设定目标,开展工作,一步一个脚印,将目标细化为可管理的部分。作为一位领导者,必须让你的团队保持专心致志的状态。如果你做到了,那么在结果出来之前,你已经胜券在握了。

还有一件(非常相似的)事情,所有制胜团队在获得胜利或者是达到目标之后都会提起它。当被问及他们是如何做到或者为什么会取得胜利的时候,他们很少会说是为了获得奖杯,取而代之的是:**我们是为了团队荣誉而战。**

一个优秀的制胜团队,特别是在面临困境的时候,成员间将会展现出凝聚力,互相帮助,致力于不让任何一个人落在后面。

在我们登顶乞力马扎罗山的前一个晚上,就关于明天我们马上就要登顶的交流中,一股淡淡的忧伤在整个团队成员间弥漫。为什么呢?因为我们都知道在登顶之后,整个旅程也基本上接近尾声。每位成员都希望能够继续合作,因为我们分享了胜利的喜悦,获得了难以忘怀的经历,同时还构筑了深厚的友谊。

优秀的团队不会凭空出现,这与最终能否实现目标无关。团队目标所具有的意义在于:让整个团队保持前进,共同学习,共同成长。制胜团队的荣誉守则是一切的基础。如果你对此保持关注,那么真正的胜利与奖励就会向你招手。如果你能够以这种方式带领你的团队前进,那么没有任何人可以让你停下脚步。

B-I 三角形：商业 8 要素

使命 | 领导力 | 团队 | 产品 | 法律 | 系统 | 沟通 | 现金流

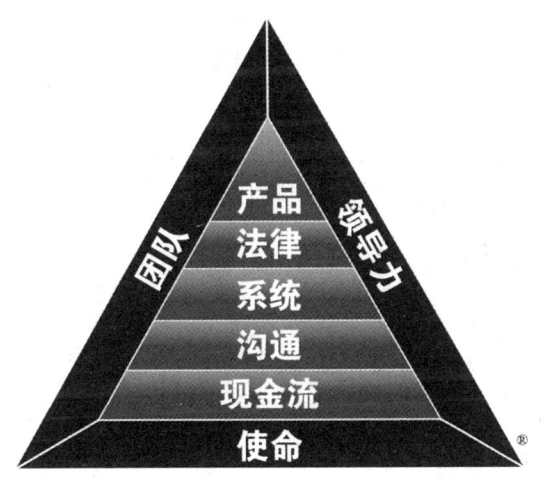

"我有一个不错的想法！"

非常好！我们全都有不错的想法。但是，要想让这个"不错的想法"在竞争激烈的市场上得以实现，取决于我们要围绕这个想法去做些什么。如同本书在序章中提到过的一样，许多人都拥有价值百万的想法。问题在于，我们中的大多数并不知道如何将价值百万的想法变成数百万的真金白银。

正因为如此，所以我的富爸爸才会认为 B-I 三角形这一理论非常重要。B 在此处代表了企业主，I 则是代表了专业投资者。真正的企业家"生存"于现金流象限的右侧，如下图所示。

当一位创业者成立了一家公司,就相当于创造出一个B-I三角形,或者说是系统中的系统。我的富爸爸将这八个组成部分称之为"成功创业所需的八要素"。

如果企业家不能将这八个要素聚集在一起,他的企业要么倒闭,要么会遇到财务问题。如果要素中的任何一个存在漏洞,或者不能充分发挥作用,那么整个企业就会陷入困境或者失败。这就是B-I三角形中任何组成部分都很重要的原因所在。

通过本书你将会了解到:如何将成功企业所需的八个关键要素聚集在一起,以及如何将你价值百万的想法变为日进斗金的赚钱机器。大多数企业会遭遇失败(即便创始人有着天才般且价值百万的想法),是因为他们所拥有的仅仅是B-I三角形的顶部要素,大多缺少这八个要素中的一个或多个。

请注意,产品——或者说"优秀的想法"——只是B-I三角形中相对不太重要的组成部分。

为何许多企业家会遭遇失败

绝大多数企业家都会面临失败,即便他们在上学期间成绩优秀。其中的原因之一就是学校仅仅教授我们成为某一要素方面的专家。举例来说,从法学院毕业的人会在B-I三角形中的法律要素方面表现不错,他们并非其他要素方面的专家,虽然绝大多数律师认为他们是。

另一个例子来自B-I三角形内的底部区域——现金流要素。绝大多数会计师被培养为在这一要素方面表现出色的人。他们也许能够成为优秀的会计师,但在其余七个要素方面的表现就不一定如专业人士那般优秀了。

如果掌管公司的负责人是会计师出身，那么当这家公司遭遇"现金流困境"的时候，会计师经常会"削减支出"以及"裁减员工"。会计师往往会削减沟通要素方面的支出，如减少广告、市场营销以及销售团队方面的开支。这通常会让企业在破产路上走得更快。

许多实例表明，如果一家公司遭遇现金流问题，与其削减支出，不如在销售、营销和广告方面增加支出。

换句话说，如此之多的企业家遭遇失败，原因在于他们所接受的教育只是将他们培养为某一方面专业人士，即八要素中仅擅长某一方面的员工。

要成为一位成功的企业家，你必须像多面手一样思考，通晓全部八个要素，了解更大的图景，纵览公司全局，而不仅仅着眼于某一要素。

这就是让本书与众不同的地方。你不是从一位企业家那里学习，而是从通晓成功企业所需的八要素的多位企业家那里学习。这些专家组成了我的团队！

成为一位优秀的企业家意味着我需要有优秀的团队。今天，我们的团队中不但有八位富爸爸顾问，还有来自富爸爸公司团队的成员，他们在B-I三角形的特定要素方面不但拥有丰富知识，更具备实践经验。他们的共同点是坚定不移地投入到富爸爸公司的使命中。他们在财商教育及终身学习方面做出了极大贡献。我们经常会面，一同阅读书籍，对作者的观点展开学习和讨论，同时研究如何将所学应用到我们的生活、公司及团队中。

本书的第二部分将会展示金、肯、布莱尔、加勒特、汤姆、安迪、乔希、莉萨以及达伦的简介。在本书第三部分，我们将专注于掌握B-I三角形。该部分的章节会涵盖成功企业所需的八要素。正是这些不可或缺的要素组成了B-I三角形。迈克、肖恩以及莫娜（同时还有金、加勒特以及汤姆）为第三部分撰写了非常有针对性的内容，那也是他们在B-I三角形中最擅长的要素。

木桶定律讲的是一只水桶能装多少水取决于它最短的那块木板，该定律也同样适用于此处。新创办公司的失败率之高，我们有目共睹。根据我的经验来看，一家公司面对的挑战与B-I三角形中的八大要素息息相关。如果其中任何一个要素缺失了或者说存在问题，这家公司终将无法摆脱失败的命运。

富爸爸团队

当我还是一个小男孩的时候,我的富爸爸会邀请他的儿子与我一起,参加他的商业团队在星期六召开的晨间会议。坐在会议桌旁的还有他的律师、会计师、银行家、经理人、高管以及其他对公司来说很重要的团队成员。

在我十岁的时候,我意识到,经营一家公司,尤其是在创业阶段,如同进行某种团体竞技运动。要成为睿智及富有的企业家,你并不一定非要变成那个最睿智的人。实际上,富爸爸经常说:"如果你是团队中最聪明的人,那么你的团队就有麻烦了。"

这正是本书想要讲述的内容。本书将作为一本手册,来帮助你建立自己的团队,进而帮助你成为睿智且富有的企业家。

在如今这个快速发展的世界里,变革已经成为人生中司空见惯的事情。昨天还能行得通的事情,今天就说不准了。今天还备受追捧的产品或服务,也许明天就面临被淘汰的局面。

现在,让我们用一段阿尔文的名言作为本书第二部分的基调:

> 21世纪的文盲不再是那些无法读写的人,而是那些不会学习、不会摒弃已学以及不会学习新东西的人。

——阿尔文·托夫勒
美国作家及未来主义者

第二部分
真实的企业家

如果你是团队中最聪明的人,那么你的团队就有麻烦了。

——富爸爸

罗伯特·清崎

个人背景与企业家简介

姓　　名：罗伯特·T.清崎

出生日期：1947年4月8日

出　生　地：夏威夷火奴鲁鲁

传统教育

纽约金斯波因特美国商船学院

学位：理学学士

专业教育

三副执照——海域不限，吨位不限，专门负责油轮航行

海军陆战队飞行员——可驾驶单引擎固定翼飞机以及武装直升机

年级平均分

高中：1.8

大学：2.01

传统教育的价值——对成为企业家来讲

不是很有价值

在学校最喜欢的科目

英语——因为我有一位优秀的老师，诺顿博士（讽刺的是，我因为英语科目获得F而从高中退学）

在学校最讨厌的科目

学校教给我们的东西中，有80%完全是浪费时间

首个企业家项目

9岁的时候，用废旧牙膏管制造5分、10分以及25分的镍币。当我明白"伪造"一词的含义时，创业计划就此终止了。

并非从学校习得的关键企业家技能

协同与合作——在学校，这称之为"作弊"。

何时以及为何成为了企业家？第一份事业是什么？

我成为一位企业家是因为我想看看是否能够成为像我的富爸爸那样的人，而不是变成像我的穷爸爸那样的雇员。

我知道：我能够成为一位薪水颇高的雇员，为标准石油驾驶油轮；成为一位飞行员，为航空公司开飞机；或者在施乐谋得一份职位。我发现，我憎恨成为大公司的雇员。相比较工作的稳固性，我更渴望自由。

我不知道我是否能够成为一位富有的企业家。但我想尝试一下，看看自己能不能做到。我想挑战一下自己。

我第一次创业是在1977年向市场推出首款尼龙维可牢冲浪者钱包。我们的公司名为Rippers，来自夏威夷的火奴鲁鲁。我们的产品在韩国以及中国台湾生产，并在纽约进行仓储物流操作。1978年，Rippers在体育用品行业的新品中被评为第一名。

接下来，Rippers开始进军特许商品行业，为包括平克·弗洛伊德、杜兰杜兰、乔治男孩、铁娘子、特德·纽金特以及警察乐队在内的摇滚乐队生产帽子、钱包以及手提包等商品。

1978年，Rippers如火箭般蹿升。但在短短数年之后的1981年，公司走向了失败的境地。我们被胜利冲昏了头脑，或者说我们没有处理好"现金流"问题。

来自初次创业中的最好经验

　　这次创业让我知道，我还有很多东西要去学。我知道，我作为一位雇员也可以过得不错，无论是驾驶油轮还是为航空公司开飞机。我想放弃成为企业家的梦想。我想回到学校，进修我的硕士学位，然后找一份不错的工作，领一份不菲的薪水。

　　我的富爸爸鼓励我继续在创业之路上前进。他提醒我，绝大多数优秀的企业家都经历过多次失败。例如，亨利·福特就经历过五次破产。他勉励我说："失败是通向成功的道路，我们要从自己所犯的错误中学习。"

　　富爸爸还说："教育确实重要。问题是，在学校里，你被教导不要犯错误。然而，在现实世界中，如果你不犯错误，你就无法学到东西。如果你需要的是一份薪水，那去找一份工作，这对你来说是一个不错的选择。问题是，一旦你犯了错误，你就会被解雇。因此，如果你选择按月领一份薪水，你将无法学到很多东西。"

　　富爸爸建议我：与其选择回学校学习，并且去找一份稳定工作，不如重新回顾一下失败的事业，将自己犯的每一处错误写下来，从这些错误中学习，然后重新开始。这需要我面对自己的债权人、投资者以及恐惧——学习，而不是逃避，并从中获得回报——我成为了一位更好的企业家。今天，我还是会遭遇失败，然后一如既往地从中获得回报。我成长为更加富有的企业家，因为我持之以恒地从自己的错误中学习。

　　我学到的最好的经验就是对自己充满信心。

通过科尔比指数，我对自己有哪些了解？

罗伯特·清崎
科尔比 A™ 指数评估结果

祝贺你，罗伯特
你在科尔比指数评估中获得了完美的分数

你能够很好地面对困难局面，寻求大胆的解决方案，让不可能变为可能。通过在未知的道路上搏杀以及急中生智的创举，你最终能够让事情走上正轨，并从困境中找到出路。

科尔比行动模型

发现事实型　坚持到底型　快速行动型　积极实施型

2　2　　　6
　　　　9

©1997-2017，凯西·科尔比，版权所有。

获科尔比公司许可重印。

我的科尔比指数向我解释了为何我在学校里表现不好的原因。传统的教育是为死记硬背和墨守成规的人设计的。你可以从我的表格中看到，快速行动更适合我。这意味着我很容易对学校感到厌烦。

同时，我也是一位实践者，这意味着我从实践中学习，而非通过阅读或课堂。在我完成自己的科尔比评估之后，我明白了为何在接受传统教育时，我自一年级开始就在走下坡路。这实在是浪费时间，而且毫无收获。

从我的科尔比评估中，我发现我的"天分"就是化繁为简。如今，我可以面对任何复杂的事情，然后将它们变得简单。这也是为什么《富爸爸穷爸爸》这本书变得畅销的原因。这本书让复杂的金融概念变得易于理解。

传统的教育是将简单的事情变得复杂。比如将简单的小学加减法算数变成微积分。许多聪明的人没有变得富有的原因之一就在于，他们将复杂的事物变得更加复杂。他们认为复杂性能够凸显他们的聪明。不幸的是，复杂性也让他们变得贫穷。

今天，富爸爸公司继续着化繁为简的风格，这也就是为什么我们是一家富有的公司。

我们在富爸爸公司使用科尔比指数，确保人尽其才，发挥出他们的内在潜力。

我在 B-I 三角形中的角色

我致力于使命、团队以及领导力方面的信息沟通工作。我的工作是让消费者正确接收富爸爸公司传达的信息，并让员工知晓富爸爸公司的使命，并为之努力工作。

对企业家来说很关键但无法从学校学到的技能

敢于犯错误的魄力。我们的学校惩罚犯错误的学生。因此，许多离开学校的年轻人认为他们很愚蠢，因为他们犯了太多的错误。

在美国的公司中也是如此，犯下太多错误的员工通常会被解雇。

在企业家的世界里，通常犯下最多错误并从中学习的人，会变得最为成功和富有。那些犯下错误、但假装他们没有犯错的企业家，很快就会面临破产或者变得贫穷。

纵观下面的学习金字塔原理，我认为"模拟"这一项最为重要。

学习金字塔		
两周后我们还能记住多少		参与程度
说过和做过的还能记住90%	实战	主动
	模拟	
	做一次令人印象深刻的报告	
说过的还能记住70%	发表一次演讲	
	参与讨论	
听过和看过的还能记住50%	现场观摩	被动
	观看演示	
	看展览、观看演示	
	看视频	
看过的还能记住30%	看图片	
听过的还能记住20%	听演讲	
读过的还能记住10%	阅读	

资源来源：改编自戴尔的学习金字塔（1969）

通过模拟，一个人可以从错误中学习。这个过程在体育运动中被称之为训练，在艺术和表演活动中则称之为排演。

对于每一个成功的人来说，他们在"模拟"上花的时间要远多于"实战"。举例来说，每一个职业高尔夫选手在他实际参赛前都会进行非常多的挥杆练习。

在我九岁的时候，我的富爸爸一边和我玩《大富翁》游戏，一边教我关于金钱方面的知识。我们一轮又一轮地玩着那个游戏。如今，我的大部分财富来源于 I 象限，我在真实的人生中继续着《大富翁》游戏。

通过《大富翁》游戏和实战，我成了一位终身学习者。有些老师有着实战经验，而另一些老师的经历让我敬佩，我饶有兴趣地从他们身上学习，并且渴望学到更多。

这就是为什么金、我以及我们的富爸爸顾问团队每年会举办两次为期三天的顾问课程。我们从有着实战经验的人那里学习，然后对所学到的东西进行演练。

对于企业家来说，我最重要的经验

坏的合作关系督促人去寻找优秀的合作伙伴。

我是如何学到募集资本的

一个词，那就是绝望。我的钱花光了，我需要解决这个问题，而且要尽快。

我是如何学会克服恐惧与失败的

我与失败、失败的恐惧以及各种与失败相关的情形进行战斗。"要失败就尽快。"富爸爸这样告诉我。失败并不可怕，可怕的是还能从中学习经验和教训。

我的长处

我受自己的使命感驱动。在军校以及在海军陆战队，我学到了使命感所赋予的精神力量。在越南，我学习到了团队对于实现使命的重要性。拥有强烈的使命感，能够帮助我克服懒散，让我成为一个更加强大的团队成员。

我的缺点

我很懒散。这是促使我去纽约军校的原因之一。我需要纪律和一套体系来督促我学习。

我最擅长教授的企业家技能

市场营销、品牌以及定位

我教授的企业家课程

将业务打造成一个品牌

将企业打造成一个品牌

罗伯特·清崎

如果你没有品牌，那么你提供的只是一件商品。如果你提供的只是一件商品，那么价格就意味着一切。低价产品的生产商将会成为赢家。

——古老的智慧

品牌可以远比一家公司本身更具价值。举例来说，可口可乐商标的价值要远大于该公司全部用来生产可乐的厂房、设备以及不动产加在一起的价值。我曾经听说，可口可乐商标大概的估值在 900 亿至 1200 亿美元之间。这也就意味着，可口可乐可以卖 900 亿到 1200 亿美元。还仅仅只是它的名字。

仔细想一想你在生活中见到的品牌。你在用什么品牌的手机？为什么会选择这个品牌？让我们更加深入研究这个问题，问一下自己：

- 你印象最好的汽车生产商是哪家？
- 你有偏好的服装设计师吗？
- 心仪的连锁酒店品牌是什么？
- 喜爱的餐馆是哪家？
- 你喜欢看哪档电视节目？

如果有人问你："你最喜欢哪家快餐店？"什么品牌会在你脑海中浮现？你会如何回答下列问题？

"我们边喝咖啡边说吧，我们去哪里喝？"

"下次度假，你想要去哪里？"

"世界上最好的大学是哪一所？"

无论你在回答中会提起哪一家公司或者品牌，他们在这一方面都做得相当不错，因为他们将自己的名字刻在了你的脑海里。

多年以前，我读到过一本相当不错的书，书名是《定位：头脑争夺战》，由杰克·特劳特以及阿尔·赖斯合著。虽然这是一本很老的书，诞生于互联网出现之前的工业时代，但它的内容放在今天与40年前一样有用。定位就是一场关于在消费者脑海中谁是第一名的位置争夺战。如果你不是第一名，那你压根就不存在。思考一下这个问题：

谁是独自飞越大西洋的第一人？

查尔斯·林德伯格，他在1927年完成的。

谁是第二个呢？谁会关心第二名？

今天，定位也就是第一名位置争夺战，也被称之为SEO，即搜索引擎优化。

如今，甚至连恐怖分子都有品牌。数百年前，有一个名叫阿提拉的匈奴王，他将恐惧散播到了全世界。接下来是成吉思汗，他将恐怖当作武器入侵欧洲，所到之处，人们只能面对两种选择：战斗或者逃跑。

品牌影响我的生活已达多年。越战中，我就不得不决定我该加入哪一军种。有五种选择：陆军、空军、海军、海军陆战队以及海岸警卫队。在我知道自己将被派往越南时，我便选择了海军陆战队。选择加入海军陆战队不是一个拍脑袋的决定。自儿时起，海军陆战队的形象就铭刻在了我的脑海中。我的玩伴和我都知道，海军陆战队是最强韧的军种。当我们拿着玩具枪玩战争游戏的时候，我们都争着做一位海军陆战队队员。

海军陆战队军歌是其品牌最基本的组成部分，每次听到它，我都会产生一种想要加入的冲动。

歌词是：

无论在蒙特苏马大厅，
还是在的黎波里海边，
我们始终为国家战斗，
英勇身姿遍及海陆空。
为了权利和自由而战，

也为我们的荣誉而战。

身为海军陆战队队员，

我们都感到骄傲无比。

    这是美国军方最古老的歌曲。

    海军陆战队的制服是其品牌的另一项组成部分。如果你见过海军陆战队的征兵海报，就知道海军蓝通常都是广告上的焦点。海军陆战队的军歌和军服传达了一致的品牌形象。所以当我面对军种选择的时候，抉择很容易就做出来了。我的身心已经被这个品牌所占据。

    品牌在战斗中也是强有力的。当我在越南的时候，"越南南方民族解放阵线"这一名头让我们心生恐惧。今天，"基地组织"以及"伊斯兰国"这类字眼让全世界的人民联想到"恐怖"这个词。

    离开越南，重回文明世界之后，我想去IBM或者施乐工作。尽管还有其他的办公产品公司，例如3M以及柯达，但IBM和施乐在我的脑海中占据了首要位置。因为3M以及柯达根本就不存在于我的头脑中，所以我在招聘会现场对于他们的展台完全无动于衷。

    最后，我选择在施乐工作，因为我喜欢他们在现场负责面试的招聘人员。IBM的招聘人员看起来呆板无趣，他们穿着蓝色西服，白色衬衫，打着红色领带。反观施乐的招聘人员，他们的西装及领带更加时尚，说话清晰，举止随和，当我坐下来面试时，还给了我一杯啤酒。所以，你觉得我会选择哪一家公司呢？

品牌经验

    你的着装、形象以及个性是你品牌的重要组成部分，如同制服对于海军陆战队的重要性一样，推及商业世界，也是同样的道理。举例来说，当你走进一家麦当劳餐厅，所有的员工都会穿着麦当劳制服。大的公司，比如施乐以及IBM，对其主管也有相应的着装规范。

像史蒂夫·乔布斯以及比尔·盖茨这样的企业家有着他们自己的个性化风格。他们的可辨识度相当高。对于唐纳德·特朗普、马克·库班以及马克·扎克伯格来说也是一样。当然，我们也不能忘了奥普拉。他们将自己的品牌人格化了。

我回忆不起其他财富500强公司CEO们的名字或者面孔，他们完全没有在我的脑海中占据一席之地。然而，当问及我最欣赏的具有企业家精神的CEO是谁的时候，我的脑海中马上涌现出一大堆人。举例来说，史蒂夫·乔布斯、马克·扎克伯格、唐纳德·特朗普以及杰夫·贝索斯的形象马上跃入眼帘。这就是品牌力量的另一个例证。

品牌成为语言

如果一个品牌过于强大，那么它就可以成为我们日常词汇表的一部分。换句话说，一个品牌可以成为一个词语，被人们用于日常交流中，指代某一具体产品类型。

19世纪70年代，施乐品牌过于强大，以至于公司发起了一次全国范围的活动，劝说人们停止使用"我要'施乐'一份东西"这样的话语。取而代之的，他们让公众习惯于说"我要'复印'一份东西"。公司担心，施乐的商标一旦变为一种公用词汇，就会丧失一个商标和品牌所具有的法律地位。

同样的事情也发生在"舒洁"这一品牌身上。为数众多的人习惯说"给我一张'舒洁'"，而不是"给我一张'纸巾'"。今天的谷歌也处于一种相似的地位。人们不是说"'搜索'一下"，而是说"'谷歌'一下"。这些都是强大的品牌以及强大的品牌资产。

你准备如何打造一个品牌

最初的品牌概念来自于畜牧行业。那时的牧场和农场还没有被栅栏隔开，牲畜可以无拘无束地到处跑动。对于牧场主来说，唯一能够将他们的牲畜与竞争对手的区别开来的方式就是烙印①。即便在今天开放的网络空间中，也是同样的道理。没有一个牧场主会让他的牲畜在没有被"烙印"的情况下到处乱跑，对你来说也同样如此。

如果你的公司规模非常大，每年在广告、宣传以及客户扩展等活动方面投入数以百万计美元的经费，那么你就有足够的资金去打造一个品牌。但是，值得注意的是，花费大量的钱并不能保证你可以成功打造一个品牌。

在科网股泡沫时代，许多初创公司投入数以百万计的经费，试图让它们的品牌具有黏性。Pets.com 就是众多初创公司中的一家。他们使用了一个拿着麦克风、穿着白袜的木偶，而不是一个人，作为他们的代言人。他们的宣传出现在了 1999 年梅西感恩节大游行以及 2000 年超级碗比赛的电视广告中。这个"会说话的宠物"还接受了《人民》杂志的采访，并且也出现在了《早安美国》这一档节目中。

Pets.com 公司成立于 1998 年，在广告及宣传方面烧掉了超过 3 亿美元。人们仍旧会记起那个穿着袜子的木偶，即使该公司已于 2000 年破产。

品牌经验

花再多钱也无法保证能够打造出一个品牌。

灵光一闪

在 20 世纪 80 年代早期，我曾涉足唱片行业。我的公司拥有自己的制造部门，具体的工厂则位于火奴鲁鲁、中国台湾以及韩国。我们为几支乐队生产特许产品，包括杜兰杜兰、犹大牧师、范·海伦、乔治男孩以及警察乐队。

尽管这项业务非常有趣、非常性感而且有数百万美元的营业额，但我却并没有从中赚到很多钱。最终，我意识到，我站到了桌子的错误一边。摇滚乐队作为许可方站在桌子的一边，而我作为被许可方站在了桌子的另一边。我投入了所有

---

① "烙印"与"品牌"在英语中是同一个单词，即"brand"。——译者注

的钱，生产诸如帽子、钱包、皮包以及T恤一类的产品。这些产品都包含了乐队的形象。但是，为了获得将他们的形象用在我的产品上的权利，我向他们支付了许可费。我承担了所有风险，而他们获得了全部的乐趣，赚走了全部的钱。

然后，灵光一闪，我开始研究品牌的力量。我想坐到桌子的另一边去。我想要成为创造品牌的人，让使用它的人向我支付许可费用。这正是我今天正在做的事情。

品牌经验

B-I 三角形：B-I 三角形八要素中最为重要的是使命。
使命决定产品以及品牌。

公司的使命就是创造你的消费者所喜爱的产品。在福特汽车公司成立的 1903 年，汽车还仅仅是面向富人群体的商品。亨利·福特的使命就是让"汽车变得大众化"。换句话说，就是让汽车变成每个人都能买得起的产品，包括生产它们的工人在内。

福特的使命在他所有的汽车产品中得以体现。正是这一使命让福特汽车受到不计其数的人喜爱、崇拜以及购买。如今，好多人仍然是福特的坚定粉丝。

简单来说，使命产生品牌忠诚度。

在福特的使命出现之后，山姆·沃尔顿在 1962 年创办了沃尔玛。今天，沃尔玛被认为是销售物美价廉货品的代名词。它将自己定位为天天低价。

这就是为什么数百万的人都会说"我要去沃尔玛",而不是说"我要去购物"。

品牌经验
你的公司和产品负责将你的使命传达给你的消费者。

富爸爸公司的使命是提升每个人的财务幸福感。

一旦金和我明确了自己的使命,我们便开始了产品开发。一旦《富爸爸现金流》游戏的原型完成了小规模测试,《富爸爸穷爸爸》的手稿也已经成型,我们就把关注聚焦到 B-I 三角形中位于"产品"之下的另一个因素"法律"。我们需要一个通晓专利及商标法的律师,以便将我的产品转化为一种所有权,一种拥有品牌的产品。

我已经从摇滚乐特许经营业务中学到了一些经验。与其作为一位企业家,与工厂、员工、各种费用以及麻烦打交道,不如专心打造自己的品牌,富爸爸公司就是在这种目的下成立的。这就是为什么富爸爸品牌的核心公司只是一家规模很小的公司。我们不拥有自己的工厂,不自己印刷出版物,也没有自己的仓库。我们只有一个规模相对较小的队伍。我们赚钱的方式就是通过让遍布世界的其他公司——例如图书出版公司——获得合法授权来生产我们的产品,并向富爸爸公司支付许可费用。从某些角度来说,这有点像是空手套白狼。

很显然,我说的简单,实际操作起来没这么容易。对于金和我来说,这是一个尝试的过程。今天,"富爸爸"已经成为一个全球性品牌,我们与来自世界各地的合作伙伴携手开展工作。从某些角度来说,"富爸爸"非常像可口可乐。我们拥有品牌,至于其他业务,例如印刷、发行以及销售我们的书籍、开展讲座、销售游戏产品,这些都由我们的合作伙伴在我们的许可下完成。

品牌是什么?

品牌是用来定义产品价值以及建立联系的。举例来说,世界上到处都是书籍、手表、汽车、服装以及其他产品和服务。品牌定义了你的产品具有的与众不同之处，同时还建立起与消费者之间的联系，而这些消费者看中的正是你的产品能够提供的差异化。价格通常也是定义产品的要素之一。一些品牌售价很高，而另一些被人们认为是廉价的。如果你想打造的是一个高端品牌，那么你必须让消费者感受到产品的价值对得起它的价格。举例来说，一个汽车消费者很容易就能从品牌传达的信息中了解到为何法拉利的产品售价远较丰田昂贵得多。

有仿冒者销售的山寨货品通常会损害公司与消费者之间的关系和信任度。路易威登销售高端手提包以及配饰。而在背街小巷的阴暗角落里面，一个不良商家可能正在销售路易威登的山寨品。如果一家公司对这种现象不采取主动出击的态度，那么一个品牌将会受到影响，甚至消失。同样的事情在网络上也时常发生。很多人正在仿造我的产品，以及冒用我的名字，对此，我感到很吃惊。对于那些冒名顶替或者伪造别人商品的人，我只能劝他们做一点别的有意义的事情去吧！

品牌经验

你必须定义和保护你的品牌。

富爸爸是如何变成一个品牌的

富爸爸公司在广告方面花费很少甚至完全没有。因此，你可能会问："你是如何打造'富爸爸'这一品牌的？"

答案就在B-I三角形里面，在商业八要素的其中之一——沟通方面。在沟通方面，有三种主要的方式用来宣传你的公司或者产品。它们是公共关系与社交媒体、广告以及销售。

我们都遇到过无所不用其极的销售人员。他们必须使出各种手段，或者说是套路，因为他们花在公共关系以及广告方面的时间和钱都很少。Pets.com在广告方面花了3亿美元，最后还是走到了破产的地步。"富爸爸"在广告方面几乎就没有花钱，但我们在公共关系方面却花了很多的时间（但是钱却花得很少）。

在《富爸爸穷爸爸》刚刚上市出版的时候，金和我找到了一档让新书作者参与的广播节目。

每一周，我都会在全美各地不同城市的一个广播电台做客，然后讲述《富爸爸穷爸爸》的故事。我不是在推销什么东西，而是在讲述故事。我这么做，是想让人们产生想要买一本书看看的想法。在时长五分钟或半小时的广播采访尾声，电台主持人会问道："听众在哪儿能够找到你的书？"我回答："在任何一家书店都可以。"

这些采访吸引了数以千计的人前往书店寻找这本书。这些去的人都怀着明确的购书目的。书店方面无须做太多的推销工作。

品牌经验

每一个优秀的品牌背后，都有一个怀着极大热情去解决一个重大问题的优秀企业家。如果你也是这样，那么你将会是一个非常、非常富有的企业家。

关于罗伯特·清崎

罗伯特·清崎作为有史以来最为畅销的个人理财方面的图书《富爸爸穷爸爸》的作者而广为人知，他挑战和改变了数千万来自世界各地的人们在金钱方面的观念。他是一位企业家、教育者以及投资者。他相信这个世界需要更多的企业家来创造工作岗位。

罗伯特·清崎影响了数百万人的财富和投资观念，他的思想和言论往往与传统思想相悖。然而，正是这种直言不讳和不落窠臼的思维和判断为其赢得了国际性声誉。

罗伯特和金·清崎是富爸爸公司的创办者，这是一家财商教育公司，并且为我们带来了《富爸爸现金流》游戏。2014年，该公司在移动平台和在线平台推出了全新的、具有突破性的富爸爸游戏，并取得了全球性的成功。

罗伯特是一位富有远见的先驱，他在将与金钱、投资、金融以及经济相关的复杂概念化繁为简方面拥有极大的天赋。他通过一种能够让任何年龄层以及各种背景的受众都产生共鸣的方式，分享了自己通往财务自由的旅途。他的核心准则和言论——例如"你的房子并不是一项资产""为现金流而投资"以及"节俭的人是人生输家"——招来潮水般的批评与嘲讽。在过去20多年里，他的教学和财商理念以令人不安以及预言的方式在世界经济舞台上传播。

他的观点使那些"从前"的建议——去上学、得到一份好的工作、省钱、远离债务、长期投资、分散投资——在如今这个快速变革的信息时代变得过时。他以全新的财商理论和观念向现实发起挑战。他通过教学鼓励人们接受财商教育，为了自己的未来，大家应在投资方面扮演更加积极的角色。

作为包括国际畅销书的《富爸爸穷爸爸》在内的19本书的作者，罗伯特在世界各地的多家媒体上作为特邀嘉宾亮相，这些媒体包括美国有线新闻网、英国广播公司、福克斯新闻网、半岛电视台、GBTV、公共广播公司、拉里·金时事评论、奥普拉脱口秀、《人物》杂志、《投资者商业日报》、《悉尼先驱晨报》、

《TheDoctors 脱口秀》、《海峡时报》、彭博社、美国国家公共电台、《今日美国》以及其他数百家媒体和节目。他的书在过去 20 年来一直位列国际财经类畅销书榜单的榜首。他持续教授和鼓舞着来自世界各地的受众。

他最近几年的著作包括《富爸爸那些比钱更重要的事》《富爸爸点石成金》《富爸爸第二次致富机会》以及《富爸爸为什么富人越来越富》。

要想了解更多关于这方面的信息，请浏览 RichDad.com。

《富爸爸穷爸爸》节选

第一章

第一课　富人不为钱工作

> 穷人和中产阶级为钱而工作。富人让钱为他工作。

"爸爸，你能告诉我怎样才能变得富有吗？"

爸爸放下手中的晚报，问道："你为什么想变富有呢，儿子？"

"因为基米的妈妈会开一辆新凯迪拉克带基米去海滨别墅度周末。基米说要带3个朋友去，但他没有邀请我和迈克，他说这是因为我们是穷孩子。"

"他们真的这么说？"爸爸不相信地问。

"是啊，他们就是这么说的！"我用一种受伤的语调答道。

爸爸默默地摇了摇头，把眼镜往鼻梁上推了推，然后又继续看报纸了。我站在那儿等着答案。

那是1956年，当时我才9岁。由于命运的捉弄，我进了一所公立学校，里面多数学生是富人的孩子。我们这个镇是由夏威夷最初的甘蔗种植园发展起来的。种植园主和镇上其他有钱人，比如医生、公司老板、银行家，都把孩子送进了这所学校。六年级之后这些孩子通常会被送进私立学校。因为我家住在街的这一边，所以我进了这所学校。如果我家住在街的另一边，我就会去另外一所学校，和那些与我出身差不多的孩子在一起上学。上完六年级之后，我们这些穷孩子会去上公立中学。镇上没有为我们设立的私立中学。

爸爸终于放下了报纸，我敢说他刚才一定是在思考我的话。

"哦，儿子，"他慢慢地开口了，"如果想富有，你就必须学会挣钱。"

"那么怎么挣钱呢？"我问。

"用你的头脑，儿子。"他说着，并微笑了一下，其实我知道这种微笑意味着"我要告诉你的就这些"，或者"我不知道答案，别为难我了"。

建立合伙关系

第二天一早，我就把爸爸的话告诉了我最好的朋友迈克。我和迈克可以说是学校里仅有的两个穷孩子。他进这所学校和我一样是由于命运的捉弄。要是有人在学校里划分一条明确的界限，那么我和迈克在和那些有钱的孩子相处时就不会那么局促不安了。其实我们并非真的很穷，但我们感觉很穷，因为其他男孩都有新棒球手套、新自行车，他们的东西都是新的。

爸爸妈妈为我们提供了生活所需的基本用品，像吃的、住的、穿的，但也仅此而已。我爸爸常说："想要什么东西，自己挣钱买去。"我们想自己挣钱买东西，但确实没有什么工作可以提供给像我们这样的9岁孩子。

"我们怎样才能挣到钱呢？"迈克问。

"我不知道，"我说，"你想跟我合伙吗？"

迈克同意了，于是，在一个星期六的早晨，他成了我生平第一个创业伙伴。整个早上我们都在想怎么挣钱，偶尔我们也会谈起那些"冷酷的家伙"正在基米家的海滨别墅里玩乐。这实在有些伤人，但却是好事，因为它激励我们继续努力去想挣钱的法子。最后，到了下午，一个念头在我们的头脑中闪过，这是迈克从以前读过的一本科普书里得到的启发。我们兴奋地握手，现在我们的合伙终于有了业务内容。

在接下来的几星期里，迈克和我跑遍了街坊四邻，敲开他们的门问他们是否愿意把用过的牙膏皮攒下来给我们。虽然大人们很迷惑，但大多数人还是微笑着答应了。有的人问我们要做什么，我们的回答是："我们不能告诉您，这是商业秘密。"

几星期过去了，我妈妈变得越来越心烦，因为我们选了靠近洗衣机的地方存放我们的原料。在一个曾用来装番茄酱瓶子的棕色纸盒里，用过的牙膏皮堆得越来越多。

看到邻居们那些脏乱、卷曲的废牙膏皮都到了她这儿,妈妈最后终于采取了行动。"你们两个到底想要干什么?"她问,"我不想再听到'商业秘密'之类的话,赶快处理掉这些脏东西,否则我就把它们全扔出去!"

迈克和我苦苦哀求,解释说我们已经快攒够了,然后我们就会开始生产。我们告诉她我们正在等一对邻居夫妇用完牙膏,如此一来,我们就可以拿到他们的牙膏皮了。妈妈答应我们延期一周。

我们开始生产的日期提前了。我们的身上承担着压力。我的第一次合作关系,由于货仓收到了妈妈的禁令而受到威胁。迈克的工作变成了告诉邻居们快些用完他们的牙膏,说他们的牙医提倡更频繁地刷牙,我则开始组装生产线。

一天,爸爸载着一个朋友,来看两个9岁的男孩在车道上合力操纵一条全速运转的生产线。到处都是白色的细粉末。在一个长桌上放着几个我们从学校拿回来的装牛奶的纸盒以及家里烤肉用的小炭炉,小炭炉已经被发红的炭烤得闪着红光。

爸爸小心地走过来,由于生产线挡住了通往车库的去路,所以他不得不把车停在路边。当他和他朋友走近时,看到一口钢锅架在炭上,里面的废牙膏皮正在熔化。那时候,牙膏皮不是塑料做的,而是铅制的。所以一旦牙膏皮上的涂料被烧掉后,铅皮就会熔化,直到变成液体,这时我们就用妈妈的锅垫垫着,将铅液从牛奶盒顶的小孔中倒进去。

牛奶盒里装满了熟石灰,白色粉末撒了满地。由于我一时忙乱,打翻了装熟石灰的袋子,所以弄得整个场地像是被暴风雪袭击了一样。牛奶盒就是熟石灰模的容器。

爸爸和他的朋友注视着我们小心翼翼地把铅液注入熟石灰模顶部的小孔中。

"小心!"爸爸说。

我顾不上抬头,只是点了点头。

最后,当溶液全部倒入熟石灰模后,我放下钢锅,向爸爸绽开了笑脸。

"你们在干什么?"他带着一丝不解的微笑问道。

"我们正在按照你说的做,我们就要变成富人了!"我说。

"是的,"迈克说,他一边点头一边咧嘴笑着,"我们是合伙人。"

"这些熟石灰模子里是什么东西？"爸爸问。

"看，"我说，"这是已经铸好的一批。"

我用一个小锤子敲击外面的密封物，熟石灰模子被敲成两半，我小心地抽掉熟石灰模的上半部，一个铅制的五分硬币便掉了下来。

"噢，天啊，"爸爸惊呼道，"你们用铅造硬币！"

"对啊，"迈克说，"我们正按照你告诉我们的去做。我们正在赚钱。"

爸爸的朋友转过身去纵声大笑，爸爸则微笑着摇着头。除了一堆火和一盒子废牙膏皮，他面前还站着两个灰头土脸的小男孩，他们正咧着嘴笑着。

爸爸让我们放下手里的东西和他坐到屋外的台阶上，然后他微笑着向我们耐心地解释"伪造"一词的含义。

我们的梦想破灭了！"你的意思是说这么做是违法的？"迈克用颤抖的声音问道。

"别去管他们了，"爸爸的朋友说，"这也许是在展现他们的天赋呢。"

我爸爸瞪了他一眼。

"对，这是违法的。"爸爸温和地说，"但是，你们刚才展示了巨大的创造性和新颖的想法，继续努力，我真为你们感到骄傲。"

失望之中，迈克和我呆坐了大约20分钟才开始收拾残局。我们的生意在开始的第一天就结束了。在我清扫熟石灰粉时，我看着迈克，对他说："我猜基米他们是对的，我们是穷人。"

爸爸正要离开时听到了我的话，"孩子们，"他说，"如果你们放弃了，你们就只能是穷人了。最重要的是你们已经尝试了。大多数人只是夸夸其谈，梦想着发财致富，而你们已经付出了行动。我真为你们骄傲，我要再说一遍：继续努力，不要放弃。"

迈克和我默默地站在那儿，这些话听起来不错，但我们仍然不知道应该做些什么。

"那你为什么不是富人呢，爸爸？"我问。

"因为我选择了当一名老师。老师不该去想怎么发财。我们就是喜欢教书。我希望我能帮你们，但我真的不知道怎么才能赚大钱。"

迈克和我转过身去继续清理现场。

"我了解,"爸爸说,"如果你们想知道如何致富,不要问我,去和你爸爸谈谈,迈克。"

"我爸爸?"迈克苦着一张脸问道。

"对,你爸爸。"爸爸微笑着重复道,"你爸爸和我聘请同一个银行经理,他对你爸爸非常崇拜。他对我提过好几次,说你爸爸在赚钱方面是个天才。"

"我爸爸?"迈克难以置信地问,"那我家为什么没有好车和大房子,就像学校里的那些有钱的孩子家那样呢?"

"拥有好车和大房子不见得就意味着你很富有或你懂得如何赚钱,"我爸爸答道,"基米的爸爸为甘蔗种植园工作。他和我并没有什么不同,他为公司工作而我为政府工作,是公司为他买了那辆车。甘蔗种植园正处于财务困境之中,基米的爸爸过不了多久可能就什么都没有了。但你爸爸不同,迈克。他似乎正在建立一个帝国。我想也许几年之后他就会成为一个非常富有的人。"

听完这番话,我和迈克又兴奋起来了。我们身上充满了干劲,开始清理首次失败的生意所造成的混乱局面。我们一边清理一边制订了一个与迈克的爸爸谈话的计划,例如:该怎样谈,何时谈。问题在于迈克的爸爸工作时间很长,并且经常很晚才回家。他爸爸拥有一个货仓,一家建筑公司,一些连锁商店和3个餐馆。他到很晚才能回家。

在我们清理完之后迈克坐公共汽车回家了。他会在他爸爸晚上回家后和他谈,问他爸爸是否愿意教我们赚钱。迈克答应我,无论多晚,他和他爸爸一谈完就给我电话。

晚上8点30分,电话响了。

"好的,"我说,"下星期六。"我放下了电话,迈克的爸爸同意与我们会面。

星期六,我坐上了早上7点30分的公共汽车,向小镇上比较穷困的街区驶去。

课程开始了

我和迈克在那天上午8点与他的爸爸会面了。他已经开始忙碌了,而且在这之前他已经工作了1个多小时。当我走进富爸爸那简朴、窄小而整洁的家时,他的项目监理人刚开着小卡车离开。迈克站在门口迎接我。

"我爸爸正在打电话,他让我们在门廊后面等着。"边克边开门边说。

当我跨过这座老房子的门槛时,旧木地板发出"吱吱嘎嘎"的响声。门里面地板上有个破旧的垫子,垫子放在这里是为了隐藏无数脚步经年累月在这块地板上留下的痕迹,它虽然很干净,但还是该换了。

当我走进狭小的客厅时有些害怕,里面塞满了陈旧、发霉而厚重的家具,它们早该成为收藏品了。有两个女人坐在沙发上,她们的年纪比我妈妈大一些,在她们的对面坐着一个穿工作服的男人。他穿着卡其布的衬衫和裤子,衣服烫得很平整,但没有浆过,他手上拿着磨得发光的工作簿。他比我爸爸大10岁左右的样子。当我和迈克经过他们身边向后面的门廊走去时,他们冲我们微笑,我也有点腼腆地冲他们笑笑。

"他们是什么人?"我问迈克。

"噢,他们是给我爸爸干活的。那个年纪稍大的男人负责管理货仓,那两个女人是餐馆的经理。刚才在门口你看到的是项目监理人,他在离这儿80千米远的一个公路项目中工作。他的另外一个项目监理人正在负责房地产的项目,不过他在你到这儿之前就已经走了。"

"每天都是这样的吗?"我问。

"并不总是,但经常是这样忙的。"迈克笑了笑,拉了一张椅子坐在我身边。

"我问我爸爸愿不愿意教我们挣钱。"迈克说。

"哦,那他怎么说?"我急切地问。

"嗯,开始时他露出一种很想笑的表情,然后他说会给我们一个建议。"

"太好了!"我说着,用椅子的两个后腿撑着,把椅子靠着墙翘起来。

迈克也学着我这么做。

"你知道是什么建议吗?"我又问。

"不知道,但很快就知道了。"迈克说。

突然,迈克的爸爸推开那扇摇摇晃晃的纱门走进了门廊,迈克和我跳了起来,不是出于尊敬而是因为被吓了一跳。

"准备好了吗,孩子们?"迈克的爸爸一边问一边拉过椅子坐到我们旁边。

我们点了点头,把椅子扶正在他面前坐下。

他也是个大块头,身高大约有1.8米,体重90千克。我爸爸比迈克的爸爸大5岁,他的个子要更高一些,但他们的体重差不多。他们看上去很像同一类人,但气质不同。也许他们的力气都那么大。

"迈克说你们想学赚钱,对吗,罗伯特?"

我赶紧点了点头,但心里有点儿忐忑。在他的微笑和话语的背后似乎隐藏着很强的力量。

"好吧,我说说我的建议:我会教你们,但不像在学校那样。你们为我工作,否则我就不教。因为通过工作我可以更快地教会你们。如果你们只想坐着听讲,就像在学校里一样,那我就是在浪费时间。这就是我的建议,你们可以接受也可以拒绝。"

"嗯……我可以先问个问题吗?"我问。

"不能,你只能告诉我是接受还是拒绝。因为我有太多的事要做,不能浪费时间。如果你不能下定决心,就永远也学不会如何赚钱。机会总是转瞬即逝。知道什么时候要迅速做出决定是一项非常重要的技能。现在你有一个你想要的机会,但你想进入的这所学校会在10秒钟内开学或者关门。"迈克的爸爸说,脸上带着揶揄的微笑。

"接受。"我说。

"接受。"迈克也说。

20年后的今天
决断性

世界发展正在变得越来越快。股市交易都以毫秒计。交易在几分钟内即可上网。越来越多的人在竞争好买卖。所以你做出决定的速度越快,抓住机会的可能性就越大——当然是在别人做决定之前。

"好!"迈克的爸爸说道,"马丁夫人会在10分钟内到这儿。等我和她办完事后,你们就和她坐车去我的小超市,然后就可以开始工作了。我每小时付给你们10美分,你们每周六工作3个小时。"

"但我今天有一场棒球比赛!"我说。

迈克的爸爸压低声调,用严厉的语气说:"接受或者拒绝。"

"我接受。"我回答道,我决定去工作和学习,不去打棒球了。

30美分以后

从那天早上9点起,迈克和我正式开始给马丁夫人干活了。马丁夫人是一个慈祥而有耐心的人,她总是说迈克和我使她想起她的两个长大的儿子。马丁夫人虽然很慈祥,却强调工作应该努力,她让我们不停地干活。3个小时里,我们把罐装食品从架子上拿下来,用羽毛掸掸去每个罐头上的灰尘,然后重新把它们码好。这工作真的很乏味。

迈克的爸爸,就是我称为"富爸爸"的那一位,拥有9个这样的小型超市,它们是像"7-11"那样的便利店的雏形,当时除了这些小型超市以外附近几乎没有可以买到牛奶、面包、黄油和香烟的杂货店,所以生意还不错。问题是,这是在还没有普遍使用空调的夏威夷,由于炎热,商店不可能关上门。而店的两边有许多停车位,每当一辆车开过或驶进车位,灰尘就漫天扬起飘入店内。

于是,在还没有空调的时代,我们就有事可干了。

此后的3个星期中,每星期六迈克和我向马丁夫人报到并在她那儿工作3小时。中午以前,我们的工作就结束了,她就在我们每人的手中放下3枚硬币。即使是在50年代中期,对于9岁的男孩来说,30美分也并不十分令人激动,因为就算买一本连环画也得花上10美分呢。

第四个星期的星期三,我决定要退出。我答应工作是因为想跟迈克的爸爸学习赚钱,而现在我成了每小时10美分的奴隶。更糟糕的是,自从第一个星期六后我就一直没见到过我们的赚钱老师——迈克的爸爸。

"我要退出。"吃午饭的时候我对迈克说。学校的午饭无聊透了,上课也没劲儿,而且我现在几乎一点也不盼着过星期六了。因为对我而言,现在每个星期六换来的仅仅是30美分。

迈克得意地笑了。

"你笑什么?"我既沮丧又气恼。

"我爸说早料到你会退出,他说如果你不想干了就让我带你去见他。"

"什么?"我觉得自己被耍了,于是气愤地问,"他早就在等我去找他?"

"是的,我爸爸可不是一般人,他跟你爸的教育方法不一样。你爸你妈说得多,我爸说得少,不过他早就猜到你会这么说了。你要等到这个星期六,我会告诉他你已经准备好了。"

"你是说我被耍了？"

"不，还不肯定，但有可能。我爸爸会在星期六说明的。"

星期六的排队等候

我已经准备好要面对迈克的爸爸，就连我的亲爸爸也生气了。我的亲爸爸，我叫他穷爸爸，认为我的富爸爸违反了《童工法》，应该受到调查。

我爸爸要我去争取应有的待遇。每小时至少应该得到25美分。爸爸说如果我得不到加薪，就应该立即辞职。

爸爸气愤地说："你根本就不需要那份该死的工作。"

星期六早上8点，我又穿过了迈克家那扇摇晃着的纱门。

"坐下等着。"我一进门迈克的爸爸就对我说，说完便转身消失在卧室边的小办公室里。

我环视整个房间，没看见迈克，我感到有些局促，小心地坐到了沙发上，4个星期前我见过的那两个女人笑着给我挪出了点地方。

45分钟过去了，我开始生气了。那两个女人已经见了迈克的爸爸，并且在30分钟之前就离开了。那个年纪大的男人待了20分钟也办完事走了。

一个小时过去了，那天阳光灿烂，我却坐在阴暗、发霉的客厅里，等待着和一个剥削童工的吝啬鬼谈判。我能听见他在办公室里走动、打电话，但他就是不理我。我很想出去，但不知为什么我还是留下来了。

最后，又过了15分钟，正好9点，富爸爸终于走出了他的办公室。他什么也没说，用手示意我跟着他去那间阴暗的办公室。

"你要求加薪，否则你就不干了？"他边说边把椅子转来转去。

"你不讲信用！"我脱口而出，眼泪差点掉下来。让一个9岁的小男孩去面对一个成年人是会觉得有点害怕。

"你说过如果我为你工作，你就会教我。好，我给你干活，我工作努力，我还放弃了棒球比赛，而你却说话不算数，你什么也没教我！就像镇上人说的，你是一个骗子，你贪心。你就想挣钱，却毫不关心你的雇员。你一点儿也不尊重我，让我等了这么久。我只是个小孩，我应该得到优待！"

富爸爸往转椅里一靠，手摸着下巴盯着我，好像在研究我。

"不错，"他说，"还不到1个月，你已经有点像我的其他雇员了。"

"什么？"我问。我不明白他的话，心里更加委屈了。"我想你会如约教我，你却折磨我。这太残忍了，真的太残忍了！"

"我正在教你。"富爸爸平静地说。

"你教我什么了？什么也没有！"我生气极了，"自从我为那几个小钱干活以来，你甚至都没和我说过话！10美分1小时！哈，我应该到政府那儿告你！你知道，我们有《童工法》，我爸爸可是为政府工作的。"

"哇！"富爸爸叫道，"现在你看上去就像大多数给我干过活的人了，他们要么被我解雇要么辞职不干了。"

"你还有什么可说的？"我说道。作为一个孩子，我觉得自己很有勇气。"你骗了我，我为你工作，而你不守信用，什么都没教我。"

"你怎么知道我什么都没教你？"富爸爸平静地问。

"你从来没和我谈过话，我已经干了3个星期，而你什么也没教给我。"我噘着嘴说。

"教东西一定要说或讲吗？"富爸爸问。

"是呀。"我回答道。

"那是学校教你们的法子，"他笑着说，"但生活可不是这样教你的。我得说生活才是最好的老师。大多数时候，生活不会和你说什么，它只是推着你转，每一次推，它都像是在说：'喂，醒一醒，我要让你学点东西。'"

"这家伙在说什么呀？"我暗自问自己，"生活推着我转就是生活在对我说话？"现在我知道我必须辞职了，我正在和一个应该被锁起来的家伙说话。

但富爸爸仍在说："假如你学会了生活这门课程，做任何事情你都会游刃有余。如果你学不会，生活照样会推着你转。人们通常会做两件事，一些人在生活推着他转的同时，抓住生活赐予的每个机会；而另一些人则非常生气，去与生活抗争。他们与老板抗争，与工作抗争，甚至与自己的配偶抗争，他们不知道生活同时也给了他们机会。"

学习金字塔

两周后我们还能记住多少		参与程度
	实战	主动
说过和做过的还能记住90%	模拟	
	做一次令人印象深刻的报告	
说过的还能记住70%	发表一次演讲	
	参与讨论	
	现场观摩	被动
	观看演示	
听过和看过的还能记住50%	看展览、观看演示	
	看视频	
看过的还能记住30%	看图片	
听过的还能记住20%	听演讲	
读过的还能记住10%	阅读	

资源来源：改编自戴尔的学习金字塔（1969）

我还是不太明白富爸爸的话。

"生活推着我们所有的人，有些人放弃了，有些人在抗争。少数人学会了这门课程，取得了进步，他们欢迎生活来推动他们，对他们来说，这种推动意味着他们需要并愿意去学习一些东西。他们学习，然后取得进步。但大多数人放弃了，还有一部分人像你一样在抗争。"

富爸爸站起来，关上了那扇嘎吱直响的旧木窗户。"如果你学会了这门课程，你就会成为一个聪明、富有和快乐的人。如果你没有学会，你就只会终生抱怨工作、低报酬和老板，你终其一生希望有个大机会能够把你所有的钱的问题都解决。"

富爸爸抬眼看我是否在听。他的眼光与我的相遇，我们对视着，通过眼神进行着交流。最后，当我接收了他全部

20年后的今天
学习金字塔

埃德加·戴尔帮助我们了解到我们通过行动——实践或模拟，才能学得最好。有时它被称为体验式学习。戴尔和他的学习金字塔理论告诉我们，阅读和讲座是学习效果最差的方式。然而，我们都知道大多数学校的教学都是采用阅读和讲座的形式。

的信息后，我将眼睛转开了。我知道他是对的，我责备他，但是是我提出要学习的，我是在抗争。

富爸爸继续说："如果你是那种没有勇气的人，生活每次推动你，你都会选择放弃。如果你是这种人，你的一生会过得稳稳当当，不做错事、假想着有事情发生时自救，然后慢慢变老，在无聊中死去。你会有许多朋友，他们很喜欢你，因为你真的是一个努力工作的好人。但事实是，你向生活屈服了，不敢承担风险。你的确想赢，但失败的恐惧超过了成功的兴奋。只有你知道，在你内心深处，你始终认为你不可能赢，所以你选择了稳定。"

我们的眼光又相遇了。我们对视有10秒钟之久，直到相互明白了对方的心意。

"你一直想推动我？"我问。

"可以这样说，但我宁愿说我在让你品尝生活的滋味。"富爸爸笑道。

"什么生活的滋味？"我问，虽然余怒未消，但充满好奇，甚至有点想听他的教诲了。

"你们俩是最先请求我教你们赚钱的人，我有150多个雇员，但没有一个人问过我这个问题。他们只是要求工作和报酬，我从来没有教过他们关于金钱的知识。他们把一生中最好的年华用来挣钱，却不明白到底是为了什么而工作。"

我坐在那儿专心地听着。

"所以当迈克告诉我你们想学赚钱时，我决定设计一个和真实生活相近的课程。虽然我也可以讲得精疲力竭，但你们可能连一个字都听不进去，所以我决定让生活推着你们，这样你们就会记住我的话了，这也就是为什么我每小时只给你们10美分的用意。"

"那么，我又能从每小时10美分的工作中学到什么呢？"我问，"是说你很卑鄙，在剥削工人吗？"

富爸爸向后靠去并开心地笑了起来，然后他说："你最好改变一下观点，

20年后的今天
生活就是教师

今天的千禧一代正在面临生活严峻的考验。工作更难找到，机器人取代了数百万的工人。从尝试和错误中学习变得越来越重要，而书籍学习在现实世界中越来越没价值，大学教育不再能保证一份工作。

停止责备我,不要认为是我的问题。如果你认为是我的问题,你就会想改变我;如果你认为问题在你那儿,你就会改变自己,学习一些东西让自己变得更聪明。大多数人认为世界上除了自己外,其他人都应该改变。让我告诉你吧,改变自己比改变他人更容易。"

"我不明白。"我说。

"别拿你的问题来责备我。"富爸爸说,他开始有些不耐烦了。

"可你每小时只给我10美分。"

"那么你学到了什么?"他笑着问。

"你很卑鄙。"我顽皮地笑了笑。

"瞧,你还是觉得问题在我这儿。"富爸爸说。

"可的确是这样呀。"

"好吧,如果继续这种态度,你就什么都学不到。如果你仍认为问题在我这儿,你该怎么办?"

"嗯,如果你不提高我的工资,更尊重我并教我赚钱,我就辞职。"

"说得好,"富爸爸说,"大部分人会这么干,他们辞职,然后去找另一份工作,期望得到更好的机会、更高的报酬,他们认为这样会解决问题。在大多数情况下,这是不可能的。"

"那我该怎么做呢?"我问,"接受这可怜兮兮的每小时10美分还要报以微笑吗?"

富爸爸笑了。"有些人会这么做。但他们所做的也只是等待,等待加薪,因为他们认为更多的钱能解决问题。大部分人接受这样的工资,还有一些人会再找一份工作,仍旧干得很努力,但仍只能得到很少的报酬。"

我坐在那里,眼睛盯着地板,开始理解富爸爸给我们上的这一课。我感到这的确是生活的原味。最后,我抬起头问道:"那么用什么来解决问题呢?"

20年后的今天
改变你能改变的

从富爸爸的话中,我学到了真理和智慧。生活中的很多事情是我们无法控制的。我学会了专注于我所能控制的:我自己。如果事情必须改变,首先要改变的就是我自己。

"用这个，"他在椅子上前倾着身子，轻轻地拍了拍我的脑袋，说道，"用你两个耳朵之间的家伙。"

就在那一刻富爸爸和我分享了使他区别于他的职员和穷爸爸的最关键的东西——这使他最终成为夏威夷最富有的人之一。而我受过良好教育的爸爸则一生都在与财务问题抗争。富爸爸非凡的观念使他的一生都与众不同。

富爸爸不厌其烦地讲述这个观点，一遍又一遍，这就是我称之为"第一课"的内容。

穷人和中产阶级为钱而工作。富人让钱为他工作。

穷人和中产阶级为钱工作

在那个阳光明媚的星期六上午，我学习了一种与穷爸爸教给我的完全不同的观念。在我9岁的时候，我意识到两位爸爸都希望我去学习，鼓励我去研究，但研究的内容不同。

我那受过高等教育的爸爸建议我像他那样做。"儿子，我希望你努力学习，取得好成绩，这样你就能在大公司里找到一份稳定的工作，而且会收入不菲。"富爸爸却希望我去研究钱的运动规律，好让钱为我所用。

在他的指导下，我会在生活中而不是在教室里学习这些课程。

富爸爸继续给我上第一课："我很高兴你为每小时10美分的报酬生气，如果你不生气而是简单地接受了，那我只能说我没法教你。你看，真正的学习需要精力、激情和热切的愿望。愤怒是其中一个重要的组成部分，因为激情正是愤怒和热爱的结合体。说到钱，大多数人都希望稳稳妥妥地挣钱，这样他们才感到安全。关于钱，他们没有激情，有的只是恐惧。"

"这就是他们接受低工资的原因？"

20年后的今天
资产大于收入

购买或创造提供现金流的资产能使你的钱为你工作。高薪工作只意味着两件事：你在为钱工作，你所支付的税收可能会增加。我已经学会了让钱为我工作，让税收优惠产生收入，而不是薪水。

我问。

"是呀，"富爸爸说，"有人说我剥削工人，因为我比甘蔗种植园和政府付给员工的薪水少。我说是他们自己剥削自己，罪魁祸首是他们的恐惧，而不是我。"

"但你不觉得你应该多给他们一点儿薪水吗？"我问。

"没这必要。而且，钱多了也解决不了问题。比如你爸爸，挣钱也不少，但仍会欠债。对大多数人而言，给他们的钱越多，他们欠的债也就越多。"

"这就是每小时10美分的原因，"我笑了，"课程的一部分？"

"没错。"富爸爸也笑了，"你瞧，你爸爸上了大学而且受到很好的教育，所以他有希望得到一份高薪的工作，他也的确做到了。但他还是为钱所困，原因就是他在学校里从来没学过关于钱的知识。而且最大的问题是，他相信工作就是为了钱。"

"你不这么认为吗？"我问。

"不，当然不是，"富爸爸回答，"如果你想为钱而工作，那就待在学校里吧，那可是一个学习这种事的好地方。但是如果你想学习怎样让钱为你工作，那就让我来教你。不过首先你得想学。"

"难道不是每个人都想学吗？"我问。

"不是，"他说，"原因很简单，学习为钱工作很容易，特别是当你一谈到钱就觉得恐惧时，学习为钱工作就更容易了。"

20年后的今天
上学？

我是教育和终身学习的坚定拥护者，但"上学"——特别是大学——已经成为一个财务噩梦。学生贷款债务创历史新高，有4400万美国人贷款近1.3万亿美元。再说一遍：是万亿，万亿。

"我不明白。"我皱着眉头说。

"别担心，你只需知道，正是出于恐惧的心理，人们才想找一份安稳的工作。这些恐惧有：害怕付不起账单，害怕被解雇，害怕没有足够的钱，害怕重新开始。为了寻求保障，他们会学习某种专业，或是做生意，拼命为钱而工作。大多数人成了钱的奴隶，然后就把怒气发泄在他们老板身上。"

"学习让钱为我工作和上面这种不一样吗？"我问。

"当然了，"他说，"绝对不一样。"

在夏威夷这个美丽的星期六早晨，我们静静地坐着。我的朋友们应该已经开始新一季的棒球联赛了，但不知为什么，我突然开始庆幸自己决定干这份每小时10美分的工作了，我感到我会学到我的朋友们在学校里学不到的东西。

"准备好了吗？"富爸爸问。

"当然。"我咧开嘴笑了。

"我已经遵守了诺言，带你去看了你未来的生活。"富爸爸说，"你现在才9岁，就已经有了为钱工作的体验了。你只需把上个月的生活重复50年，就会知道大多数人是如何度过一生的了。"

"我不太懂。"我说。

"你两次等着见我时有什么感觉？上次是被雇用，这次是要求加薪。"

"真可怕。"我说。

"如果你选择为钱工作，这就是你将要过的生活。"

"每次结束3小时的工作，马丁太太给你3个硬币，这时你又有什么感觉？"

"我觉得钱不够。感觉就像什么也没得到似的，真让人失望。"

"这也正是大多数雇员拿到工资单时的感觉，他们还要扣掉税和其他一些支出。至少，你拿到的还是100%的工资。"

"你是说工人们拿到的不是全部的工资？"我吃惊地问。

"当然不是，"富爸爸说，"政府要先拿走属于它的那份。"

"它怎么拿呢？"

"通过税收，"富爸爸说，"你挣钱时得缴税，花钱时也得缴税。你存钱时得缴税，你死时还得缴税。"

"政府怎么能这样？"

"富人就不会这样，"富爸爸微笑着说，"只有穷人和中产阶级是这样。我敢打赌我赚的比你爸爸多，但他缴的税比我多。"

"怎么可能呢？"我问道。作为一个孩子，我是不会理解这些的。"为什么有的人会让政府这么对待自己呢？"

富爸爸没有回答这个问题，他看着我，缓慢而沉默地摇着座椅。

"真的准备好跟我学习了吗？"他问。

20年后的今天
税收、税收、税收

随着政府的扩张,政府对钱的需求量越来越大,而唯一可以获得钱的地方就是中产阶级,意思就是工人。每个政府都欢迎专业的投资者和企业主。工人缴纳税款;如果投资者和企业主以税法作为发展经济的工具,那么他们缴很少的税。

我郑重地点了点头。

"就像我说的,这里头有不少东西要学。学习怎样让钱为你工作是一个持续终生的过程。大多数人上了4年大学后,学习也就到头了。可我知道我会用一辈子去研究钱这东西,因为我研究得越深,就越发现我还有更多的东西要学习。大多数人从不研究这个问题,他们去上班,挣工资,平衡收支,仅此而已,他们不明白自己为什么老缺钱,于是以为多挣点钱就能解决问题,几乎没有人意识到缺乏财商教育才是问题的关键。"

"那我爸爸总为税头疼也是因为他不懂钱吗?"我疑惑地问。

"税只是学习如何让钱为你工作的一个极小的部分。今天,我只想弄清楚你是否仍有热情去了解钱这东西。大多数人都没有这样的愿望,他们只想进学校,学习一门专业技能,然后轻松工作、挣大钱。到他们某一天醒来,发现已面临严重的财务问题时,他们已经不能停止工作了。这就是只知道为钱工作而不学习如何让钱为自己工作的代价。现在你还有热情学习吗?"富爸爸问。

我点了点头。

"好,"他说,"现在回去干活,这次我一分钱也不会给你。"

"什么?"我大吃一惊。

"听着。一分钱也不给。每星期六你照样干3个小时,但不会再有每小时10美分的报酬了。你说你想学习不为钱工作,所以我什么都不给你。"

我几乎不相信自己的耳朵。

"我已经和迈克谈过了,他已经开始免费干了,掸干净罐头上的尘土再把它们重新码好。你最好快点去和他一块儿干。"

"这不公平,"我叫道,"你总得给点什么呀。"

"你说过你想学习。如果你现在不学,将来就会像坐在客厅里的那两个女人和那个男人一样,为钱工作并且希望我别解雇他们。或是像你爸爸那样,挣了很多钱却眼看着债台高筑而毫无办法,希望靠拥有更多的钱来解决问题。如果你想这样,我可以按照原来的约定每小时付给你 10 美分。你也可以像大人那样:抱怨这里工资太低,辞职另找工作。"

"那我该怎么做呢?"我问。

富爸爸拍了拍我的头,"动动脑子,"他说,"如果你好好想一想,就会感谢我给你这个机会,让你成为有钱人。"

我站在那儿,依旧不相信自己已经答应了这个不公平的交易。我是来要求加薪的,现在却被告知以后要白干。

富爸爸又拍了拍我的头,说:"慢慢想去吧,现在回去开始工作。"

富人不为钱工作

我没对我爸爸说我没工钱了,他是不会理解的,而且我也不想向他解释连我自己也没完全明白的事。

在接下来的 3 个星期里,我和迈克每个星期六白干 3 小时。这工作不再让我心烦,过程也容易些了。只是无法参加棒球赛以及不能再买连环画让我耿耿于怀。

富爸爸在第三个周末的中午来了。我们听见他的卡车进了停车场,然后发动机熄火了。他走进店里与马丁太太拥抱致意。他看了店面的销售情况后,走向冰激凌柜,取出两个冰激凌,付了钱,然后向我和迈克打了个手势。

"孩子们,我们出去走走。"

闪开来来往往的汽车,我们穿过街道,又走过一大片草地,草地上有许多大人正在打垒球。最后我们坐到草地深处的一张野餐桌前,富爸爸把冰激凌递给我和迈克。

"还好吗?"他问。

"挺好的。"迈克说。

我也点了点头。

"那学到了什么没有?"

迈克和我面面相觑,一起耸了耸肩。

避开一生中最大的陷阱

"好吧,孩子们,你们最好开始开动脑筋。你们正在学习一生中最重要的一课。如果学好了这一课,你们将永享自由和安宁;如果没有学好,你们就会像马丁太太和在草地上打垒球的大多数人一样度过一生。他们为了一点点钱而勤奋工作,深信有工作就有了保障,盼着一年3个星期的假期和工作45年后才能获得的一小笔养老金。如果你们喜欢这样,我就把工资提到每小时25美分。"

"但他们都是努力工作的好人啊,你在嘲笑他们吗?"我问道。

一丝笑容浮上了富爸爸的脸庞。

"马丁太太对我就像妈妈一样,我决不会那么残忍地看待她。我上面的话可能听起来很无情,那是因为我在尽力向你们说明一些事情。我想拓宽你们的视野,让你们看清一些东西。这些东西甚至连大多数成年人也从没认清,因为他们眼界太狭窄了。大多数人从未认识到他们是在陷阱之中。"

迈克和我还是不太明白他的意思。他的话听起来很无情,然而我们能感到他确实是急于想让我们明白。

富爸爸又笑着说:"25美分每小时怎么样?这样是否让你们心跳加速?"

我摇摇头说:"不会啊。"可事实上,25美分每小时对我而言可真是不小的数目啊!

"那么,我每小时给你1美元。"富爸爸说,脸上露出狡黠的笑容。

我的心开始狂跳,脑袋里有个声音在喊:"接受,快接受。"但我不相信我所听到的,所以什么也没说。

"好吧,每小时2美元。"

我这个9岁孩子的大脑和心脏几乎要爆炸了。毕竟这是1956年,每小时2美元的薪水将使我成为世界上最有钱的孩子!我无法想象能挣到这么多钱。我想说"好的",真想和他成交。我似乎已经看见一辆新自行车,一副新棒球手套,以及当我亮出钞票时同学们羡慕的表情。最重要的是,基米和他的朋友再也不能叫我穷人了,但不知什么原因我仍然没有开口。

冰激凌化了,顺着我的手流了下来。富爸爸看到两个孩子盯着他,眼睛睁得大大的,脑子里却空空如也。他是在考验我们,而且他也知道我们很想接受这笔交易。他知道每个人的灵魂都有软弱、贫乏的一面，也有强人坚定、无法被金钱收买的一面。问题在于哪一部分更强大。

"好，5美元每小时。"

我的内心突然平静了，想法发生了转变。这个出价太高了，高得有些离谱。在1956年，就算成年人也没有几个能每小时挣5美元的。诱惑突然不见了，我恢复了平静。我轻轻转向左边去看迈克，他也在看我。我灵魂中软弱而贫乏的一面沉默了，无法用钱收买的一面占了上风。我知道迈克也一样。

"很好，"富爸爸轻声说，"大多数人都希望有一份工资收入，因为他们都有恐惧和贪婪之心。一开始，没钱的恐惧会促使他们努力工作，得到报酬后，贪婪或欲望又让他们想拥有所有用钱能买到的好东西。于是就形成了一种模式。"

> 人们的生活永远被这两种感觉所控制：恐惧和贪婪。

"什么模式？"我问。

"起床，上班，付账，再起床，再上班，再付账……他们的生活永远被这两种感觉所控制：恐惧和贪婪。给他们更多的钱，他们就会以更高的开支重复这种循环。这就是我所说的'老鼠赛跑'。"

"就没有另外一种模式吗？"迈克问。

"有，"富爸爸缓缓说道，"但只有少数人知道。"

"到底是什么模式？"迈克问。

"这就是我希望你们能在工作和跟我学习的过程中找到的东西，也是我不给你们任何工资的原因。"

"有什么建议吗？"迈克问，"我们厌倦了辛苦地工作，尤其是什么报酬都没有。"

"哦，第一步是讲真话。"富爸爸说。

"我们可没撒谎。"我说。

"我没说你们撒谎，我是说要弄清真相。"富爸爸反驳道。

"关于什么的真相？"我问。

"你真正的感觉，"富爸爸说，"你无需告诉别人你的感觉，只有你自己知道。"

"你是说这公园里的人，还有那些为你工作的人，像马丁夫人，他们都没弄清楚自己的感觉?"我问。

"我想是的。他们害怕没有钱,更没有直面这种恐惧,对此他们虽然在情感上有所反应但并没有动脑筋想办法。"富爸爸说,"他们手中有点小钱,可享乐、欲望和贪婪会立刻控制他们,他们会再次做出反应,仍然是不假思索。"

"所以,他们的感情代替了他们的思想。"迈克说。

"正是如此,"富爸爸说,"他们并不清楚自己真正的感觉,只是做出反应,而不去思考。他们感到恐惧,于是就去工作,希望钱能消除恐惧,但没有奏效。于是,恐惧追逐着他们,他们只好又去工作,再一次期望钱能平复这种恐惧,但还是没有成功。恐惧使他们落入工作的陷阱,挣钱——工作——挣钱,希望恐惧就此烟消云散。但每天他们起床时,就会发现恐惧又与他们一起醒来了。恐惧使成千上万的人彻夜难眠,忧心忡忡。所以他们又起床去工作了,希望薪水能消除噬咬他们灵魂的恐惧。钱主宰着他们的生活,他们拒绝去分辨真相,钱控制了他们的情感和灵魂。"

然后富爸爸静静地坐着,让我们自己理解他的话。迈克和我听到了他的话,但不能完全明白他的意思。我只知道我很奇怪大人们为什么总是急急忙忙去工作,而工作看起来并没什么乐趣可言,而且他们也不快活,好像总有些东西逼着他们去工作。

看到我们已经尽力地理解了他的话后,富爸爸说:"我希望你们能避开这个陷阱,这就是我真正想教你们的,而不只是发财,因为发财并不能解决问题。"

"不能吗?"我惊奇地问。

"不能。现在让我谈谈另一种感情:欲望。有人把它称为贪婪,但我更喜欢用'欲望'这个词。希望拥有一些更好、更漂亮、更有趣或更令人激动的东西,这是相当正常的。所以人们也为了实现欲望而工作。他们认为钱能买来快乐,可用钱买来的快乐往往是短暂的,所以不久他们就需要更多的钱来买更多的快

20年后的今天
第一恐惧

随着世界人口老龄化的加剧和越来越多的人面临退休,有报道称人们的第一恐惧已与金钱紧密相关。接近50%的受访者担心他们的钱不够维持生活,他们害怕在退休时就把钱用完了。

乐、更多的开心、更多的舒适和更多的安全感。于是他们继续工作,以为钱能安抚他们备受恐惧和欲望折磨的灵魂,但实际上钱是无法做到这一点的。"

"即使是富人也这样吗?"迈克问。

"富人也是如此。"富爸爸说,"事实上,许多人致富并非出于欲望而是由于恐惧,他们认为钱能消除贫困带来的恐惧,所以他们积攒了很多的钱,却发现恐惧感更加强烈了。他们又开始害怕失去钱。我有一些朋友,他们已经很有钱了,但还在拼命工作。我还认识一些百万富翁,他们现在甚至比他们穷困时还要恐惧,他们害怕失去所有的钱。他们越富有,这种感觉就越强烈。他们灵魂中软弱贫乏的一面总是在大声尖叫,他们不想失去大房子、车子和钱带给他们的上等生活。他们甚至担心一旦没钱了,朋友们会看不起他们。许多人变得绝望而神经质,尽管他们很富有。"

"那穷人是不是要快活一点?"我问。

"我可不这么认为,"富爸爸回答说,"不谈钱就像依赖钱一样是一种精神上的疾病。"

《富爸爸第二次致富机会》节选

(本书中文版即将出版,敬请期待。)

第三章

我能做些什么？

> 我只是完成发明工作，然后等待那些需要它们的人来找我。
>
> ——巴克敏斯特·富勒

花了一些时间，我才意识到，富勒关于预测未来的能力，并不能用来选股或者发现市场上的买卖时机，也不能用来赌马，或者是预测谁能够赢得世界职业棒球大赛。他对未来的看法就好比神眼中的未来一样。

富勒在使用"神"这个字眼时很犹豫，因为对于很多人来说，这个字眼承载了太多"宗教上的意义"、情感以及争议。富勒不认为"神"就应该是一个白人男子，也不是什么犹太人、阿拉伯人或者亚洲人。与使用"神"这种词汇相比，他更喜欢美洲印第安人的一种说法——"伟大的灵魂"。伟大的灵魂是一种看不见的能量，把世间万物联系在一起，而不仅仅存在于天堂与人间。

无论何时，当我在本书中使用"神"这个字眼的时候，请你要明白，我不带有任何宗教信仰上的暗示。我尊重每个人在宗教信仰方面的选择权利。无论你信或者不信，或是信仰任何宗教。简单来说，我认同信仰自由，以及人们选择信或者不信神的自由。

在政治方面也是一样，我既不是共和党人，也不是民主党人。我不参与党派之间的争论。实际上，我对自己的狗的好感度都要多过对绝大多数政客的好感度。

人类的演化

在金钱的竞技场上,富勒并不是一个未来主义者。在人类演化方面,他是怀揣"伟大的灵魂"愿望的未来主义者。他相信,人类是神开展的一场长期实验的实验品,从而被放在了相当于"太空船般的地球"上面,其目的是看看人类是否可以演化,然后随时根据情况,将地球这颗星球变成天堂或者地狱一般的存在。

富勒相信,"伟大的灵魂"希望所有人都能变得富有。他经常说:"地球上有60亿的亿万富翁。"(他说这话是在20世纪80年代,如今他应该说"地球上有70亿的亿万富翁"了。)20世纪80年代,有文件记载的亿万富翁不足50位,离富勒口中的60亿相去甚远。截至2008年,这个数字变成了1150。今天的预测数字约为1645。

富勒预测,人类已经到达了一个演化上的临界点。如果人类不能从"贪婪、自私"演化到"慷慨、富足"的地步,他们——作为神在地球上正在进行的一场实验的实验品——将会走向终结。对于那些将来自"上帝的恩赐"据为己有的富人以及位高权重的人,富勒经常将他们称之为"血栓"。富勒相信,如果人类不能实现演化,我们不仅仅会害死我们自己,而且会让这个星球上的其他生物一同陪葬。

富勒想要找到广义法则的原因在于,它们就是维持宇宙运转的看不见的力量。换句话说,广义法则就是"伟大的灵魂"的运作原则,"伟大的灵魂"想要让这个星球上的所有人以及所有生命都变得兴盛。富勒认为,广义法则有大约200至300条,他在有生之年发现了大约50条。我知晓并利用了其中的5条。

在文字以及话语中,富勒批评了一小撮贪婪但位高权重的人,后者利用了这颗星球上生活的人们以及资源,仅仅是为了他们积累个人的财富。他相信,如果人类不能从贪婪转变为慷慨——面对这颗为万事万物奉献的星球,如果人类不能为之奉献的话——将会面临被这个"如太空船般的星球""驱逐"的命运。如此一来,"伟大的灵魂"的实验将会倒退回到数百万年前的状态。他同时还声称,上帝很有耐性也有意愿等待人类完成演化。不幸的是,你和我都无法继续等待数百万年,那就让我们的后人来接收这条"消息"吧。

服务更多的人

在前面的章节中，我已经提到过，富勒发现的"伟大的灵魂"的广义法则之一就是："我服务的人越多，我就变得越有效率。"

作为我自己的第二次机会的一部分，我在做商业决策时，我尽自己最大的努力追随这条广义法则。我不再只考虑"如何让我自己变得富有"，我开始调整自己，努力思考"如何在自己变得富有的同时，让别人也一同变得富有"。

在将金与我一起创办的研讨班业务销售给我们的合作伙伴的决策中，广义法则起到了重要作用。尽管我们开办的研讨班业务非常成功，但从这项业务惠及的人数上来看，却是有限的。

当时是1994年，对我们来说，卖掉研讨班业务，是一个非常困难的决定。我们的这个业务开展得非常成功，而且有利可图。但是，直觉告诉我们，现在是时候继续前进了，是时候让更多人从中受益了。

在1994年，我们实现了财务自由。这种自由不是来自富勒的经验，而是来自后来的富爸爸的经验。财务自由让我们有时间发展自己的下一项业务。1996年，《富爸爸现金流》游戏的首个商用版本在拉斯维加斯投入使用。一周后，这款游戏也出现在了新加坡。接下来，我们要针对该游戏的销售制订一个推广计划。

《富爸爸现金流》游戏存在两个固有的问题，这使我们在销售方面遇到困难。

第一个问题就是它太过于复杂。我们请来的一个游戏方面的专家，他建议道："如果你们不设法对游戏进行简化，那么就没法卖出去。"我们决定不听取该项建议。《富爸爸现金流》游戏设计的目的，就是要让它成为一个具有教育意义的游戏，而非单纯的娱乐目的。

第二个问题在于，它的生产成本过于昂贵。专家还告诉我们，游戏的零售价格应该定在29.95美元。如果零售价格定在这一水平，那么我们每套游戏的制造成本就应该控制在7美元以内。我们的问题在于，首批每套游戏的生产成本超过了50美元，其中包含了在中国生产然后运输到美国并进行仓储的费用。我们没有听从游戏专家的建议，还是将《富爸爸现金流》游戏的零售价格定在了每套195美元的水平上，使其成为市场上最为昂贵的棋盘游戏之一。

但是困难可以激发创意。为了在195美元的价位上销售这款游戏，金与我不得不发挥创意。我们找到了过去参加过研讨班的客户,并提供500美元的优秀学员奖金,同时在为期一天的研讨班上展示我们的游戏。在整个研讨过程中,参与的学员将我们的新游戏玩了两遍。第一遍是为了熟悉游戏。第二遍才真正投入游戏。为期一天的研讨班发挥了作用。参与者非常兴奋。他们中的多数人表示,他们在这一天之内学到的关于金钱方面的知识超过其过去人生中的总和。当我们宣布这套"拆过封"的游戏仅以150美元的售价销售时,很快被一抢而空。实际上,为了这套被玩过的游戏,他们之间还发生过争夺,这还是在全新游戏也只卖195美元的情况下。

我们的商业模式被证明是可行的。富爸爸现金流俱乐部的概念也应运而生。2004年,《纽约时报》刊出一篇关于富爸爸现金流俱乐部的文章,题为《金钱游戏的价值日见飞涨》,并告诉我们,他们在全球范围内发现了超过3500家这类俱乐部。它们中的许多直到今天还在持续经营。它们服务的人群极其广泛,并向学员传授知识。从中获益的人数远超过仅靠金和我二人力量所能做到的。

Q:如果你想要服务更多人,那么为什么你不免费提供这款游戏呢?

A:我们考虑过利用政府拨款来资助这款游戏的生产,但是那样的话,整件事情就会变得与我的穷爸爸的想法如出一辙,而不是像富爸爸那样的企业家的思考方式。

再说了,免费为别人提供东西,往往无助于这些人摆脱贫穷。这种做法往往催生出一种"理所当然"的心态,将人们的积极主动性以及个人责任感摧残殆尽。

尽管游戏的初始花费不菲,但游戏的在线版本却免费提供给了数百万的人。通过富爸爸现金流俱乐部,不计其数的人免费接触到了这款游戏,并且从中学到了东西。来自世界各地的许多富爸爸现金流俱乐部成员也都支持富爸爸公司的使命,那就是:提升人们的财务幸福感,并且通过传授让更多人了解这款游戏。

对他们来说,这不仅仅是心灵上的传授,而是他们传授的越多,自己从中学到的也就越多。

与我交流过的绝大多数富爸爸现金流俱乐部的成员都表示,他们从中获得的回报远远多于付出。他们遵循"如果给予,那么你将会收获"的信仰法则。不幸的是，也有一些俱乐部，它们仅仅只是展示游戏，真正的目的是为了兜售其他的产品和商业机会。如果你曾经遭遇过它们中的一家，那么你只需要知道，我支持那些让大家能够免费接触游戏的企业家，我并不支持那些拿我的游戏当作行销工具的人。

其他的观点

大约有六个月的时间，我待在亚利桑那的比斯比，那是一座古雅、充满艺术气息的小镇。在那里，我住在一处公寓里，公寓由一所古老监狱改造而成。约翰·韦恩一度拥有那座古老监狱，作为一处可供租赁物业持有。他热爱比斯比以及亚利桑那州南部，在那里，他拥有一处大农场。

我整日在自己的小农场倒腾，将一间老旧的马车驿站（位于比斯比与臭名昭著的墓碑镇之间的歇脚点，在那里经常上演你死我活的决斗）改造成一个拥有一间卧室的房子。晚上，我就坐在"监狱"里写书，这是一个痛苦的过程，走走停停，各种调整。终于，在一个深夜，我筋疲力尽地结束了住所方面的工作，在如何撰写一本书的各种纠结的陪伴中，我的手指终于打出了新书的第一行字。这行字的开头就是："我有一个富爸爸，我还有一个穷爸爸。"

这就是那本名为《富爸爸穷爸爸》一书的诞生过程。大多数人并不知道，作为富爸爸系列书籍的第一本，《富爸爸穷爸爸》最初创作的目的只是为了帮助推广《富爸爸现金流》游戏，而且是以宣传册的形式出现。

1997年4月8日，在我50周岁生日当天，《富爸爸穷爸爸》面市，富爸爸公司也应运而生。

《富爸爸穷爸爸》以自费出版的形式出现在世界各地，这一状况一直持续到2000年的早些时候。起初，它是通过口耳相传的"病毒式"营销方式传播。直到有一天，它出现在了《纽约时报》的最佳销售排行榜上。在这份久负盛名的榜单中，那是唯一一本由作者自费出版的书籍。

在那之后不久，我接到了奥普拉·温弗瑞电视节目组一位制片人的来电。在她把我引荐给奥普拉之前，她想与书中所提的富爸爸的儿子亲自谈谈。在她证实了《富爸爸穷爸爸》故事的真实性之后，我作为节目嘉宾出场的这个事情就被敲定了。

当收到邀请的时候，我正在澳大利亚。这是一个困难的决定：我是应该待在澳大利亚呢？还是应该飞回芝加哥接受采访呢？"我服务的人越多，我的效率就越高"这条准则再次发挥作用。为了赶时间，我直接从澳大利亚飞到了芝加哥。我仍然记得，走进节目间，在长达一个小时的时间里，坐在奥普拉旁边的情形。我们就开展财商教育的必要性展开了讨论。

这一个小时彻底改变了我的人生。一个小时以前，我还是一个无名小卒。一小时以后，我关于财商教育的观点人尽皆知。这一切整整花了我五十五年时间，众多成功、失败以及第二次机会交织其间。最终，一夜成名！

我向你讲述这个故事不是为了自吹自擂，而是将其作为一个例子，向你展示追随富勒的广义法则以及我的富爸爸在金钱方面的经验所能够获得的力量。

在慷慨中变得富有

曾经有一个记者问我，是不是奥普拉让我变得富有。我回应道："在我参加她的节目之前，我就已经富有了。我在财务上非常富有，因为我一生都没有停止汲取知识——那些不能从学校学到的知识。我所做的一切，只是分享，尽我所能地分享。"

我关于要做一个慷慨的人的看法让记者瞠目结舌。他的观点是一个人要变得富有，必须贪婪。我尝试向他解释，根据"一本为复数，且最低为二"的广义定律，一个人既可以因为贪婪而变得富有，也可以因为慷慨而变得富有。他怔怔地看着我。他的大脑冥顽不灵地认为"贪婪是变得富有的唯一途径"。在他的观念中，成为一个慷慨的人就不可能变得富有。在他的观念中，只存在一种类型的富人，那就是"贪婪的富人"。

Q：请问在你变得广为人知之后，都发生了什么事件？一切都还是一如既往么？

A：没有，变化很大，名声和金钱让我的生活变得更加艰难，而不是更加轻松。许多朋友开始嫉妒我。合作伙伴变得贪婪,有的开始有"偷窃"行为。

许多人出现在你四周，看看你有哪些需要"帮助"的事情。有些人是真心想来帮助你完成使命的，有些人只是想从我们建立的东西里面获得一些什么来"帮助他们自己"。尝试辨别具有不同目的的人是一件很困难的事情。

好消息是，多年以后，许多优秀的人走进了我们的生活。还是那句话："一本为复数"。我们必须学会从坏的事物中挑选出好的来。

富勒最后的话语

我曾经提到过，富勒于1983年7月1日与世长辞。他的妻子安娜也于36小时后随他而去。他们享年都是87岁。就连死亡也为他的传奇人生画上了圆满的句号。

他最后一次公开讲话是在某一个活动中发表的。期间，他突然停止讲话，安静地坐了一会儿。我没有出席那一次活动，但我听了记录有他最后言论的录音带。我在这里转述一下。

富勒说，这次发言他长话短说，因为他的妻子病得很重。他提到，数天前，他有一个预感，那就是：他与他的妻子将会一同西归。意识到死亡离他们俩如此之近，他说"一些神秘的事情还在继续"。他鼓励每个人继续工作。然后，富勒用他那惯用的离别之言结束了谈话："谢谢大家，亲爱的人们！"

后来，我得知，他和他的妻子间达成过一个协议——他们都不能看着对方死。他们遵守了彼此之间的协议。急匆匆地赶去看望自己的妻子，富勒坐在她的床边，而她深陷昏迷之中。就像得到暗示一样，他埋首于她身旁，安静地离开了这个世界，而她也在36小时之后追随他而去，遵守了他们之间的协定，没有目睹对方的死亡。他作为一个未来主义者，预测了他与妻子辞世的方式。我猜想，他可能听到了"伟大精神"召唤他们回家的声音。

当他们辞世的消息出现在广播中的时候，我正驾车行驶在火奴鲁鲁的一条高速公路上。这条新闻让我十分震惊，我于是在高速公路上靠边停车，并为之流泪。回首过去，往事历历在目。好像我仍然坐在高速路边，思绪汹涌，扑面而来。生命的一个阶段已经成为过去式，而下一阶段已经开始。我被给予了全新的第二次机会。我不再是制造业方面的企业家。我将成为一位教育行业的企业家。

惊世大盗

数月后，富勒的遗作《惊世大盗》上市，该作品从书名中暗示了那些富有的以及位高权重的人如何通过我们的钱、政府以及银行系统窃取我们的财富。

当我读了这本内容不多但却很有说服力的书之后，拼图中的许多碎片都开始浮现。我的思绪回到了过去，当我还是九岁小孩的时候。那时，读四年级的我举起手来，向老师问道："我们什么时候将会学到关于金钱方面的知识？"以及"为什么这个世界上会有富人与穷人的区别呢？"

读了富勒的这本遗作之后，上述问题的答案逐渐浮现于我的脑海中。富勒不遗余力地抨击教育体系，还不仅仅是因为他们所教授的内容，更在于其教授给孩子们的学习之道。他想对每一个孩子以及他们所拥有的特殊天赋说这样一句话：

"每个孩子都有与生俱来的天赋，只不过这些天赋很快就被不自觉的人为因素或者不友好的环境因素所抹杀。"

他还想说：

"我发现每个孩子对一切事物都充满了好奇心。孩子们对一切都非常感兴趣，这让他们那术业有专攻的父母感到为难。孩子们从一开始就彻底地展现出他们基因的组织形式就是帮助其领悟、理解、协调以及应用——在各个方面。"

富勒推荐，由学生自己来掌控他们的教育过程。大体上就像是史蒂夫·乔布斯在俄勒冈州波特兰的里德大学做的那样。史蒂夫·乔布斯采取了退学的行动，这样他就可以只学习那些他感兴趣的科目。他再也没有回到过学校。

Q：富勒说过每个人都有天赋吗？

A：是的。

Q：可是我从来没感觉到自己非常聪明，我也不认为自己有任何天赋。这是怎么一回事呢？

A：就像富勒说的，学校和父母经常埋没了孩子们与生俱来的天赋。富勒将学校比作是一座钻石矿，老师在里面挖掘所谓的"钻石"——他们眼中的那种很有天赋的儿童。"尾矿残渣"，或者说是泥土和碎石等就会被扫向路边，这些也就是那些教师眼中的所谓没有天赋和潜力的学生。这就是为什么许多离开学校的学生感觉他们并不聪明，也毫无特别之处。他们甚至迁怒于学校以及整个教育系统。

Q：那么一个人应该如何发现自己的天赋呢？

A：有许多途径，其中之一就是改变所处的环境。

Q：环境和我的天赋之间有什么联系呢？

A：我来给你举几个例子。在教室这种环境中，许多学生都感觉自己很笨，而他们的天赋却在足球场上得以体现。泰格·伍兹的天赋就是在高尔夫球场上得以发挥的。披头士的天赋则是伴随着乐鼓以及吉他，在录音棚中得以体现的。史蒂夫·乔布斯选择了退学，然后为他的天赋找到了车库这一场所。在那里，他和史蒂夫·沃兹尼亚克开发了第一台苹果电脑。

Q：那为什么我察觉不到自己的聪明之处呢？为什么我发现不了自己的天赋所在呢？

A：因为绝大多数人离开家，去学校上学，然后找一份工作，他们并不总是能够遇到可供自身天赋绽放的适当环境。许多人终其一生都觉得自己没有成就感，没有经受考验，从不被人赏识。这仅仅是因为他们没有找到一处可供他们的天赋得以绽放的环境。

将"天赋"（genius）看作三个词——"我们身体之中的魔法师"（geniein-us)。"天赋""魔法师"以及"激励"是相互关联的三个词。你见过那种厨房里的魔法师么?就是将平淡无奇的原材料变成美味佳肴的那种人。

Q：是的，我见过这样的人。
A：那你认识园艺高手么?就是将泥土、水和种子变为魔法花园的那种人。

Q：当然，我也认识这样的人。
A：你看过残奥会吗?这是针对那些身体存在缺陷的人士举办的活动，借此激励他们——触碰他们的精神——让他们不惧自身缺陷和前方的挑战，以大无畏的精神，全心全意去竞争。

Q：我观看过这种赛事。
A：这些就是关于"我们身体之中的魔法师"的例子。我们身体中的魔法师能够激励其他人。当某人的精神与我们的精神产生触碰时，我们感受到了激励。
那就是天赋所带来的魔法般的效果。当我们受到来自其他人的激励的时候，我们便看到了"我们身体之中的魔法师"。

Q：那为什么绝大多数人没有发掘出他们的天赋呢?
A：因为发掘出自己的天赋并不是一件简单的事情。举例来说，如果一个人有潜力成为下一个泰格·伍兹，但他没有全身心地去开发自己的天赋和才干，那么他的天赋就不会展现出任何"魔法"般的奇迹。

问题多于答案

对我来说，通过阅读《惊世大盗》这本书，我产生了更多的问题。这是我有生以来第一次萌生出想要再当一回学生的念头。我想回到过去，回到四年级，就我不停地问老师的那些关于金钱方面的令人困惑的问题，我想找到答案。我如饥似渴地学习，我想要找到这些问题的答案："为什么金钱不能作为一门科目在学校中被教授呢？""是什么让富人变得越来越富？"

当我读完那本《惊世大盗》，继续阅读富勒关于教育方面的其他书籍时，我意识到，我在四年级提出那样的问题，是因为我天生具有的好奇心。"金钱"以及"为什么富人会变得越来越富"是我学习的主题。而且在我看来，金钱方面的课题从教育体系中"绝迹"绝非出于偶然。

在我体内，那个"1983年的学生的我"要重新复活了。我做了富勒描述过的事情，我身体中作为学生的那个我又回到了学习中。

经过多年时间，我自己的研究验证了富勒的发现，那就是：货币系统之所以被设计出来，是因为有人想用它来偷走我们的财富，让富人更加富有，但并非让你和我这样的人富有。甚至当第一个直立行走的人类出现时，这种对他人的奴役以及对他人财富的偷窃行为就已经出现了。富勒相信，这种想要奴役他人的强烈的贪婪和欲望，是人类在演化过程中面对的考验——我们能否用自己的心灵和心智去创造人间天堂，或者将地球变成一个人间地狱以及一片废墟。

在《惊世大盗》中，富勒描述了富人以及位高权重的人如何利用金钱、银行、政府、政客、军队以及教育体系来实现他们的计划。简单来说，金钱被设计出来的目的就是为了让人们成为金钱的奴隶，成为那些控制着货币系统的人的奴隶。

讽刺的是，在我讨论的金钱这个主题中，尽管富勒和我的富爸爸彼此成为了对立面，但他们都认同金钱奴役人民的观点。他们的对立性也支持和证明了广义法则"一本为复数"。他们都不认同实质，却都认同法则。

知识的力量

在我参加奥普拉的节目后不久，一家共同基金公司开价400万美元，要我对其基金进行宣传。虽然我对钱的渴望程度与许多人一样强烈，但如果接受了他们的钱，那我就变成了《惊世大盗》中所描述的那一类人中的一分子。财商教育的一个伟大之处就是：给人们选择的力量，这样我们再也不需要为了金钱而出卖自己的灵魂。

你可以做些什么？

你和我都能够意识到即将到来的是什么……

Q：那么，我能够做些什么？

A：答案就是，你可以做的事情多得数不胜数。这个世界充满着各种问题。也许应该换一个更合适的方式来问这个问题，那就是：你想解决什么问题？你认为，什么问题是可以利用你独一无二的天赋去解决的？对于那些你关注的问题，你可以自己去解决，或者是加入一个团体或者组织去解决。

当你站在问题本身的角度去看待这个世界的时候，你会发现有很多需要我们去完成的事情，以及有很多你可以做的事情。

一个更重要的问题是：你想为了解决问题而工作？还是仅仅为了某人付给你的钱而工作？

为什么我们的财富会通过货币系统被窃取？为什么我们的学校没有提供财商教育？在追寻上述问题的答案的过程中，我学到了一些东西，而这些正是你在下一章的内容中将会了解到的。

在开发《富爸爸现金流》棋盘游戏以及创作《富爸爸穷爸爸》的过程中，我们的财富、收入以及眼界水准成指数级提高。我提到这些是为了让你在自己的第二次机会到来时作为参考。

对那些正在自己的金钱与人生方面等待第二次机会的人来说，你可以问问自己：

"我如何能够服务更多人？"

而不是

"我如何能够赚到更多钱？"

如果你选择问自己"如何服务更多人"，而不是"如何赚到更多钱"，那么你已经在追随来自神的广义法则的其中一条的精神了。

金·清崎

个人背景与企业家简介

姓　　名：金·清崎

出生日期：1957 年 1 月 26 日

出　生　地：新泽西州萨米特

传统教育

夏威夷大学

学位：商业经济管理与市场营销学士学位

专业教育

持续进行中的终身学习

年级平均分

高中：介于 3.0 至 1.0 间——B 以及 D 等

大学：同上

传统教育的价值——对成为企业家来讲

我发现：推动事情开始显得更加重要，然后再去花费很多的时间慢慢打磨，使其日趋完美。我不在乎浪费多少时间，只要能够让事情变得完美就行。记得还是在读小学的时候，在一个关于不同树木树叶的研究报告项目上，我花费了数不清的时间。结果非常出色，绝对完美，但我也就获得了一个 A。我的同学也获得了一个 A。要知道，他的作品离完美或者出色还差很远。这使我意识到：完美并不总像人们想的那么好。

在学校最喜欢的科目

时事。我喜欢从当下正在发生的事情中学习。我也喜爱体育课,运动可以让我将关在教室中一整天所遇到的各种不好的情绪发泄出来。

在学校最讨厌的科目

几何课程。为什么呢?因为我的高中几何老师曾经对我说过:"你是一个坏学生,所以绝对不可能掌握这门课程。"(这为我未来作为一位企业家设下了基调……)

首个企业家项目

小时候,每到夏季,我们家会去泽西海边度假。周日的下午,总是会堵车,因为在一周结束的时候,出来度假的人们都急着赶回去。在大约八岁的时候,我的朋友会和我一起卖水(那时候水在各处还是免费的)给司机们,让他们给自己的汽车降温。大多数司机都认为,我们应该提供免费的水。然而,他们并不处在一个可以讨价还价的地位。

并非从学校习得的关键企业家技能

如何利用错误来加快我的学习进程并成长,而不是避免和惧怕错误。

何时以及为何成为了企业家?第一份事业是什么?

至于原因嘛……我的爸爸丢掉了他的工作。那还是在他50出头的时候,他在竞争公司总裁这一职位时落败。

他诚实、忠诚而且工作努力。有些事情看起来非常不公平,甚至完全错误,我对此感到愤怒。当我们在他的办公室整理东西的时候,我曾对自己默默地说:"我绝不会让自己陷入这种地步,让别人控制我的人生。"那个时候我还没有意识到,成为一位企业家的想法当时就已经植根于我的脑海中。

至于什么时候嘛……在我被解雇以后——不止一次,而是两次——这是我离开学校后得到的第一份工作。同一份工作,两次被炒。我真的很讨厌被人指使。那就是我开始自己第一份事业的时机。

我的第一份事业是设计一种带有"win/win"字样的logo。然后将它们刺绣到T恤、毛衣以及夹克上。我们在美国各地举办的商务洽谈会上销售它们。

来自初次创业中的最好经验

我学到了这样的经验：要将所有与你共事的人都囊括进一个大的愿景中，并且让他们理解自己在其中所扮演角色的价值。举例来说，负责刺绣的工作人员告诉我，他没法在第一次会议召开前为我准备好T恤。我与他一同坐下来，然后给他看了一张图表，以便让他明白，能否及时准备好这些T恤，关乎其他后续的商务运作。他不仅仅只是在做一份工作，而是肩负着让一家初创公司维持下去的重要使命。他最后按既定计划及时地拿出了那些T恤。

通过科尔比指数，我对自己有哪些了解？

金·清崎
科尔比A™指数评估结果

祝贺你，金
你在科尔比指数评估中获得了完美的分数

你很独特，敢于面对未来的挑战。你引领着潮流，洞见各种可能，并且能完成别人认为不可能完成之事。你甚至在看到问题有希望得到解决之前就坚信自己能够做到，并将其转化为一次富有成效的冒险。

获科尔比公司许可重印。

不要与你的天性作对。多年来，我一直在读那些如何使人在做事方面变得更有条理性的书。为此，我还去参加过研讨班课程。我买下了市面上所有能找到的最新出版的关于每日规划的书。这些全都不起作用，我的办公室永远乱七八糟。当我在进行科尔比指数评估的时候，凯西·科尔比问我："金，你是不是一直在试图变得有条理方面遇到困难？""是的。"我沮丧地说道。他告诉我说："金，你永远也无法变成一个做事有条理的人。这就不是你的本性。我建议你请一个人来帮你把事情组织得井井有条。"我采纳了这一建议。然后，从那一天起，我的生活变得更快乐了。

我在B-I三角形中的角色

我秉承富爸爸公司与富女人公司的精神。这也可以归于使命。我们的使命是提升人们的财务幸福感。我们的公司与此休戚与共。

对企业家来说很关键但无法从学校学到的技能

1. 从大量的错误中学习，并且把所学的东西用到自己的公司中。错误是一件有价值的工具。

2. 如何推销你的远见。企业家经常推销一些并不存在的东西。如果你不能推销和传达你的远见，那只能说明你的远见还不够清晰，或者其并不足以激励别人。

3. 创建一个优秀团队。如果每个人在他自己负责的方面都比你更聪明的话，那就很理想了。一个有凝聚力的团队可以创建出令人惊异的成绩。在学校里，我们被要求自己完成一切。如果凡事你都要亲力亲为的话，这样的公司不可能成长。

对于企业家来说，我最重要的经验

1. 弹性。作为企业家，我们每个人都会遇到许多挫折。你也会有遇到挫折的时候，而事业的成败与否取决于你从中恢复的速度以及程度。任何挫折都应该让你与你的公司变得更强健，而非更加弱小。

2. 你身边的人都能够支持和鼓励你尽力发挥自己的企业家精神。找到导师、教练以及成功的企业家来引导你。那些"总是说不"的人经常对开创自己的事业畏首畏尾。他们只会让你感到气馁，只会告诉你为什么这个想法根本就行不通。（这里只是一种假设，就是你从事的是一项经过检验的、可行的商业想法。不是每一个想法都值得去追求。）

我是如何学到募集资本的

罗伯特和我有一个导师，名叫弗兰克，他创办了大约70家公司，他懂得如何筹资。他告诉我，如何拿出项目，然后问别人要钱，最重要的是如何切实地将钱拿到手。罗伯特和我第一次筹到钱是我们在1996年推出《富爸爸现金流》棋盘游戏的时候。投资者向我们做出的投资让他们在接下来的连续好几年都收到回报，他们不但收回了全部的初始投资，还获得了可观的利润。

我是如何学会克服恐惧与失败的

面对恐惧和失败，我只知道一条路，那就是：走出去，去做那些你害怕去做的事情。通过尝试在不动产方面投资，我学会了克服各种恐惧。我犯了一个天大的错误。之后，我将那个错误转变为表现最好的物业之一。通过一次又一次的登台，我学会了面对自己一度惧怕的工作演讲。在这方面，没有别的路可走。

我的长处

1. 发自内心的快乐！我知道，自己的快乐不会来自自身之外的任何事物。
2. 我了解任何情形都会呈现出好的一面。

我的缺点

并不总是能说出需要说出的话。

我最擅长教授的企业家技能

我是现金流方面的女王。这就是我最擅长教授的方面。

我教授的企业家课程

现金流的关键：资产重于收入。

现金流的秘密：资产重于收入

金·清崎

> 金是一个富有的女人、一位企业家以及白手起家的百万富翁。她没有从她的父亲或者我这里拿走一分钱。
>
> 金是女人的榜样。她一个月赚的钱比绝大多数男人一生中赚的钱还要多。
>
> ——罗伯特·清崎

我想让你见见梅丽莎，她既是一个聪明的商人，同时又是广播节目制作人。与许多人一样，她有一个个人退休账户。多年来，她老老实实地往里面存钱。梅丽莎有一位名叫简的理财规划师，替她打理个人退休账户。

与许多人一样，梅丽莎对她的个人退休账户并没有过多的关注。她认为，自己的理财规划师会将一切打理好。但是，在梅丽莎知道和理解了"富爸爸"和"富女人"的理财哲学后，也想要掌控自己的钱。她决定采取行动，亲自看一下投资账户的结单。你猜她看到了什么？

在史上最大的股票市场牛市行情中，梅丽莎的退休账户资产严重缩水。至于为什么，她完全摸不着头脑。于是，她采取了下一个大胆的举措。她选择与简会面，这还是在她开设退休账户以来的首次见面。她向简询问："为何在股票市场指数创下纪录高位的时候，我的账户资产却缩水严重呢？"简无法给她任何回答，也无法向她提供任何策略。当梅丽莎坚持想要听取关于如何改善这种情形的答案时，简直视着她的眼睛，非常认真地说道："你可以嫁给一个有钱的男人。"梅丽莎当场炒掉了简。

当时发生的情况是，当股票市场指数创下纪录新高的时候，梅丽莎的理财规划师并没有选择投资股票，而是买入了债券。为什么呢？因为一些理财规划师对金融方面的知识知之甚少,随着客户年龄的增大,他们自动将客户的资产从股票转移到债券方面,因为债券被认为是一个"更安全"、风险更低的投资。然而,在这个例子中,债券价格下跌。当股票市场上涨,投资者感到很有信心的时候,他们通常会选择买入股票,而非债券。

信任陌生人

作为一位教育者,我经常提问:"为什么人们愿意将自己辛苦赚来的钱拱手交给别人——而且往往还是一个完全不了解的人——来打理呢?"我经常听到的回答是"我太忙了""这些我搞不清楚"以及"理财规划师/股票经纪人/资产管理人是专业人士"。这些仅仅是各种回答中的一部分。这里有另一种说法。

收入陷阱

对于那些熟悉我的丈夫罗伯特写的《富爸爸穷爸爸》这本书的人,或者看过我写的《富爸爸女人一定要有钱》的人来说,应该了解我们经常用损益表和资产负债表这一简要图解来教育我们的读者。

在我的成长过程中,我想你们中的许多人和我一样,被告知应该将关注点放在收入项上面。我常被教导应该去获得一份不错的工作,那样就会有一份不错的薪水,然后期待加薪,并且一路平步青云地变成总裁或者CEO,因为那样就会获得更多的收入。

当我得到一份按小时计算薪酬的工作时,我得到的建议是"工作时间越长,赚的钱越多"或者"努力工作,争取提高你的时薪水平,这样你的收入就会增多"。有时候,我愿意不计报酬地工作,仅仅只是为了学习。人们就会告诉我:"时间就是金钱,你应该为自己所做的要求回报。"大家的着眼点永远都是赚更多的钱。

我们中的大多数人都会受到来自父母、学校以及社会的影响,将关注点放在赚取越来越多的收入上面。我们接受的教导以及受到的推动都是让我们将关注点放在收入项。现在,我不去评判这件事情的对与错,以及好与坏。很多人在收入方面都有非常不错的表现,赚了非常多的钱。但是为了继续赚到那么多的钱,他们需要继续努力工作。(我还没说,随着收入的增长,他们的税赋负担将会变得更加沉重。)

总之,与我一样,我们中的绝大多数都会在非常小的时候就被灌输,要关注自己的薪水、工资、专业服务费以及奖金,也就是收入项。

转换关注点

1989 年,罗伯特和我住在俄勒冈州的波特兰。就在那时,他开始解释他的富爸爸关于金钱和投资方面的哲学。对我来说,最大的区别在于富爸爸对于资产以及负债的定义。

下面就是富爸爸关于资产和负债的定义:

资产就是不管你工作与否,都会向你的口袋里装钱的东西。

负债就是将钱从你的口袋中拿走的东西。

资产产生现金流——现金流向你的口袋。负债则是让现金从你的口袋流出。租赁物业、公司、股票分红以及如石油和天然气这样的大宗商品都是资产的绝佳例子,前提是它们能够产生正的现金流。

1989 年,我开始将关注点放在资产上面,开始了自己在资产项上面的旅途。我的第一笔投资是在位于波特兰的一处租赁物业上面,这是一个拥有两间卧室和一间卫生间的物业。在一些月份里,它是一项资产。在其余月份里,它是一项负债。

我们持续购入可以供出租的物业:独栋住宅或者是公寓都有。这很有趣,也很具有挑战性。但是在当时,我仅仅将不动产投资当作一项爱好。到了 1994 年,我们从这些物业中获得的现金流(每月 10000 美元)远远超出了我们的生活开支(每月 3000 美元)。

就算有了由投资产生的现金流,我的关注点还是放在收入项上面。我问自己"怎样才能赚到更多钱,以便买下更多的资产"。我仍然将投资看作是一项爱好,也就是一种兼职。

1995 年,罗伯特和我一心想要开发出棋盘游戏——《富爸爸现金流》。当时,我们对于能否成功完全没有把握。就这件事情而言，能不能保本都成问题。当我后来了解到我们正在发展的全新事业将为我们的收入项贡献更多的钱，我才如释重负。

重点是资产项

1996年，《富爸爸现金流》游戏正式推出。次年，我们出版了《富爸爸穷爸爸》。富爸爸公司——夹杂着各种努力、错误、成功以及学习——也开始走向正轨，收入也开始源源不断。

接下来的某一天让我印象深刻。当时，我正在凤凰城爬山（当我想花些时间思考的时候，我就会去那里）。如往常一样，我思考着如何帮助公司获得更多的收入。我一边欣赏着小径上生长的仙人掌以及沙漠之花，一边让"如何赚到更多收入"的想法在脑海中盘旋。突然，灵光一闪，一个念头跃入脑海中。"这与收入没有关系，这是关于我们正在建立的资产方面的问题。"

我脑海中勾勒的图景发生了改变。我把赚钱的来源从收入项挪动到了资产项。这完全是另一条途径！你是通过心灵之眼看到的：我的收入来源于资产项！我全都搞反了！注意：重点是资产项！

在那一刻，我将自己的关注点从收入项移开，不是收入带给我财富，而是资产创造的收入带给我财富。我的关注点转移到了资产项。

"我们正在打造或者获取的资产是什么？"我不停地问自己这个问题。《富爸爸现金流》游戏是一项资产。《富爸爸穷爸爸》这本书也是一项资产。今天，富爸爸公司准备针对财商教育推出多款APP，如果我们做得不错，那么每一款APP也将成为一项资产。上述这些连同我们的租赁物业、商业投资以及油气项目，所有这些资产都在努力为我们工作——而不是由我和罗伯特去努力工作。

生活变得更加简单了。将我的思维从收入项移动到资产项，从财务角度为我提供了一个全然不同的世界。

自从我们赚到自己的第一块钱开始，我们中的绝大多数都被教导着要将关注点放在收入上，而对资产项下的情况漠不关心。我们被反复教导要如何去获得收入，基本没有人会教我们如何去获得资产。

因此，与其将你的钱交给一位财务顾问，不如将它们投入到你的资产项中去！你也许会开始问自己如下的问题："我应该构建何种资产呢？""我应该买入哪些资产呢？""我如何让这些资产来为我工作呢？"

收入项固然重要，但资产项才是真正创造财富的地方。

关于金·清崎

　　金·清崎是一位致力于终身学习的女性。她已经开启了通往成功的大门——无论是人生还是事业方面。金投身于公司以及不动产方面，还通过投资来支持她在女性财商教育方面的使命。金还是成功的企业家、投资者、备受赞誉的作家以及颇受欢迎的演说家。

　　1979 年，金在夏威夷大学获得了商业学士学位。在夏威夷第二大广告商的媒体部门那里，金获得了她的第一份工作，并在那里获得了来自媒体的赞誉（以及力量），这些在她今后展开的事业生涯中一直发挥着作用。

　　她的下一份工作体验来自商业出版物《阿罗哈》杂志以及《火奴鲁鲁俱乐部》杂志。在那里，金的商业管理能力得到了锻炼。没过多久，由于无法抵御拥有自己事业的诱惑，金成立了自己的公司。这是她后来开创的众多公司中的第一家，其业务是设计、制造并在全美销售印有 logo 的服饰以及商品。

　　1985 年，她开设了一间提供商业研讨业务的公司。在接下来的十年里，这家公司成长为一家在全球 7 个国家拥有 11 间办公室的公司。同一时期，金开始了她在不动产投资方面的尝试。从位于俄勒冈州波特兰的一间很小的、拥有两间卧室以及一间卫生间的租赁物业开始，如今，金的不动产公司购买、销售以及管理价值数百万美元的物业。

　　1995 年，金与她的丈夫——全球畅销书《富爸爸穷爸爸》的作者——罗伯特·清崎成立了富爸爸公司，这是一家专注于财商教育的公司。绝大多数人并不知道，出版于 1997 年、成为个人理财类图书排行榜第一位的《富爸爸穷爸爸》，最初是作为《富爸爸现金流》101 棋盘游戏的宣传册而创作的。这一具有教育目的的游戏，是由金和罗伯特开发并推出的。《富爸爸穷爸爸》一书被翻译成 53 种语言，在全世界 109 个国家和地区销售。富爸爸公司的使命是提升人们的财务幸福感。

金和罗伯特的脚步遍及世界各个角落,他们分享着自己的使命以及想法。金了解到,那些想要掌控自己财务未来的女人对相关工具和资源极度渴求。2006年,金推出了"富女人"这一品牌并以此为主题推出了她的第一本书《富爸爸女人一定要有钱》。结合金个人的人生故事以及她将这个世界上每个角落的女人联系在一起的能力,"富女人"已经成为一场全球性运动,以及强大的国际性品牌。她的第二本书已于2011年出版,名为《成长时刻》。

作为一位白手起家的百万富翁,金拥有幸福的婚姻(但非常独立!),她居住在亚利桑那州的凤凰城以及夏威夷州的火奴鲁鲁。她在长达30年的时间里保持了对高尔夫运动、爱犬寇迪以及她丈夫的爱。他们夫妻俩主持着富爸爸广播节目,这个时长为一小时的节目每周在全美各地的广播电台中播放,听众也可以选择下载收听。

金是个人成长以及财商教育的积极支持者,她与全世界分享着自己的故事,她亲身证明了教育以及决定性行动可以为女人、家庭以及我们的世界带来正面冲击。

《崛起时刻》节选

第二章

了解无形事物

成长吧！超越那些你所能看到的东西……

左脑负责逻辑、分析以及实践部分，右脑负责创造、革新以及直觉部分。于是，你就拥有了具体的、精神方面的思考以及介于两者之间的一切思想活动。为了实现财务梦想，这些方面在你的成长过程中都将涉及。你需要全身心投入！

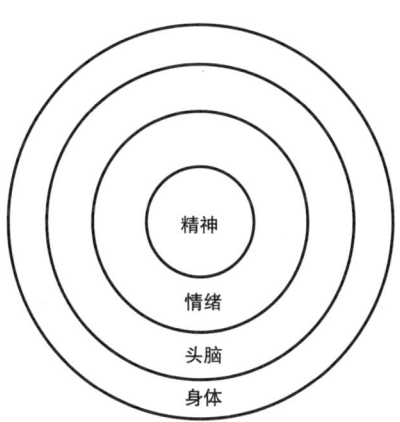

身体

对于我们居住的这个现实世界来说,为了完成各种各样的事情,身体显然是必需的。虽然身体的各方面表现不需要尽善尽美,但在我们追求财务目标的旅途中,身体绝对是一件重要工具。

你将会从身体的某一部分收到某种信号。是否会有那么一瞬间,有一种心头一紧的感觉,于是你觉得有些事情很不妙?或者,当你被自己不信任的人所包围时,是否突然会觉得有点反胃?这些都是你的身体提供的线索,要相信这些信号。你的身体就是你的想法、情感以及精神的实际反馈通道。

头脑

大脑是身体中重要的组成部分。大脑收集、存储、组织和回忆事实、人物、过程等信息,我们需要综合这些信息来做出正确的决策。你的大脑被头盖骨紧紧包裹,但你是否曾经产生过某种意识或者产生某种想法?这些意识和想法就是你的不可见世界的组成部分,但它们却是强有力的。它们是在你一生中促成各种结果的驱动力。难以琢磨的部分在于,我们的一些想法来源于意识层面,而另一些来源于潜意识,即深深地隐藏于表象之下。这些潜藏的意识要比我们能够感受到的那些强大得多。

举例来说,当你听到"投资"这个词汇时,立刻浮现在脑海中的想法是什么?它们是积极的想法,还是消极的?关于投资的想法会让你感到振奋,还是昏昏欲睡呢?

当听到"财务独立"时,你会有什么想法?你会对自己说:"是的!我能够做到!这条路看起来会很有趣!"或者你会说:"我宁愿做一个快乐但不富有的人。这听起来有点难度,但我不想有任何损失。"这些存在于你脑海中的想法——"我做不到"或者是"我不知道如何去做"——将会妨碍你在财务方面获得成功。

珍妮特是我的一个朋友,我曾经就她应该买什么类型的车这一问题和她进行讨论。珍妮特年轻、聪明、单身且富有吸引力。我问她:"你试驾过保时捷么?"

闻言,她顿时变得狼狈且激动,并且不高兴地对我说:"我不想要保时捷!"

我被她这种情绪上的反差给怔住了。

"为什么？"我问道。

"因为我不是那种女人！"她飞快地说道。

我不得不尽量让自己保持冷静——我正好有一辆保时捷。我保持平静，然后好奇地问道："哪种类型的女人？"

她看着我，就好像我应该知道答案一样。她说："就是那种庸俗华丽、自由散漫、放荡不羁、呆头呆脑、渴望别人关注的女人。"

"噢！"我默默对自己说道。"她是怎么把保时捷和上述一切联系到一起的？"那种想法对我来说完全没有逻辑，但却存在于珍妮特潜意识中的某处，她将开保时捷的女司机和一个愚蠢的、在性生活方面不检点的人完美地联想在了一起。我决定终止对她进行精神分析，停止和她一起讨论车子方面的话题。

思考的力量

我有生以来最喜欢的书籍之一就是詹姆斯·艾伦所著的《做自己想做的人》。在这本写于1902年的书中，作者解释自己创作该书的目的是"为了鼓舞人们去发现和认识真相——塑造他们的正是他们自己"。他进一步说道："一个人完全就是他认为的那样，他的性格就是自己全部想法加在一起的结果。"他将这个概念写成了一首诗。

意识是主宰自我的力量，
能够铸造和成就一个人。
每个人都是意识的化身，
始终拿起他思想的工具，
去尽情塑造自己的愿望。
这将会产生无尽的欢愉，
这也会带来无尽的不幸。
默默地思考如何去超越，
但周遭不过是自身映照。

我们听到的都是自己想听到的

依据艾伦的说法,你的想法创造了你的世界,你的想法也决定了你处理自己收到信息的方式。

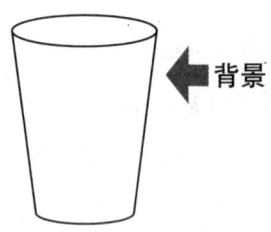

让我们将上述观点放在金钱方面讨论一下。想象一下,上图的玻璃杯代表着你的想法、信念、观点以及判断。换句话说,它就是你的金钱观的基础,或者说是你的背景在这方面的体现。

倒入杯中的水代表着你在金钱方面学到的信息和数据。比如说,我们正在谈论"财务独立"这个话题。如果你潜意识里想的是:"我绝不会在财务上变得独立。"那么很简单,你永远也不会独立的。如果你的想法是:"我没有时间。"那么,你也不会有时间的。

不管有什么信息流进了你的玻璃杯,都必须首先通过你在金钱和财务独立方面的背景认知,或者说是你的过滤器。如同冲泡一杯咖啡,信息首先要被你的想法、观点以及信仰过滤,然后才能到达玻璃杯中。这些关于金钱方面的信息,如果与你的核心想法和信仰不相符的话,要么被拒绝接受,要么会被滤除。因此,余下的信息就能够与你的背景认知相匹配。

你的背景认知，也就是你如何看待金钱和投资的方式，常常比投资信息的实际内容更加重要。如果你的过滤器以及你看不见的想法与你声称的目标不一致，那么世界上的所有数据对你都没有价值。当你改变自己的背景认知或者想法，让它们支持你的目标或者与目标一致时，那一度隐蔽的事物就浮出水面了。

发掘隐蔽事物

这并不困难。首先，你需要开始审视自己的想法，听听在你脑海中回荡的"小声音"。那是 1985 年，一个朋友让我试试，"在接下来的一个小时里，抓住那些灵光一闪的想法"。我做到了，这件事情也改变了我的人生。我完全没想到，竟然有那么多自我否定的想法在脑海中浮现出来。我鼓励你也去试一下。

你也许想要将自己的想法写在一个日志上。当恐惧来袭时，问问自己："我到底在担心些什么？"然后开始记下来。写的时候不要思考，不要编辑，不要评价，只是写，一直写下去，直到你领悟了自己的想法。你将会惊讶：自己的想法竟然变得如此清晰明了。

情绪

你的情绪通常会受到你想法的影响。举例来说，如果有人对你说了一些非常刻薄以及有伤害性的话语，你可能会感到心烦，因为在你看来怎么能对其他人说这么粗鲁无礼的话。但是换句话说，如果你成长的社会环境（或者家庭环境）将对你说粗话当作是一种爱的表现，那么你可能会感受到爱。这些都取决于你的背景认知，它们是由你的想法创造的。

女人围绕金钱所产生的主要情绪就是害怕——害怕犯错误，害怕损失钱，害怕其他人可能对你有看法。如今女人最害怕的事情就是：在退休的时候钱不够用。这有点像是一种互相冲突的困境。一种害怕是：害怕没有钱来支持我们的老年生活。另外一种害怕是：你对"为了让自己在变老之后有钱花而在现在采取行动"这一行为本身感到害怕。我们现在要做的事情就是：要了解我们在害怕什么，然后冲破这种害怕情绪产生的思想禁锢。这会成为促进我们个人成长的强大的催化剂。

我没有见过哪一位女性投资者在她的投资生涯早期阶段不存在这样或那样的害怕情绪。就算是如今,考虑到经济的波动性和不确定性,我还在对进入商业和投资的全新领域感到紧张。这是很正常的。问题是,这种害怕情绪会让你止步不前,或者说因为害怕怕犯错误或者亏钱,你将自己本应承担的财务责任转移到其他人身上。住在纽约的谢尔比·卡尼就在这方面受到了沉重的教训。

> 我读过《富爸爸穷爸爸》,而且相信里面的每一句话。但是,由于害怕,我没有采取任何行动。然而,几年以后,在男朋友的鼓励下,我却买了一个两套联体住宅以及一个三套联体住宅。我的男朋友是一个房地产经纪人,我感觉他对租赁物业了解很多。同时,与我了解的人一起投资的话,我就不那么害怕。他也提出会帮我管理这些物业,因此我就放心地将所有管理责任托付给了他,也没有再继续管这些事情了。
>
> 不用说,由于管理上的失误,这两处物业丧失了抵押品赎回权。我卖掉了其中的一处物业,且失去了另一处。在遭受这次打击之后,我认识到,我得自己学习,从而摆脱依赖别人去评判这是否是一个好的交易或者是好的管理方式。
>
> 在接下来的几年里,我参加了几个不动产方面的学习班,还读了一些这方面的书。我尝试在亚特兰大地区购买几处四套联体住宅的物业,但是它们要么被别的买家出更高的价买走了,要么是我在调查的过程中发现了一些隐患。我认为这是来自上帝的旨意,于是我将关注点放在了宾夕法尼亚,那里非常靠近我居住的纽约市。
>
> 今年早些时候,我买下了一个独栋住宅和一个两套联体住宅,就在宾夕法尼亚的哈里斯伯格。一路走过来,花了很多时间,但是我坚持了下来,并且感觉不错。

谢尔比从中吸取了教训。她的方案是:通过获得财商教育来缓解她的害怕情绪,然后反复尝试。接下来,她终于成功地拿下了两处物业。现在,没有什么可以阻止她前进的脚步了。

精神

在面对压力及紧急情况时,你经常能够看到一个女人爆发出的巨大精神力量。当危机降临于一个家庭,例如失业或者房产面临被债权人收走,通常情况下也都是女人站出来,然后做她应该做的事情。女人的天性就是保护自己以及子女。这些行为来自女性精神方面的支撑,而非意识方面。

事实说明:在精神力量的鼓舞下,我们的表现超乎想象。精神给予我们力量、精力以及关注力。在你追求财务目标的旅途中,你将会需要来自精神的鼓励,也需要意志力带领你走向前方。

关于精神的力量,下面有一首引人注目的诗:

意 愿

拉·惠勒·威尔考克斯

你将终归成就自我,
让失败归咎于环境。
在精神上进行轻蔑,
然后自由放飞自我。

当你最终等来天时,
当你最终迎来地利,
无须再期盼那偶然,
不利境遇自会消散。

意愿之力纵然无形,
但却出自不朽灵魂。
能够为了目标征伐,
无惧各种艰难险阻。

> 心平气和等待时机,
> 因你理解这种必然。
> 精神崛起号令之时,
> 纵使神也莫敢不从。
>
> 河流想要归于大海,
> 即便遭遇大坝悬崖,
> 也无惧失败或回避,
> 你将终归成就自我!

"意愿之力纵然无形"说的是来自你的无形力量,当你面对紧急关头的考验时,它将浮现出来。

"能够为了目标征伐,无惧各种艰难险阻。"你的精神将会直面任何挑战,甚至是那些看起来不可能之事。这是一种奇迹,会在你面对一些具有重要意义的事情时展现。

当你的"精神崛起号令之时",一度隐蔽的事物也就豁然开朗了。这是绝妙的时刻。

全身心投入

追寻和实现你的财务愿景需要全身心地投入:身体、大脑、情感与精神。达成你的财务梦想有一个过程,这是一个在自我发现和个人发展方面充满各种难以置信的启发与挫折的过程,也会让你眼界大开以及真诚面对自己。需要学习的地方有很多,但在学习过程中,你将会获得成长、自信、乐趣以及特别的自由感。

肯·麦克尔罗伊

债务、不动产以及融资方面的富爸爸顾问

个人背景与企业家简介

姓　　名：肯·麦克尔罗伊

出生日期：1961 年

出 生 地：华盛顿埃弗雷特

传统教育

太平洋路德大学

学位：商业学士

专业教育

各种不动产课程、企业家组织、年轻总裁组织、贸易组织

年级平均分

高中：3.0

大学：3.0

传统教育的价值——对成为企业家来讲

我学到了担当和纪律

在学校最喜欢的科目

实地考察

在学校最讨厌的科目

数学和英语

首个企业家项目

送报员：在我 12 岁的时候

并非从学校习得的关键企业家技能、

如何建立战略性关系

何时以及为何成为了企业家？第一份事业是什么？

我想要获得财务自由；我开设了一家物业管理公司。

来自初次创业中的最好经验

会计以及如何盯住现金。

通过科尔比指数，我对自己有哪些了解？

肯·麦克尔罗伊
科尔比A™指数评估结果

祝贺你，肯
你在科尔比指数评估中获得了完美的分数

你很独特，敢于面对未来的挑战。你引领着潮流，洞见各种可能，并且能完成别人认为不可能完成之事。你甚至在看到问题有希望得到解决之前就坚信自己能够做到，并将其转化为一次富有成效的冒险。

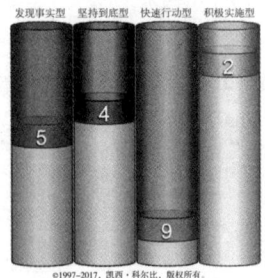

获科尔比公司许可重印。

我了解到，要想成功，我需要一个团队。

我在 B-I 三角形中的角色

紧紧跟随公司使命

对企业家来说很关键但无法从学校学到的技能

如何推销、如何构建团队、如何激励他人

对于企业家来说，我最重要的经验

雇用你能找到的最优秀的人才，并且盯紧现金。

我是如何学到募集资本的

出于必要：我花光了所有的钱。交易规模变得如此巨大，我不得不学会如何融资。

我是如何学会克服恐惧与失败的

反复尝试。我真心认为，作为一位普通学生对此助益良多。我经常在尝试过程中遭遇失败，这让我变得更加坚韧。随着时间的流逝，较尝试某件事情本身而言，担心遭遇失败会逐渐变得越来越不是什么大问题。

我的长处

幽默

我的缺点

缺乏耐心

我最擅长教授的企业家技能

如何利用债务；
如何管理团队。

我教授的企业家课程

借助债务杠杆能够让你富裕。

OPM：如何借助债务致富

肯·麦克尔罗伊

> 债务让富人更加富有。
> 肯证明了，你不需要钱来变得富有。
> 就像唐纳德·特朗普总统一样，他是债务之王。
> ——罗伯特·清崎

本·富兰克林曾经说过："用钱生出来的钱去生钱。"

绝大多数员工领到薪水后，一般会将薪水存到银行。对于银行来说，这些存款就是OPM（别人的钱），当然也是银行的支出或者负债，因为这些钱并不是银行的，它欠储户利息。从这一点上来说，银行与所有的储户形成"债务"关系。

这就是利用债务的开始——你辛苦挣来的存款变成了银行潜在收入中的最重要来源。银行需要用你的钱去对外放贷。如今，储蓄存款的利率非常低，或者完全没有。也就是说，银行使用这些钱基本不用付出任何代价，但它们通常是一个稳定且持续成长的融资基础。

基本上，银行以一个较低的利率水平持有来自存款者、债权人以及一些来自同业的OPM（其他人的钱），并以债务的形式将这些存款用于对外放贷，贷给那些不动产开发商、房主以及小企业主。这也就是为何银行被称为"价差借贷人"。

因此，银行利用你的存款（他们的负债）去购买资产，再由资产为银行贡献收入。通过使用诸如存款或是借入款项之类的负债为资产筹措资金——例如提供给个人或者企业的贷款，或者购买派息证券——对于银行的所有人来说，他们将银行资本杠杆化，赚取比资本本身要多得多的钱。

你也可以用同样的策略以及借助完全相同的体系来变得富有——这就是富人为何越来越富。

贷款对于绝大多数银行来说是主要的资产。它们为银行赚到的利息要多于银行向储蓄者支付的利息。因此，这也是一家银行的主要收入来源。

因此，银行利用债务——也就是你的存款——去放贷。这一点让银行得以存续。

我们所有人都需要像银行一样思考。我确定每个人都听到过类似的理财建议："把自己的钱存起来，不要陷入债务。"听起来就像是不错的理财规划，不是吗？虽然如此，但是如果一个人对债务持回避态度，他如何能变得富有呢？好吧！我在这里告诉你，那条建议是别人给你的理财建议中最糟糕的部分。我刚刚只是向你展示了你的储蓄是如何被用来以债务的形式向他人放贷。如此，你的存款将被用来让其他人获益，而你为何要在这样的一个世界中存钱呢？你应该也去借其他人的存款。

为了取得成功，你必须在好的债务方面加重杠杆，就像上文中银行的例子一样。关键是，要持有正确类型的债务。如果你利用债务来获取收入，就像银行做的那样，那么你正处在正确的方向上。

问题在于，绝大多数人拥有的都是坏的债务，而且数量还不少。

接下来我要讲的策略就是要回避那些无法为你带来收入的债务。制定一条规则，那就是绝不承担任何不能为你赚钱的债务。富人利用债务实现投资杠杆化，然后获取更强劲的现金流。穷人用债务来购买更多的东西，而这会让富人更富。

如今，绝大多数建议都会说，你的钱放在银行是最安全的。事情并不总是这个样子，而且显然也不会一直是这个样子。货币市场账户、储蓄债券、你的退休金账户以及指数基金都可以成为备选方案。显然，你必须自己进入深入的研究，或者与你的财务顾问谈谈。如果你将钱放在银行，确实会很安全，因为这些钱并不会去别的地方，银行的支票和储蓄账户通常情况下也是受到存款保险保护的。

但是，如果你将大量的现金放在一个储蓄账户上，在如今利率如此之低的情况下，从技术层面上看，你正在亏钱。当然，你可能因看到一个稳定的账户收支情况而感到舒服，但同时可以肯定的是，你的购买力会逐渐被通胀侵蚀。

据报道，当前的通胀率大约在3%左右。一些人认为实际的数字要比3%高得多。不幸的是，如今储蓄账户的平均利率大约在0.5%。因此，你仍然在亏钱。人们在他们的资产价值上大约会损失2.5%，因为他们的存款利率无法跟上通胀的脚步。

为数不多的方法中的一种是将钱"投资"在那些回报率能超过通胀率的资产上面。获得最高回报率的最快速方法就是利用OPM（别人的钱），无论是以债务的形式还是以权益的形式。整个系统被设计出来的目的就是用来借贷的，因此，好好利用这种借贷系统吧！

最后，自己让前进步伐加快很多的秘密便是"利用复利"。阿尔伯特·爱因斯坦曾经将复利称之为"有史以来最伟大的数学发现"。

对于那些在自己的信用卡月结单上积累了沉重债务的人来说，爱因斯坦口中这一关于金融物理方面的定律——复利法则——可不是什么好消息。但是对于那些懂行的投资者来说，随着时间的推移，复利法则可以被用来赚取可观的收入。

为了深入了解利用复利赚钱的魔法，首先有必要了解复利究竟是什么以及它如何运作？我将其称之为"72法则"。

随着利滚利，本息会变得越来越多。通常来说，你有必要了解，究竟要经过多久才能让初始的本金规模翻倍。事情看起来就像这个样子。比方说，你获得一个投资机会，它每年的回报率是6%，那么你需要等多久，才能让你的初始投资在价值上翻倍呢？为了估算所需时间，你只需简单地将72除以6。答案是12。因此，在年回报率为6%的情况下，大约经过12年时间，就能够使你的初始投资翻倍。

在4%的投资回报率的情况下，你就用72除以4，也就是大约18年，你的投资就可以翻倍。上述规则也可以反过来使用。如果你想在5年时间里，将你的投资规模翻倍，那么你需要获得的年回报率是多少？答案是大约14.4%。

"72法则"最绝妙的地方在于，如果你利用债务或者是OPM（其他人的钱），那么回报甚至还要多得多。是的，你可以在无须利用自己钱的情况下变得真正富有。这就是引起长期讨论的关于财富的秘密。

因此，下一次当你面对一个重大金融决策时，自己做一下功课，而不是根据你在人生中听到的那些建议做出一个拍脑袋的决定。记住，借钱是有成本的，因此你需要留意一下贷款利率，同时还要关注现金流和资本利得的情况。

这是一个长期策略，它将会帮你实现自己想要的那种生活方式。

关于肯·麦克尔罗伊

肯·麦克尔罗伊是"企业家"这个词汇的缩影。过去20多年来,肯·麦克尔罗伊在不动产领域取得了巨大的成功,从投资分析到物业管理,再到收购以及房地产开发,他在不动产方面的投资超过7亿美元。在如何从投资中获得最大回报这一方面,肯有着独特的见解。

肯著有多本畅销书,包括《不动产投资入门》《不动产投资高级指南》《物业管理入门》以及新近为企业家准备的《沉睡的巨人》。

作为富爸爸公司中罗伯特·清崎在不动产方面的顾问,肯和罗伯特共同推出了数个广播节目,包括《如何增加来自你不动产投资的收入》《如何说服你的银行家》以及《如何寻找并留住好的承租人》。肯还为最近再版的《不动产实战宝典》一书撰写了其中一章。

作为一位企业家和不动产投资界的坚定拥护者,肯在全球各地的顶级行业活动中发表演讲,同时接受了大量电台与电视台的采访。

肯不愿安于现状,他热衷于各种社会活动,连续两年担任亚利桑那州"让自闭症患者说话"步行活动的主席一职,并服务于"帮助儿童"组织的咨询委员会,还帮助"亚利桑那州食品银行"组织了本州规模最大的食品募捐活动。肯与他的家庭居住在亚利桑那州的斯科茨代尔。

《不动产投资入门》节选

第一章

神话与魔法

在每一家公司以及每一个行业，总有一些人看起来一直被成功所包围。他们好像认识好多生命中的贵人，总能做出正确的决定，而且刚好在正确的时间出现在了正确的地点。他们看起来注定就会成功，无论他们努力尝试与否。不动产投资领域也是一样。在每一个城市，靠不动产发家致富的大亨比比皆是。

这些人只是让成功看起来很轻松。其实他们非常有信心、有学识而且很老练，能够发掘那些其他人视而不见的机会。这很容易让旁观者认为，他们那些少数幸运儿的成功完全是靠运气或者是某些魔法。但是魔法和运气绝对没有办法帮你做到这些。

20多年前，我决定成为上述提到的这些成功人士中的一分子。我要靠自己取得成功，做自己的老板，然后实现财务自由。我选择了物业管理作为自己的方向。这是发自本能的、急不可耐的以及激情燃烧的决定。我没有等待好运气的降临，或者让自己拥有魔法护身符，而是通过实际行动让梦想成为现实。

在我做成第一桩物业管理和不动产交易的那些早期岁月里，我反反复复尝试，犯下了不少错误。但是，从每一个犯下的错误中，我都学到了十个教训。每天，我都会从中成长。我开始发现事物运行的模式、公式以及系统，然后打造了一张我可以信赖的人际关系网。这既需要花费时间，也需要花费精力。但我在追寻自己梦想的道路上付出越多，我就越感觉到幸运，更多魔法般的机会也出现在了我的面前。

也许，成功需要那么一点点的运气和魔法，但这些运气和魔法只会眷顾那个辛勤工作以及做好充足准备的你。在我经常上课的富爸爸学习班，我遇到许多向未来成功之路迈出第一步的人，他们的所作所为像极了 20 多年前的我。许多人都拥有成功的必要条件：有动力和欲望去帮助自己克服各种障碍，并且做一个有准备的人。

不幸的是，我也看到有些学员缺乏上述特点。那些人只想快速致富，根本没有实现事业成功所拥有的决心。有一些人虽然欲望强烈，但缺乏技巧和知识，而这些只能从实践经验中获取。我的这本书正是为他们而写。这不是一本传授如何快速致富的书，也不是一本心灵鸡汤，虽然我希望你能够在追随自己的不动产投资梦想的过程中获得激励。这本书将会公布一些被证实的方法，消除未知，缩短那些在通往财务自由之路上选择了投资不动产的人们的学习曲线。

在我们深入"如何寻找、购买和管理投资物业"这一话题之前，让我们先花些时间来打破一些神话。如果你相信那些神话，那么只会被它们拖住后腿。你会发现接下来的一些说法很耳熟。你自己或者其他人是否刚好谈到过这些？这些说法中的一个和多个是否曾在你的脑海中回响，让你止步不前？这些谎言是否通过散布恐惧情绪来麻痹你？让我们打破这些神话！是时候将这些垃圾倒掉了！

神话 1 要投资不动产，你首先必须富有

人们普遍认为自己需要一大笔钱才能投资不动产。他们认为，这就像存钱买下自己的第一套房子一样，或者只能先从别的地方赚了钱，才能打这方面的主意。这些想法都离真相远得不能再远了。你不需要在银行有数十万的存款才能投资不动产，更不需要上百万美元。你需要的只是一个有说服力的、不错的不动产交易——能够为你提供潜在利润，并且建立在坚实的融资基础之上。

我的合伙人和我已经用这种方式工作了多年。我的第一次投资交易就是买下一套公寓，然后配备家具，并把它租了出去。这是一个有两间卧室的公寓，我将它加入到一个租赁计划中。那些想短暂逃离现实生活的人只需打个电话，就可以在我的公寓或者 100 套其他类似公寓中挑选出一套，并在那里度过一个愉快的周末。我需要为这套公寓支付 116000 美元，其中我掏出了自己的两万美元。你可

能会说："看吧，我就知道，你必须有一些现金才能做这笔生意。"

好吧！那是我在对这一行业了解更多之前做的一次交易。与此相比，我更近的一次交易是在亚利桑那州的太阳城买入了有182套公寓的大楼，总共花费900万美元。在你合上书、默默念叨着"这已经超出了我的能力"之前，让我把这个故事说完。首付用到的200万美元是我们从其他投资者那里融资来的，我没有花一分钱。我将这套公寓大楼的主要所有权交给那些借钱让我支付首付款的人。本质上来说，我和他们之间形成了一种合伙关系。我在推销方面的技巧与此无关。交易本身很重要。由于交易看起来非常不错，人们才会想要参与其中。在我看来，有非常多的人都想寻找不错的不动产交易。

有些人不喜欢与人合伙，但我认为寻求合作伙伴极具价值。他们不仅可以帮助你分散风险，还可以让你只持有大规模物业中的一小部分，而不是整体吃进。还有一个事实：团队的力量更大。那回报方面呢？你更想做哪一项交易？是花费你20000美元的那个价值116000美元的物业？还是你分文未花，但却可以获得10%回报的总值900万美元的交易？那可是90万美元的回报。在任何情况下，我都会毫不犹豫地选择后者。

一旦你锁定一个不动产投资机会，接下来的任务就是找到投资人，那些正在为他们的钱寻求良好回报机会的人。显然你的第一笔交易非常困难，因为你还没有向别人证明自己。但请相信我：随着成功的案例越来越多，这条路将会越来越好走。

所有的事物在它们变得容易之前，都是很困难的。

今天，有一大群人正排成长队，等着向我和我的合伙人的下一个不动产项目投钱。这不是说我们有什么特别之处，而是我们对这方面理解得非常透彻。我们查看大量交易，然后选择与上述例子一样且在财务上可行的那些不动产投资交易。我们也和投资者沟通。然后，公平对待他们。当我们赚钱的时候，他们也赚钱。

你可能会很惊奇地了解到，许多人都对投资不动产感兴趣，特别是当其他投资渠道——例如股票市场或者债券市场——表现平淡甚至下跌的时候。只需要去富爸爸学习班看一看，你就会发现，每个城市都有成千上万的人来听我们的课，这些人都在寻找极具说服力的不动产投资机会。富爸爸学习班中的某一个人有可能会成为你的首个投资合作伙伴。

神话 2 你需要从小规模交易开始，大买卖的风险太大

从小规模起步不是什么坏事。也许你想买下一幢价值25万美元的独栋别墅，甚至是一套32万美元的联排式别墅，将它作为一处租赁物业。但为什么不考虑一下价值200万且有15套公寓的房子呢？不管你相不相信，上述任何类型的物业都是你可以负担得起的。

当然，你现在一定会想："不可能！我没办法承担200万的住房抵押贷款。"对于这个问题，我只能说，也许你是对的，但是你并不一定非要自己独自负担。原因如下：对于小规模物业，例如独栋别墅，这样的房屋抵押贷款通常都需要购买人的个人收入以及财产来担保。你可能会感到惊奇，规模更大的投资物业的贷款都是由资产本身来担保的。换句话说，200万美元的物业贷款并非通过你的个人财产来担保，而是依据它本身的价值。对你来说，这已经减少风险了。

让我们回顾一下前面讲述的那个例子。我为了购买那处价值116000美元的公寓，花了20000美元的首付。此外，我还需要百分之百地承担物业抵押贷款以及管理方面的责任。而那处价值900万美元的项目，我持有10%的权益，但实际上却没有花一分钱。实际上，风险对我来说反而更低。我非但没有投入真金白银，物业也由专业人士负责管理。而另一处物业虽然属于我，但什么也该我管，无论好的方面还是坏的方面。五年后，我将该处公寓以121000美元的价格卖出，赚了5000美元。

最近，我们对那个有着182套公寓的大楼进行了再融资操作，我们持有该物业的时间还不到一年，它最近的估价约为1130万美元，较我们购入时的价格升值了200多万美元。因为我拥有该项目10%的权益，也就是说我在不到一年的时间里赚了20万美元以上。这是正确的购买以及管理技巧所体现出的实力证明。

这个例子同样说明了价值与风险之间的关系。当你购买一栋住宅或者公寓，并且将它租出去，那么该物业的升值仅仅与其周围别的物业的价值相关。你最好在购买时判断一下周围的环境，因为你在为自己物业增值的方面所能做的非常有

限。相比之下，例如公寓大楼之类的商业物业的升值则是基于其自身的现金流，项目能够赚到的钱越多，其价值就越高。现在，你就可以自己说了算了！当现金流增加的时候，物业的价值也会增长。正确地管理你的物业，你将会增加它的价值。如果管理不善呢？那么价值就会在原地踏步或者下跌。

另一方面，大规模物业在居住率方面的风险相对较低。当一个独栋住宅租出去的时候，它的入住率是百分之百。而当它空着的时候，它的空置率是百分之百。这时候，你必须用自己的钱来百分之百地支付住房抵押贷款。而对于规模更大的物业来说，即便在建筑物中只有 8 套公寓，当有一个房客离开的时候，仍有 7 位房客在支付租金。当你的房客越多，你暴露在入住率方面的风险就越低。

神话 3 你可以在"炒房"之路上成功，或者通过零首付快速致富

许多人认为，倒卖房产——买入之后快速卖出，赚取差价——是一条致富之路。那些对此坚信不渝的人必须要非常幸运才能够通过这条途径取得成功。但是在我看来，这就像股票市场上的日内交易，不但不简单，而且风险很高。

零首付也就意味着物业是百分之百地靠贷款购买。这样就意味着，你现金流中的极大一部分资金将会被用来支付房产的月供。在不需要首付款的交易中，你需要承担更高的贷款利率，因为向你借款的人也需要承担更高的风险。你要偿还更多的贷款，基本上没有剩余的钱可以用于改善物业，或者是维修一些损坏的东西。在这种模式下，你需要指望物业升值来赚钱，而不是通过改善物业状况、进而通过现金流来赚钱。我们只有希望市场"越飞越高"，同时你入场时机极其完美，因为你需要指望外部因素都没出问题。随后你将看到，唯一能够控制的升值，是当现金流得到改善的时候。而在现在谈到的这种情形中，你什么都做不了。

你可能已经猜到，我并不相信零首付，我也不相信炒房。即便在上面的例子中，我个人并没有掏出一分钱用于支付那处在太阳城的价值 900 万美元的公寓大楼，但是我们作为投资团队支付了 200 万美元的首付。我相信购入和持有能够产生收入的资产——例如租赁物业——是积累个人财富的方式。你可能会说："但是我需要资本增值，也就是从购买的房产上获得更多的权益，以便购买第二处规模更大的、有更多单元的租赁物业，但这就意味着我必须卖掉第一套。"以我的

经验来看，这种说法不对。你所需要的是第二个有说服力的投资交易，以便展示给你的投资者。他们会帮你筹到第二处物业的首付款，而你则通过投资赚到的钱来回报他们。

2004年，在亚利桑那州古德伊尔，我们完成修建了一处有208个单元的物业，建筑费用方面花了我们1380万美元。完工之后，该处物业的评估价格为1630万美元。我们收到了大量想要代理销售这处物业的申请，经纪人排成了长龙。花费两年的工作时间，我们就可以拿到250万美元的现金走人，这听起来很不错，但我们拒绝了这种诱惑，没有将其出售。问题之一在于税务方面。我们获得了250万美元的进账，而我们又将这笔钱重新投入市场，以避免支付沉重的税务账单。确实，我们获得了物业的升值，但同时我们也将面对一个应税的义务。想象一下，我们需要为赚来的250万美元支付30%的税费，这是一笔完全没有必要支付的75万美元的税款。

如果你想要拿到钱，你完全不需要卖掉这处物业。你可以通过再融资的手段拿走属于你的权益。上述行为无须支付税款，你也就不必非要为钱寻找另一个投资机会。在这个有208个单元的物业的例子中，我们将会通过再融资手段，从中剥离出属于我们的权益，并将其以产权的形式回报给我们的投资者。这种体系的设计非常优秀，你仍然拥有物业，你可以继续以租赁的形式，从中获得现金流。如果物业升值，你可以再次通过再融资手段获得增值的部分，而且仍然免税。这笔钱你可以拿来做另一笔交易，这就是我每天都在做的事情。

一处物业在95%的时间里面都会变得更有价值，而不是随着岁月流转变得更不值钱。尤其是在你遵循本书给出的方法之后，可以以合适的方式购入物业，你也就可以负担必要的改善，而这将改善周边社区环境，为居民提供一个更好的家园。所有这些都将提升物业的附加价值，使你在物业长期升值中获利。

神话 4 一些人就是有点石成金术

有人认为：一些人能够在投资不动产方面取得成功，一定是拥有某种点石成金术。这样想的话很容易，其实并没有这样的事情。他们只是一些能够看见机会而且还知道怎样将这些机会转变成真金白银的人。

打个比方，有一处10英亩的地块，它的四周毗邻一些大规模的零售物业，而且这些大规模零售连锁店中的绝大多数就在相邻的购物中心。地块附近还有一个大规模芯片制造厂，厂商雇用了1000人。

一个区域性房地产开发商眼中看到的可能是在上述地块修建14套独栋住宅；一个定制住宅开发商眼中看到的可能是十套豪宅；一个零售商业开发商眼中可能呈现的是一家全新的购物中心，有两家大规模零售业者进驻，还有各类专卖店以及餐饮开设其中；一个小型社区开发商眼中看到的可能是一个有着150个单元的公寓社区，同时还配备了会所、游泳池和健身房；一个专注于办公地产的商业开发商眼中可能看到的是一处三层楼高的办公建筑。换句话说，每个人看到的物业类型都是不一样的，每一种愿景都会带来完全不同的回报水平。

发现机会的一个重要手段，取决于常识。那些看起来拥有点石成金术的人，实际上在寻找物业和机会时，都是在运用他们的常识。在上面的例子中，常识告诉我，在那处10英亩的地块中修建豪宅，将会很难卖出去，因为毗邻的购物中心将会带来非常大的车流量。如果修建独栋住宅呢？将会面临一些挑战。如果修建全新的商业购物中心呢？如果开发商能够吸引到高质量的商户入驻的话，也许可行，但是他们可能已经入驻旁边的购物中心了。目前为止，在这个例子中，多个单元的住宅项目，或者是办公楼都是最可行的方案。为什么呢？因为附近有大的雇主存在，但在这个区域却缺少公寓大楼；附近有很多零售商业中心，但是缺乏可供租赁的办公场所。在这个例子中，将发展方向定在办公场所或者公寓上的开发商最有机会成功，他们看起来好像拥有点石成金术一般，但这不是什么魔法，这只是常识而已。

你怎样才能知道自己正在依赖常识呢？很简单！如果与你说话的每一个人都很难认同你关于一处物业的前景发表的看法，那么只可能有下列两种情况：你有一个革命性的想法，它将会证明其他每个人都是错的；或者这是一个很糟糕的主意，每一个人都认为它是错误的，除了你自己。在百分之九十九的情况下，都会是后一种可能。记住，如果你很难将自己关于一个物业的远景推销给与你交流的每一个人，那么等到你的项目完工时，那很有可能同样难以推销。而这一局面将会消耗你自己的钱。

神话 5 你需要非常自信

绝对不是这样。人们在任何时候都会低估自己。他们听从那个自我怀疑的"小声音","小声音"在他们脑海中时而呢喃细语,时而咆哮怒吼,不停念叨着为什么不能做一些事情的种种理由,以及为什么他们连试都不应该试。我认为存在两种声音:一种是理性的声音,另一种是自我怀疑的声音。理性的声音就是常识;自我怀疑的声音代表着你的过去,而且它正试图决定你的未来。

我做出了一个来自意识层面的决定,不要让我的过去左右我的未来。我成长于一个普通的中产家庭,这并没有什么不好。我用劳动换取我想得到的。我学到了坚定的价值观。这是我的父母给予我的不错的一面。直到职业生涯的晚期之前,我父亲并没有展现出特别突出的企业家精神。确实,他工作勤勉,但这不是企业家精神。他在职业生涯的大多数时间里,一直在为同一家公司工作,赚取一份稳定的收入,支撑我们这个家庭的中产阶级生活方式。对于我、我的兄弟和两个姐妹来说,生活很不错。

当我大学毕业后,我跟随父亲的脚步,得到了一份工作。在那份工作中,我开始接触到一些人——他们向我展示了企业家的一面。他们成为了我的导师。通过他们,我成为了企业家。然后,我将父母传给我的价值观,与我自己新发现的企业家精神结合在一起,我终于变得完整了。

我接受的教养和教育中,没有任何东西会帮助我成为现在的这个样子,然而我还是成为了现在的这个样子。我认为,我们中的每一个人都要抛开自己的过去,抛开持不支持态度的父亲、吹毛求疵的母亲、不可理喻的朋友以及入学第一天就给我们贴上标签的老师们对自己的影响。每个人在自己的人生中都会受到一些负面影响,我们中的每一个人也都遇到过很多这样的负面影响。看看好莱坞的名流们,他们中的哪一个没有遭遇过挣扎和斗争?每个人都必须从充满挑战的环境中成长,这就是成功人士做到的。他们决心超越自己的过去,不管未来会变成什么样子。我决心选择接受自己的过去,从中学习,继续保持好的方面,正视不利的一面,这样只会让我变得更强。

在不动产投资这门生意中,你需要发挥自己的长处。我的建议是,不仅仅只是从你人生中顺风顺水的部分寻找你展现的品质,而且要利用你面对的困境塑造自己的性格。性格塑造这条路永远没有终点。这就是我关于信心和性格的看法。本书的剩余部分将会专注于帮助你打造自己的物业投资事业。

神话 6 你想做但真的没有时间

这真的就关乎你的选择和优先级了。如果我们必须做些什么，总会有时间去做的，比如说我们每天要工作、整理草坪以及喂狗。往往我们没有时间去做的都是一些我们真正想做的事情，比如学外语、修一个书架或者参加社区志愿者活动。"必须"和"想要"是有区别的。我们常常完成那些我们必须做的，而将我们想要做的放在一旁。不幸的是，那些我们想要做的事情就是真正能够丰富我们人生的事情。

投资不动产事业应该是你想要去做的事情，甚至会是你必须去做的。为了变得真正成功，尤其是在开始阶段，你每天都必须寻找和评估物业、谈生意、监督那些你临时雇来完成维修工作的人，甚至需要在物业变成你名下的东西之后对它进行管理。可以坦率地说，我从这一事业中获得了回报和乐趣，因为这是有利可图的。

我自己就曾经陷入"没有足够的时间来做事情"的逻辑。几年前，罗伯特·清崎就提议让我写这本书。最终，我接受了这个建议。实际上，我完成了这件自己想要做的事情。但是仅仅想要做还不够，督促我前进的是"要么做，要么不做"的截稿期限。这让我意识到，我需要靠自律来完成这本书。

如果你没有时间开始你的不动产投资事业，也许在你的意识里，这不是你必须完成的事情。也许你仅仅是想要做，而仅仅是"想"，还不足以推动你开始。毕竟如果你每周的工作日都在用来做另一份工作，那么你只能利用周末的时间搜寻和评估物业，你还需要在工作日或者是晚上抽出时间来打一些电话。如果投资不动产事业真的是你的梦想，那么总有一条途径可以让你梦想成真。

神话 7 你需要有关系才能开始这项业务

如果你认识少数关键人物，例如不动产经纪人、律师或者银行家，这也许可以帮你节省一些时间。但是，要想在投资不动产方面起步，你实际上并不需要认识任何人，你甚至都不必亲临现场。在本书中，你会发现关键人物实际上就在你的团队中。你将发现，你为自己定下的目标，实际上会决定整个团队。一旦你决定了自己究竟想要从不动产投资事业中获得什么，那么你今天结识的人可能是你团队成员的理想人选，也可能不是。

仅仅是让事情开始运转起来，你就会惊讶：自己竟然会认识这么多人，以及他们将要教给你的东西有那么多。在你了解这门生意之前，你就会结交很多"生意上的朋友"。下面是我真正想表达的。我们正在俄勒冈州的波特兰考察一桩交易，而我居住和工作的地方在亚利桑那州，十多年来，我没去过波特兰。我认识那里的人也是很久以前的事情了。不管是我还是公司里的其他人在波特兰都不认识什么人。我们唯一知道的是那座城市有两条河流，而且失业率非常高。后一点意味着，那些拥有物业的人可能面临不利局面。对我来说，那就意味着买入机会。我们有一个大问题：我们了解那座城市，但不认识这城市里面的任何一个人。由此判断出，那里的市场条件至少值得我们飞过去考察几天。

在开始这趟旅程之前，我们下定决心寻找自己的团队，至少要开始筹建工作。因此，我们开始在网上寻找物业管理人、市政公务人员、经纪人等，为我们的旅程做准备。我们不想在没有了解市场的人的陪同下跑那么远。结果，我们在两天时间里安排了10到12次的会面，这花费了我们几顿午餐和晚餐的费用，但是我们开始了团队筹建工作。

神话 8 你必须是一个经验丰富的谈判者和商人

这也不是真的。在生意方面有丰富经验，也许可以让你在踏进投资者的办公室时更有信心，但也仅仅如此了。你真正的力量和自信，绝不是来自于你过去的经验，而是你呈现给对方的有说服力的交易，只有它才能够给参与其中的各方带来双赢局面。这本书将会向你展示如何寻找和评估物业，最终达成一个现实的购买价格，最大化你每月的现金流收入，同时让资产有升值空间。一旦找到符合这种条件的交易，那么每个人都想参与其中。

多年来，我放弃了大量交易，而靠谈判没有办法改善这种情况。其中一笔交易就是有205个单元的大楼，位于亚利桑那州的格兰戴尔，它挂牌价是790万美元。代理商告诉我，其他买家也参与了竞价，其中最高的一个是720万美元。我们做了自己该做的功课，然后对于该处物业我们得出结论：就物业的运营状况来看，720万美元是一个公允价格。卖家拒绝了每一次报价，最终撤牌。六个月以后，卖方重新挂牌这栋大楼，要价810万美元。如果我仍旧对这处物业感兴趣，我仍旧会基于它的运营状况来报价，这与我之前给出的720万完全一样，卖家很可能将我踢出局，而其他每一个根据物业状况进行报价的买家也不能幸免。对于那处物业至今还没有卖出的结果，你会感到惊奇吗？

通过本书给出的方法，你将会发现挂牌价毫无意义。围绕这个数字进行谈判毫无意义，非要这样做实际上也只会后患无穷。因为在多数情况下，挂牌价代表着卖家关于这处物业价值的观点，而不是基于该处物业的实际运营状况。对于大多数人认为的谈判会议，对我来说，更准确的说法应该是推介会。因此，当某人给我这些数字时，它们更像是一笔"要么接受，要么离开"的交易。而当我面临出局时，其实从本质上来讲，这通常也意味着对方面临同样状况，因为数字没有起到任何作用。离开通常是一个好的选择。

神话 9 你必须对不动产非常了解

这条神话时时刻刻都在阻碍人们前进。他们觉得要想成功，自己必须成为某一领域的专家，无论是在不动产领域还是在股票投资方面，哪怕是开个干洗店也是如此！首先，成功是一段旅程，而不是终点，所有成功的人，起点都一样。一天，等他们醒来，将自己的脚挪向床边，打着哈欠——然后，他们开始了。

只有有始有终，持之以恒，我们才能够成为专家。我们从实际经验中获得专业才干。通过阅读本书，你将会获得该从何处入手的清晰概念。你将会获得足够的知识，让你在鸡尾酒聚会以及后院的烧烤聚会上的谈话听起来真的很聪明。但更重要的是，你将会从自己的第一次交易中学到相当多的东西，也会有同样多的东西来自于你的第二次以及第三次交易,你甚至还会从你的第四次交易中学到更多。

我从每一次交易中都能学到一些新东西。我们在波特兰购入的一些物业实际上建造在一些老旧的木桩上,而这些木桩是在 20 世纪 30 年代打下的。一些人是否在猜想,我在开展这门生意的时候,必须学习关于历史已经有 70 年之久的桩基在结构完整性方面的知识呢?我可没有这么厉害!但在我们购买此处物业之前,我们必须搞清楚有关这种桩基状况的一切信息。因此,你可以想象,这好比我生活在沙漠中,我请一个舵手,开着船,载着结构工程师来完成这种调查,我在这一切面前是多么的外行。这是一个真实的学习体验过程。我总是能遇到一些全新事物,这也是让整件事情变得有趣的部分原因。

你想变得对不动产非常了解的唯一途径是涉足这一领域。一旦你开始行动,你将会遇到一些人,了解这个市场,观察到其中的模式和规律,并理解它的趋势。你将会遭遇到你自己版本的"70 年历史木质桩基"问题,但是这也会让整件事情充满乐趣。在你了解之后,你在鸡尾酒会或者后院烧烤的聚会上将会获得别人的赞赏,因为你是有实际经验的人,而非仅限于通过书本理论了解。

神话 10 你不能害怕失败

告诉我,有哪一位企业家说自己不害怕失败的?如果有,那么我告诉你,他就是一个骗子!这是我做出的一个大胆的断言,听起来很绝对,但确实如此。每个人都害怕失败。区别在于,我们中的一些人会让自己对失败的恐惧阻止前进的脚步。有些时候,失败会在一开始就让我们停下脚步,而这非常不幸。如果你遇到的就是这种情况,那么现在就做出决定,一步一个脚印,一次只打一个电话,查看一处物业,一个一个地来。其实事情并不困难,除非我们只盯着最终的结果,而不是慢慢地向前挪动微小但踏实的脚步。

有些时候,对失败的恐惧会出现在那些需要对一个物业当机立断的时候。我将其称之为"丧失分析能力",我们经常陷入这一状况中。人们往往在面对一个机会时想得太多,瞻前顾后,没法最后敲定。对于有这种类型恐惧症的人来说,本书将向你证明书中内容对读者尤其有帮助,因为它正好向你展示了你需要知道哪些信息来分析一处投资型物业。当满足一定条件之后，就不需要进行进一步的分析了。让恐惧拖住脚步的情形将成为过去式。

对失败的恐惧这一情绪呈现的另一种方式就是"后悔"。换句话说，就是当我们敲定了交易,但是困难随之而来——困难显然会出现,它们总是如影随形——我们就会对这次决策感到后悔，然后问："为什么我们会这样做呢？"而不是说："我们能做些什么来跨过这个障碍呢？"这种形式的害怕可以将一个相当不错的机会转变为一次坏的投资。在我的人生中，我从不后悔自己的决定。我只是将其视作一次起点，让自己继续向前进，迎来美好的每一天。

我也承认，在刚开始的时候，我也有严重的恐惧失败的那种情绪。区别在于，我知道如果我什么都不做，而是困在害怕失败的情绪中，那我肯定会失败。如果我能够一步一个脚印，抓住某些机会并取得成功，我觉得我能够提高自己获得成功的概率。失败的恐惧情绪实际上反过来也能提供一些好处，如果你不能将它作为对你的激励措施，进而将其用于你的优势中，那么这种负面情绪终将成为一个自我实现的预言。

神话 11 你必须了解交易的窍门

从纯粹意义上来说，不存在关于交易的窍门。但是要在人生中获得成功，确实存在一些秘诀。而一旦你知道了这些秘诀，那你就可以在任何方面取得成功。

首先，你必须设定目标。目标将会成为迈向你成功之路的路线图上的基石。它们也会告诉你，什么时候你会到达什么地方。这样，你就可以随时鼓励自己，而每个人都需要这种鼓励。

其次，你需要坚持不懈。一遇到问题就放弃，绝不会让你成为赢家。15年来，我遇到过成百上千次的类似这种想要退出的情形。我遇到过大量难题，例如融资额不足、员工问题以及非常可怕的住户方面的问题。但是成功的人会直面困难，当他们成功克服之后，就会变得更加强大，更加有信心，面对下一次挑战也会做好更充分的准备。相信我，未来的挑战只会越来越多。

最后，你必须理解"过程"的意义，而这也是本书将会关注的。它将会带你从头到尾走完每一步，从设定目标到建立你的团队，再到寻找物业以及对它们进行评估，还有如何决定购买价格以及如何进行物业管理。我将会向你展示我在这15年里获得的经验，我希望本书能够成为伴随你成功的手册。

第一章　　行动步骤

- 理解本章讲到的所有神话。
- 问问你自己，是否听到过其中的一些。
- 找出那些你所相信的神话。
- 找到那些在阻碍你走向成功之路方面负有责任的神话。
- 坚定信念，摒弃那些毫无价值的神话。
- 坚定信念，学习各种手法，做好准备，然后魔法就会降临在你身上。

布莱尔·辛格

个人背景与企业家简介

姓　　名：布莱尔·辛格
出生日期：1953 年 2 月 20 日
出 生 地：俄亥俄坎顿

传统教育

俄亥俄州立大学
学位：艺术学士
主修课程：政治学

专业教育

专业销售系统，宝来公司

年级平均分

高中：3.3
大学：3.0

传统教育的价值——对成为企业家来讲

传统教育实际上存在巨大的不利影响——我在事业刚起步时，丝毫不愿意承担任何风险，结果将事情搞得非常糟糕。

在学校最喜欢的科目

在大学里学的政治学，学习如何让人们去做一些他们通常不愿意去做的事情。如何在全球范围内做出改变。

我也喜欢那些在俄亥俄州立大学足球队当职业经理人的日子，同时我还周游全国，学习领导力和团队方面的经验和教训。

在学校最讨厌的科目

有机化学与遗传学——我在医学预科就读时接触到这一科目。

首个企业家项目

在俄亥俄割草和铲雪，我负责两个街区，我当时觉得这是一笔很大的买卖。后来，我参与了威基基海滩一家时运不济的冲浪用品店的经营。我没能从中赚到钱，但获得了很多乐趣，还被引导到了个人发展的道路上——为我余下的人生设定了方向。

并非从学校习得的关键企业家技能

学会如何犯错误，以及学会如何从所犯的错误中吸取经验教训，而不是抱持"觉得尴尬"并且"回避它们"的态度。学校也没能教我如何成为一个对自己有担当和负责任的人。跑遍了大半个地球，最后我还是靠自己才真正地掌握了这些。

何时以及为何成为了企业家？第一份事业是什么？

我首次真正的创业尝试是一个"在当时看起来还不错的想法"。那是在1981年，我身为宝来公司的顶级销售代表，感觉百无聊赖，你知道为什么。因为我曾经是一个有拼搏精神的帆船运动员。对于夏威夷来说我是一个初来乍到的人，而且我刚刚从一次痛苦的离婚中走出来，因此我想要寻找一种途径，做一些更有意义的大事情。我的一位朋友说服我拿出1万元投到一个他刚接手的生意里面，那是一个冲浪用品店，并获得了Prindle游艇的经销权。我们俩都能做得不错的一件事就是销售，而我们都做不到的就是做生意。

面对库存、采购、零售、会计和现金管理，我们就像小孩子一样无知。然而，这却是我人生中最有趣的一段经历，我永远也不会收回这句话。我结交的朋友全都是一些疯狂的企业家。在短时间内，我发觉自己需要学的东西非常多。甚至当我还是一个孩子时，我就喜欢了解新东西……这是一个充满无尽可能的世界，也存在数不尽的学习机会。我一直很反感那些告诉我有些事情我不能做的人——父母、学校的老师、老板……作为一位企业家，很快就会被自由所感染。我了解到，获得自由在有些情况下是要付出很大代价的，但我也明白，这一切都是值得的。

来自初次创业中的最好经验

我从自己的第一次创业中学到的最好经验就是我对于创业本身知之甚少。我过去一直认为，没有什么问题是不能通过提升销售业绩来解决的。那时候，我发觉自己错了。我了解到，微小的疏忽或者不足会随着销售业绩的增长而变得巨大。有问题的账目、有问题的合作伙伴、缺乏必要的现金流管理等都会给我们带来大量的问题，以及数不尽的善后工作。

直到第二次创业，我才真正学到了经验和教训。在第一次创业中，我告诉自己，大多数问题应该归咎于我的合作伙伴。那时，我还没有真正学到教训：对自己的行动要承担百分之百的责任，无论是经营生意还是经营人生。

多年后，在洛杉矶，我接手一个濒临失败的航空货运公司，希望可以快速成为一位千万富翁。我又一次遇到幡然醒悟的机会。在那里，我学到了伟大企业的强大秘诀。当那家公司一次次身处危机边缘时，我们的荣誉守则或者是内部规则帮助我们一次又一次挺了过来。我学会了如何面对普通人（有时候是一些没有受过多少教育的人，甚至是有问题的人），并将他们转变为一支冠军团队。

我认识到，成功是商业技巧的一种表现，就好比有能力去推销自己、招募和运营一支团队，教导其他人如何去推销，对数字负责并且遵守荣誉守则。要做到这些，需要针对我自己和我的团队进行大量的个人发展训练。

我意识到，我设在夏威夷和洛杉矶的公司面临的最大问题就是我自己！我意识到，我的思路越正确，生意就变得越顺畅。成长于俄亥俄州的农场，就学，被教导做一个不要犯错误的中规中矩的人，最终变得不信任任何在我成功的道路上设置路障的人，在这个过程中，我得到了很好的锻炼。

最好的经验：我觉得我真的喜欢领导、教导和鼓舞团队。

通过科尔比指数，我对自己有哪些了解？

布莱尔·辛格
科尔比A™指数评估结果

祝贺你，布莱尔
你在科尔比指数评估中获得了完美的分数

你很独特，敢于面对未来的挑战。你引领着潮流，洞见各种可能，并且能完成别人认为不可能完成之事。你甚至在看到问题有希望得到解决之前就坚信自己能够做到，并将其转化为一次富有成效的冒险。

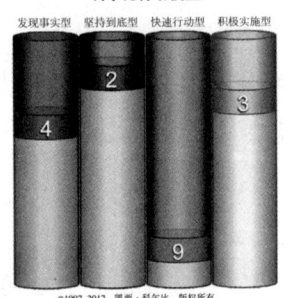

©1997-2017，凯西·科尔比，版权所有。

获科尔比公司许可重印。

我从科尔比指数评估中学到的最重要的一点就是：我真的没有弱点，只有一堆有针对性的优点。我一直在没有好的规划习惯方面鞭策自己，但是通过科尔比评估，我发现那只是一个表面上的缺点，潜藏其下的能力则是：能够随时随地在压力下变得极具创新能力。变得有规划实际上会打击我的创新能力。

我在B-I三角形中的角色

我在B-I三角形中的角色很显然是沟通。统一团队的观点，向他们建立和沟通使命和目的，当然也有销售及市场行销方面的事情。

对企业家来说，很关键但无法从学校学到的技能

1. 我认为敢于犯错误的意愿是目前为止所有技巧中最为重要的。要学会拥抱错误，然后从中获得经验，而不是谴责。要消除羞愧、否定以及为之辩解的心态。顺便说一下，这些反应中的绝大多数，实际上都是从学校中沾染到的某种残留习气。

学会如何拥抱错误以及其中所包含的经验教训，这与学会无惧亲手犯下错误同等重要。一旦犯下错误，你还是需要通过这样或那样的方法来解决它。然而，害怕犯下错误的心态会阻止我做出任何决策。这种害怕情绪会导致紧张、混乱、担忧、自我怀疑以及其他各种各样的不安情绪。这只会导致你的梦想破碎。

2. 目前为止，最重要的商业技能就是推销的能力。销售＝收入。拥有这种能力，就相当于有能力产生收入、分配资源、招募优秀的合作伙伴及团队成员、协商以及有能力说服别人认同你的目标和梦想。有很多人将推销认为是一种"不好"的字眼，也就是他们选择回避的事情。为什么呢？也许他们害怕被拒绝和遭到羞辱。

我从来没有见过一个不懂得推销的成功企业家。这种能力是任何商业赖以生存的血液，也是你想从人生中获取任何事物的关键。在过去25年的时间里，我曾经和成百上千的人以及数以千计的公司合作过，任何时候，我只要发现一个人或者一家公司遭遇到现金流问题，都是因为这个人或者这家公司中比较关键的那个人不懂得如何推销，要么是不喜欢推销，或者他压根认为这方面不重要。

在商业团队中的每一个成员都必须会推销！

3. 第二重要的技能是有能力招募和打造一支冠军团队。除非你在学校打过比赛，否则你绝对不理解团队的含义。试图在学校里合作被认为是作弊。然而，在公司中，合作是关键。我们被训练成为努力工作、独立完成自己事情的人。实际上，学校教导我们说："寻求帮助是软弱的标志！"因此，我在自己创业生涯的早期阶段走了一条艰难的道路，这一点并不值得惊奇。仅仅是学会如何建立和执行一套简单的荣誉守则，或者说是制定一套针对团队的规则，就将会极大地促进任何一群人朝着大家都认同的目标前进。

4. 作为一位企业家，我发现你必须学会如何教导。为什么呢？因为学校并没有好好地将商业技巧传授给大家。因此，你不得不教导你的团队如何推销、如何合作以及如何成功。我认为，这是商业技巧中最容易被大家忽视的一点。那些同时身兼优秀教师的领导者，将会构建令人惊异的团队以及组织。

5. 我认为，学会如何"整理自己的思绪"在如今这个时代非常关键。学会管理自己的情绪、精神状况和个人发展不是一个选择项，而是必须项。随着事情变得越来越复杂，情绪因素所造成的影响正在加重，而智力方面的影响则相应地趋于减轻。持续地了解自身以及自己在情绪方面的反应——关于自己的疑虑以及害怕情绪——给我带来数百万倍的回报。

对于企业家来说，我最重要的经验

不好的合作关系将会督促我去寻找更好的合作伙伴，并从中学到更强有力的经验教训。

与不好的合作者一起，你不可能将事业经营好。但我知道自己也有一些不太靠谱的合作伙伴，而这些人最终督促我找到了人生中相当出色的合作伙伴和朋友。我在冲浪用品店遇到的那个合作伙伴就是一个骗子，但是通过他，我走进了个人发展的世界。一旦进入那个世界，我就能与我的老师以及导师合作，他们非常聪明，这段经历同时也改变了我的人生，尽管我此前遭遇过财务上的危机。通过罗伯特，金和我成为真正的朋友以及合作伙伴。

在我的人生中，合作伙伴总是随时随地向我展示我自己需要学习的那些即将面对的重要经验教训。在货运生意中，我的合作伙伴完成的那些声名不佳的交易告诉我担当和百分之百承担起责任的真正含义。在我们的全球特许经营业务中，前合作伙伴教会我拥有一致的价值观的重要性,以及当一个组织在此方面步调一致时将会是多么强大——反之,则是多么具有毁灭性。他让我清晰地了解了自己的价值观和方向,也纠正了我缺乏信心的毛病。

我是如何学到募集资本的

我初次学会融资是在面临非常大压力的情况下。当时,我的货运公司已经亏空了 75 万美元,因为我们在一个代理融通公司那里遭遇到巨额亏损,所以我们既没有钱支付工资(为我们的 30 多名员工),也无法支付日常的营运费用。我不得不乞求银行帮我们垫付几个星期的工资,然后赶紧拜访了所有的客户,乞求他们能够提前为我们尚未兑现的服务支付预付款,我还乞求供应商在未收到我的付款之前,不要终止服务和供货。当时的情况看起来并不像融资,而是更像充满激情的推销。这九个月非常困难,但这个过程教会了我如何筹钱。

直到最近,我才真正花时间学习了如何以一个有条理且合理的方式为自己的公司或者不动产项目融资。

我是如何学会克服恐惧与失败的

我也不知道自己是不是真正了解如何克服恐惧,我仍然存在恐惧情绪,我仍然不停地遭遇失败。但我想我已经知道如何应对这种情绪了。我尝试并学会转换我的反应,从抗争和逃避的态度转变为好奇和探究。在那些我最为害怕或者持续感到恐惧的领域,我不停地寻找相关的顾问、教练和导师。现在,不管什么时候,当我害怕的事物出现时,我发现自己拥有了一种内在的反应,它能够强迫我直面这件事情,也就是征服自身的恐惧。

多年来,我帮助成千上万人赚到了数十亿美元,我自己也干得不错。但实际上,直到最近,我才从投资者那里为了自己的交易进行融资。我担心,如果我的尝试以失败告终,那么会拖累其他人。因为根据我过去在这方面的经验,这是一种合理的恐惧情绪。然而,我决定克服这种恐惧情绪。在令人惊叹的肯·麦克尔罗伊和其他富爸爸顾问的引导下,我成功地做到了这一点。整个练习全是关于如何克服我的恐惧，我从中学到了一些自己一直想要学习的东西，同时也将关注点放在了如何做交易上面。

同时我也认识到，当失败和错误出现时，应该组建团队和顾问来帮助自己一同面对，而不是独自一人承受，或者试图以自己的方式独自解决。团队和顾问的出现，让问题变得简直是太容易了！同时也会伴随着更多的成功出现！对于那个曾经不信任任何人而且不得不向全世界证明自己可以靠自己的力量独自活下去的人来说，这是一个极大的进步。

我的长处

我的长处显然是旺盛的精力和持久力。我相信，精力旺盛的人获胜的概率极高，不管是身体上的、心智上的，还是感情上的、精神上的。高中时我曾是一名长跑运动员，我一直认为我比任何人都更有耐力（当然是基于正确的理由）。

这让我能够比其他人战斗更长时间，也让我学到好多东西。我不会轻易放弃，对于一些事情非常有纪律性。在我想成长的领域，我非常愿意成为一名学生，甚至是当一位实习生。

我的缺点

我个人的缺点是仍然在意别人怎么看我，而这已经不止一次地拖了我的后腿。当我学会了接受自己，无论是好的、坏的还是丑陋的一面，我就可以做一个真实的自己了，担心别人看法的影响渐渐黯淡下去。

我最擅长教授的企业家技能

团队构建和沟通。

我教授的企业家课程

销售＝收入

销售=收入

布莱尔·辛格

> 如果你想要得到更多的钱，就要学会销售之道。
>
> ——罗伯特·清崎

人们对第一次的经历印象深刻，这并不足以为奇，而我也不例外。与大多数人一样，我也有很多个第一次。下面是我从中学到很多东西的第一次。

我首次登台销售

往事仍然历历在目。一个非常寒冷的二月早晨，在俄亥俄州东北部的一个乡下农场，妈妈将我用一件蓝色防雪服紧紧包裹住，我看起来就像为米其林轮胎形象代言的那家伙。由于身上的衣服太厚重了，我只能蹒跚着迈开步子。当时大概是我五岁生日前后，我们在满是泥泞的道路上颠簸前行。我紧靠着我的祖父，在他运输牲畜的车上坐着。寒冷对我来说并不重要，因为后面的事情还很多。

在车背后装着的是山姆，它是我的小羊羔。大概在一年前，祖父把它"借"给了我。（他在许多桩牲畜交易中的某一次买到了这只羊羔，这是他赖以谋生的工作。）这是他决定让我早点了解的经验教训中的一部分。我们之间达成的协议是这样的：他将山姆借给我，我负责照看它，并且把它养大，为的是在今后卖掉它。为什么呢？因为我在某次生日时，想要一个电动火车套装，但是我的父母说他们买不起（当时他们是辛勤工作的奶农）。我的祖父告诉我，如果想要火车，我必须靠自己赚钱来买。这就是我学到的，如果我想要买什么东西，那我首先必须卖掉一些东西。

因此，当我们到达牲畜拍卖场所的停车场时，我仍然在练习推销技巧，因为我即将开始现场推销。他们将山姆弄下车，然后我们走进了拍卖场。现场有大约75到100个农民，他们大多数是阿米什人，这些人要么在观望自己牲畜的销售情况，要么正在为自己的畜群物色新鲜血液。我的祖父在这个社区中广为人知，我与他一同去过多次，但这一次不一样。

几乎是在一瞬间，狂热的拍卖和竞价活动突然暂停了。一个装置将我抬升起来，越过黄铜栏杆，将我送到拍卖商的台子上。整个场所变得安静下来，每一个人都在看着我。山姆被铃铛引导过来，主持拍卖的人笑得很灿烂，将麦克风推向了我，并且点头示意。我看见祖父也坐在一旁咧嘴大笑。表演开始了！

多年后的今天，我要感谢祖父，他通过自己的智慧，花了如此小的工夫，教给我如此之多的东西。五岁那年，祖父给了我一份礼物，确保我在今后的人生可以一直用来赚钱——在任何时候、任何地点以及任何经济情况下。他教会我"推销是获得自己想要的东西的入场券"。也是他告诉我交换的价值，即我不得不通过某种方式为其他人的人生或者生意带来附加价值。如果我学会了如何为之开价，那么我就总能赚到钱。他教导我，有钱才能获得自由，以及我的生活方式可以决定我的收入，而不是收入决定生活方式。

这也就是为什么当我遇到罗伯特和金的时候，我们成为了非常要好的朋友。我们有着共同的理念：让你的生活方式和梦想决定你的收入，不要让你的收入决定你的生活方式。

然而，这只有在你了解了如何销售之后才有可能。罗伯特在结束了他的越战军旅生涯之后，去了施乐公司工作，因为他的富爸爸告诉他，要想成为一位成功的企业家，销售是排在第一位的重要技巧。我去宝来公司工作也是为了同样的目的。当时，这些都是全球知名公司，都有全世界最好的销售培训计划。

30年来，我与众多企业家共事过，他们有的是掌管大规模企业，有的是负责小公司，还有的是一些有抱负的人。每次，只要我看到他们有现金流方面的问题，都是因为某个人——企业主或者是企业中某些特定的人——或者不喜欢推销，或者不认为销售很重要，或者认为他们的产品自然而然就能卖出去（真的很疯狂！），或者认为他们已经知道如何销售，其实他们不知道。

你应该知道，据统计：有95%的公司将会在创办的头三年遭遇失败，这既不是因为公司拿不出优秀的产品或者是服务，也不是因为企业主工作不努力，他们在这方面的工作态度你是知道的。经营失败的原因多数是因为企业主、管理人员或者销售团队不能销售。他们失败是因为他们花光了钱，并且不能融到钱。这同样是推销方面的问题。或者他们不得不独自工作，因为无法招募一个团队。这还是一样的问题。

顺便说一下，我现在依然能够记起当时在拍卖场上进行推销时的部分表演。"这是山姆，它是我的羊羔，我在它很小的时候就得到了它，并且用一个瓶子喂它。我要用卖了山姆的钱买一个电动火车。"我记得人们都在窃笑，我也不知道这是好是坏。我只知道拍卖通常进行得又快又激烈。我确定台下的潜在买家被这一幕逗笑了，而且仅仅只想让这一切快点过去，因此他们可以继续谈其他事情。实际上我认为，那一天我得到的是同情票。

钱是我的祖父收的，我不知道那一天结束时，我到底挣了多少。但是我知道，在我五岁生日的那一天，我得到了一个全新的电动火车套装。更重要的是，从那时起，我掌控了自己余下的人生。

因此，这里的经验教训很清楚。你必须知道如何销售，因为销售＝收入。这一点将富有的企业家与那些陷入困境的贫穷的企业家区分开来。为什么这对于很多人来说如此难以理解？在我于世界各地进行的一些活动中，我让听众针对"推销员"这个词语进行自由联想。从人们嘴里冒出来的词汇大多是"爱出风头的""谄媚的""没有诚信""二手车""可恶的""讨厌的""善于摆布他人的"以及其他诸如此类的各种词汇。对于许多人来说，"推销"是一个肮脏的字眼，它会带来负面印象以及备受鄙视。要避免这些，最简单的办法就是说服自己：你这人不太适合做销售，所以不要去销售。然后，你的事业就会陷入困境。

如果你想要成为一位富有的企业家，就必须掌握销售的三个部分。无论你是在社交媒体上通过数字行销手段对个人进行营销，还是针对商业用户开展销售活动，道理都是一样的。

销售的第一部分

第一部分看起来非常明显，就是要了解人们对什么感兴趣，然后把产品和服务提供给他们。

以下是具体步骤：

- 找到有钱且有需求的人。不要将你的时间浪费在那些不会和你达成交易的人上面。在社交媒体上，这一点尤其关键。非常有针对性地识别出那么一小群人，进而迎合他们的需求，这远比四处撒网的策略要好得多。
- 接近并联系他们，学会建立并拉进关系的艺术。提出问题，引起兴趣，首先要进入他们的世界。
- 识别出他们的问题和挑战，不管是技术方面的还是情感方面的。
- 学会在他们告诉你的内容基础上展示出你的方案。
- 列出你的方案的好处所在，针对他们的问题花些时间解释你的方案存在的价值。这是最重要的一步。如果人们对你提出的"价格"表示质疑，那就是你没有清楚地表述出产品或服务所具备的全部价值。
- 转变他们的态度——从"反对"变为"认同"——通过提出大量的问题，一同挖掘出真相。
- 学会询问，给出一个不容拒绝的出价，并完成交易。如果你不询问，那么客户的回答永远都是"不"。
- 回访并取得有利的用户好评！这些不仅有助于市场行销，同时也能够督促自己尽量兑现推销时做出的承诺。

我们可能会在以上任何一个步骤上花费大量的时间。但是在你花费少许时间阅读这段文字的过程中，我只想强调，只要通过大量的练习，你将会掌握这些步骤。其中的大多数内容也会出现在我的富爸爸顾问系列书籍中，那就是《富爸爸销售狗》——你不需要成为一个咄咄逼人的人，也可以显著提升你的收入！

最艰难的销售

关于销售的第二部分是三个部分中最艰难的，这一部分真正地将那些富有和贫穷的企业家划分开来。最难以推销出去的部分就是你自己。

没错，你就是在推销你自己。让自己去做那些你明知道自己应该去做的事情，这些事都是你出于这样或那样的原因不愿去做的，例如拨打销售电话、罹患拖延症以及放松对自己的要求。我将那个在你脑海中回响的争吵称之为你的"小声音"。你知道我说的是哪一个么？就是刚刚说"什么小声音？"的那个，我说的就是那个。

要想掌握销售的第二部分，就要了解那个"小声音"，它会阻碍你前进的脚步，并且妨碍你精心制订的计划。

我记得，在我第一次真正的创业中，我陷入了困境。那是1982年，当时罗伯特建议我去参加一个个人拓展课程。这是我第一次参加此类课程。在课程进行到中间阶段时，我意识到：我一生中面临的所有成功和失败之间都有一个共同点，无论是在事业中还是在婚姻中（我曾有过一段非常痛苦的婚姻经历，为期一年，最终以离婚收场），那个共同点就是"我"。在人生中的那个时刻，我意识到这一巨大的启示。

在那次课程之后的几个月里，我的销售业绩一飞冲天。我非常激动。在接下来的18个月中，我从一个面临解雇命运的销售，一跃而成为业绩最佳的那一个。我停止与自己争论，停止了畏首于弗拉明戈咖啡馆喝咖啡而不是去拨打销售电话的行为。在完成了拨打销售电话的额定任务之后，我也没有选择尽早走人。对于那些需要做完的事情，我也不再说服自己不去做。现在我的信心已经爆棚。我的交易达成率相当惊人。

销售是一个在情感上与别人产生接触的竞技项目。每天都是一节全新的个人拓展课程，你将有机会提升自己。在与"小声音"打交道的过程中，你越勤加锻炼，成功的概率就越大。

更重要的是，我已经通过学习掌握了位列"小声音"排行榜中第一位的问题，这个问题会让销售死在推进的路上，这个问题会将梦想连同梦想的创造者送进坟墓。它还会葬送天才，毁灭领导力，并且衍生出伴随一生的困境和悲惨。你想知道它是什么吗？

那就是**你在乎其他人怎么看你，或者其他人可能会怎么看你**！

就是这一点。

每个星期四晚上，罗伯特和我，连同其他大约12个人，都会将自己关在一个房间里练习口才，练习如何面对我们能够想到的最可怕的拒绝。这一练习持续了数月之久，为什么呢？为了让自己在那个宛如杀手般存在的小声音面前变得麻木。不然，它经常会破坏你的计划和目标。

下面是关于这类小声音问题的列表。这些问题会阻断你的收入，并且让销售无法达成。

- 缺乏纪律性
- 就像我的教练麦克·牛顿定义的那样："当你应该去做的时候，就去做你应该做的，无论你喜爱与否。"
- 自信心低下
- 当两个人在面临同样的销售局面时，拥有最旺盛精力的那一个人通常会胜出。
- 对于遭到羞辱、看上去很蠢以及被拒绝等等各种你能想到的事情感到恐惧。
- 拖延症
- 变得"还不够____"（你自己填空）
- 尝试模仿别人

好吧！我们来关注一下那个主题。

总有一些人会告诉你，你必须变得像某个人一样才能成功。在与成百上千的人一起共事之后，我的看法是上述想法不但不可行，而且会损害你的收入，还会对你的精神造成沉重打击。

在《富爸爸销售狗》一书中，你会发现自己在销售方面的天赋，因为至少存在五种不同的销售性格。你不必非要变得像斗牛犬那样富有攻击性，也许你就是那只迷人的而且永远保持优雅姿态的贵宾，或者是满腹无可辩驳证据的吉娃娃，或者是信奉互惠法则、愿为他人做任何事情的金毛，甚至是拥有让人无法拒绝的眼神的巴吉度。关键是要做真实的自己，然后发挥出自己的力量。

数字

掌握销售的第三部分，也是掌握其他任何事业的关键，我称之为责任心。我曾经被问及对最强有力的销售激励措施的看法，我通常的看法就是周一的销售晨会。在那里，每一个人都要拿出他们的数字，写在黑板上，并且为此负责。这些数字包括打了多少通的电话、安排了多少次的会面、给出了多少个报价，以及最后敲定了多少笔生意等。

数字本身不会进行自我改善，除非你对它们进行衡量。你必须对它们进行追踪，并且对你的活动负责。如果你仅仅关注最终的销售结果，那就太晚了。销售是一个过程，你必须掌握这个过程的每一步，才能把控全局。这就是为什么你需要对每一步进行衡量，才能够知道哪里需要改进以及如何改进。

数字不会说谎，每一个数字都在讲述着自己的故事——一个关于行为、态度和付出的故事。数字的表现欠佳同样也讲述着一个故事。为了减肥，你不得不站在体重计上；为了改善自己的财务健康状况，你不得不拿出财务账单查看。

我发现，有些公司经常在账上留有数百万美元的钱，因为他们没有通过数字去训练、教导或者改善他们本应做到的事情。我们的几个培训师在一家小按摩诊所工作，那里距离我在凤凰城的家不是太远。他们围绕销售周期中的一个数字进行了简单研究，然后在六周时间里，就将年销售额从30万美元提高到了70万美元以上。起初，他们的企业主表示自己想要发展更多的潜在客户，其实他并不需要更多潜在客户，他需要的仅仅是更高的客户转换率。

很显然，你有一个梦想，否则你也不会读这本书。但是，如果你不能将这个梦想推销给其他人，那么别人也不会来支持你。你也许可以推销产品和服务，但是如果你想成为一位富有的企业家，那么你需要推销的东西远不止这些。

20世纪80年代，我在洛杉矶机场有一个小规模货运公司。在头九个月里，我们曾亏损了75万美元。当时，我雇用了30多号人，拥有大量有业务需求的客户。当资金周转不开的时候，我乞求银行帮我垫付工资，恳请消费者为尚未兑现的服务提前支付款项，在我无法向供应商和货运人付费的情况下，与他们软磨硬泡，让他们继续为我们工作。当时，这些手段拯救了我们的公司。这是我第一次关于筹钱的体验。但是，到现在我还是觉得很可怕，因为我可能无法支付这些欠款。

多年后,我终于实现梦想,建立并扩展了现在的公司。但我知道,要让这一切都成为现实,融资是唯一可行的方式。关于货运公司在困难时期的那些经历仍然在折磨着我,但我知道这是一个"小声音"问题。通过有效的导师指导以及大量关于"小声音"的磨炼,我慢慢地学到了整个融资过程的每一步骤……看起来,一旦我对"小声音"不屑一顾,与自己的过去和解,那么钱就会滚滚而来,直到我们的首个私募融资额度被完全消化。

比尔·盖茨销售微软的股份,我们购买这些股份。财富和收入两个词之间的差距巨大。

资本、资源、支持甚至是爱,你必须能够成功地对你想要的进行出价,并且能够在现在或未来拿一些东西去交换,才能促成整件事情。

你总要求人们信任你,问题是你是否精于此道?

太棒了!

关于布莱尔·辛格

在近30年里，布莱尔·辛格让世界各地的人们超越自我，并达到他们的巅峰绩效。这些让辛格在销售、商业和个人发展领域获得了世界性声誉。

他不仅致力于促进个人和组织的变革，同时还作为一位培训师和一个充满活力的演讲者，用自己独特的能力让团队和组织很快地改变自身行为，摆脱现状，并在非常短的时间内达到巅峰绩效水平。这些是通过他采取的具有高度冲击性的方法来得以实现的。

布莱尔的客户横跨五大洲的20个国家，既有财富100强公司，也有小企业主，还包括了企业家、销售团队以及普通人。每年，布莱尔以及他那由世界级教练和培训者组成的团队将会培训数十万来自全球各地的人。他将在大公司以及成功企业家那里经过检验且有效的准则教给了那些每日经营小生意赖以谋生的人，帮助那些渴望实现更大成功目标的人完成自己的梦想。

作为罗伯特·清崎最初的富爸爸顾问之一，布莱尔透露了在事业（以及人生）中成功的两个最为关键的技巧和要素：能够推销你的想法、梦想或者观念给其他人，并且构建一支优秀的团队来实现它们。然而，他独特的观点却是：事业发展和个人拓展的强有力的组合，以及了解如何克服在个人或团队层面中出现的局限以及障碍，上述两点将会铺就通往成功的道路。

布莱尔是三本畅销书的作者，其中的《富爸爸销售狗》以及《富爸爸胜利之师》是富爸爸顾问系列丛书，而他最新的著作《掌握"小声音"：如何在30秒以内端正思绪并成就卓越人生》催生出数个由其本人在全球多个城市开办的个人拓展课程。

随着《富爸爸销售狗》一书的面市，一种方法论随之而来。它为读者带来了能够改变人生的在销售以及沟通方面成功的方法，布莱尔和来自全球的培训师以及教练团队帮助全世界成千上万的人提高了收入。这一独特过程发现并放大了个人或者团队与生俱来的力量，并将它们转化为积极的结果、个人满意度以及收入的提高。

在个人拓展训练和商业培训领域，布莱尔被认为是"老师的老师"。通过"高冲击性教学法"这一独特品牌，他教导了数以千计的个人和领导者，并让后者领会到如何成为世界级的培训师、推荐人以及代言人，竭力为他们自己的品牌以及想传达的讯息努力。

在过去的27年里，布莱尔开展了数以千计的公开和非公开课程，听众规模从3人、300人到过万。在短短的数个月时间里，他的客户通常会经历销售和收入从34%到260%的增长幅度。他的工作遍及五大洲的20个国家。在海外，他经常活跃于新加坡、中国香港、东南亚、澳大利亚、南非等国家和地区。

《富爸爸销售狗》节选

第 10 章
顽强的信念
——冠军销售狗的 4 种思维方式

人类似乎认为自己的大脑构造高级而复杂。我们的大脑有脑皮层、脑边缘系统、脑干等多个部分。这样一个功能完备的脑可以让你处理税务问题、记住自己的纪念日或是阅读手边的这本书。可是，在销售上，有时候功能过于完备的大脑反而会成为一种障碍。

狗是一种非常简单的动物，狗脑也比人脑小得多。它们通常对周围发生的一切事情都会作出积极的反应，因为它们不会过多地分析，不会过于将其理论化，也不会过于自责。它们只是为了眼前的一切而活着。它们对痛苦、快乐、爱与尊重看得很简单，回应也很直接。

金毛猎狗在追逐飞盘的时候，脑子里只有一个念头，那就是成功地接住飞盘。它可不会对自己从前没接住飞盘的失败经历耿耿于怀。它也不会彻夜难眠，担心自己明天能否接住飞盘。它只知道，现在要不管三七二十一地把飞盘抓住！

如果换成是一个人，可能来到公园的那一刻就让他感到压力最大，他会担心如果没抓到飞盘，别人会怎么想；他还会琢磨如果没抓到，会让谁感到失望，他甚至可能已经开始为失败找借口了！人脑有一种神奇的天赋，它能把毫不相关的事情硬扯到一起，构造出荒诞的、神乎其神的信念或迷信想法。

有时候只要出现了不寻常的情况，我们就会得出极其复杂的结论——有好的，也有不好的。比如，你打了一个促销电话，结果非常糟糕，你的介绍一塌糊涂，而对方也很粗暴。

由于我们的大脑基本上是一个寻求快乐、躲避痛苦的器官，它会四处搜索，为这类事件的发生找出一个独特的缘由来。于是你产生了某种荒诞的联想，比如"我今天用了新洗发水"，你后来又碰巧经历了一件痛苦的事情（不管是什么事情），而且你那天早上又使用了同一种洗发水，你会突然坚信，一切不愉快的经历都和那种洗发水之间存在一定的联系——你很可能会突然"抛弃"那种洗发水。这是一个很简单的例子，但是它说明了一个问题，那就是我们经常会在完全不相关的东西或事件之间寻找某种关联，然后给它罩上一件"不吉利"的外衣，而这件外衣下面可能是你一大早做过的事情，也可能是你和老板之间的最后一次谈话。

你的决策是否英明，决定了你的成绩是否突出。如果你的决策建立在一种错误理念的基础上，那么其结果必定会出现偏差。

所以你要记住，下一次你若是碰壁了，或是被派去完成一项艰巨的任务，或是不得不面对一件可怕的事情，在那一刻要就事论事。把它当成是抓飞盘——像狗那样！

你有没有注意到，有的人似乎很神通广大，好像不管做什么，他们总能成功。在20多年的个人发展研究中，我一直在思索个中原因。现在我相信，他们之所以有这个本事，是因为他们本能地像狗一样思考。

狗都有4种基本的思维方式，一旦这4种思维方式结合起来，就能彻底改变生活的各个方面。有了这些思维方式，你也能变得神通广大。

怎么样，感兴趣吗？

首先，第一个也是最关键的问题是："你愿意真的像狗那样思考问题吗？"如果你发自内心地愿意这么做的话，那么我敢肯定，你的收入会明显地增加，因为有些狗之所以能打猎，就是因为具备这些思维方式。而另外一些销售狗却因为不具备这样的思维方式，永远也不会打猎和推销。

这些思维方式都和你如何看待每个人每天都会遇到的以下4种主要境遇有关：

1. 遭遇挑战或逆境：迎接挑战。
2. 回应不愉快的经历：抑制负面心理。
3. 回应一次就完成任务的努力：为每一次成功喝彩。
4. 面对自己和团队的其他成员：发挥个人的意志力。

成功应对上述 4 种局面的方法，你只要花几分钟的时间就能学会，花几秒钟的时间就能运用于实践，而且肯定会对你生活的各个方面产生积极的影响。而你可以尽情去享受更多成功的推销经历，挣更多的钱，身体也更健康，内心也更加宁静与幸福。这个方法已经得到了充分的验证，我在过去的 15 年里曾经利用这个方法帮助很多组织机构培养出了身价百万的销售狗，打造出了冠军销售团队，训练出了高水平的团队成员和善于振奋士气的领导者，并从中赚取了数百万美元。

经证实，采用这些思维方式能使销售额增长 30%～80%，甚至还能对未来的情况进行预测并产生影响。

一、迎接挑战

迎接挑战或直面逆境难免让人心生畏惧，而且往往会让人感到焦虑不安、不堪重负。大多数表现突出的狗都受过训练，因此都能够应付极具挑战性的任务。至于动力，则完全来自他们个人的记忆库。以往的经历告诉他们，只要能成功地完成任务，随之而来的就是回报。他们并不记得曾经的失败，除非这些经历曾给他们带来惩罚或痛苦。

金毛猎狗很可能不会让失败的阴影占据头脑。你只要看到他那种兴奋与激动的表情，就能明白他正全心期待着成功——他认为自己肯定能追到那根木棍。他看到的没有别的，只有在不远处等待他的爱抚、赞扬或拥抱。他用过去曾经取得的成功支撑着自己的信念，把那些失败的经历从记忆中抹去。在他过去的经历中，可以调动起一系列成功的回忆，给他力量去面对现在，给他勇气去迎接未来。

篮球界的传奇人物迈克尔·乔丹总是在终场前控球，他曾经谈过自己是如何处理这种压力的，他说："我不会想太多，不会把它看得太重。"

相反，他会想起 1982 年 NCAA 全国冠军总决赛的最后几秒钟发生的那戏剧性的一幕，当时他从底线跳投，为北卡罗莱纳州赢得了冠军。他说当自己面临重大挑战的时候，眼前就会重现 1982 年的那一刻，他会对自己说："没什么，我以前也经历过这样的场面。"于是他便会镇定下来，等待有利的时机出现。（资料来自《神圣的篮筐》，菲尔·杰克逊著。）

> **摘 要**
>
> 眼下的情况会令你的情绪出现很大的波动,导致你反应迟钝,结果甚至会让你才思枯竭。此时,你要从过去的经历中汲取力量。你必须学会重温以往的成功经历,为你眼下的利益服务。

即使你从未在同样的情况下取得过成功,你也可以从以往的经历中找出类似的情况,这样你就可以从中获取信心和力量,帮助自己渡过眼前的难关。

二、抑制负面心理

你要遵循的最直观的一个原则就是,要学会如何抑制逆境中产生的负面心理。

你见过哪只狗曾为自己在其他狗面前没能接住飞盘而伤心失落吗?你见过哪只狗在尝试了一次之后就放弃吗?你见过哪只狗气呼呼地坐在角落里,责怪自己没有接住球,骂自己是蠢货吗?说到这里,你见过狗追猫的情景吗?他们追猫追了上千年了,我怀疑是否有一只狗曾真的追到过一只猫。可他们是怎么做的呢?是躺在地上,用爪子抱着自己的头,哭喊着自己的生活没有希望,还是不顾一切地去追赶另一只猫呢?

逆境是生活的一部分。碰壁是生活中尝试与反馈过程的一部分，是再自然不过的了。你只有被汤烫过好几次舌头之后，才会确定汤在什么温度下喝着最舒服。这就是尝试！你不会因为被烫了一次舌头，就一辈子不喝热汤，或是只喝冷汤了。

狗总是保持着旺盛的精力，总是不停地碰壁，直到它们得到自己想要的结果。它们不需要什么方法，因为这是它们的天性。

而销售狗却需要这样一个获胜的方法，以避免他们的情绪突然崩溃。下面的几个要点能帮助你控制情绪，把注意力集中在成功地完成销售任务上。

首先，和许多传统的新时代个人发展计划不同的是，我们所强调的关键点是学会把事件客观化，换句话说，就是把问题的根源归咎于你完全无法控制的客观环境，把责任推得一干二净。

比如，你不妨这样想：

- 目标客户今天心情不好
- 时机选得不对
- 都是那人今天的头发在作怪
- 都怪信息不灵通
- 这完全是别人的问题造成的

让自己的内心保持洁净，清除那些影响心情的垃圾想法，这一点很重要。你不能因为一时的不顺利，就对自己人生某个方面——比如你的生意或销售策略——完全失去信心。一个目标客户在电话里拒绝了你的推销，并不意味着你整个星期都会不顺利，也不等于你的销售策略存在根本性问题，或者说你根本就不适合做推销员。同样，它也并不等于你的财务状况永远都无法得到改善。只有人类的大脑才会产生这些疯狂的想法。一只狗连做梦都不会有这种疯狂的、毫无根据的联想。

你有责任心，并不意味着你要把每一件糟糕的事情都往自己身上揽！

如果你觉得所有不利的事情都是你一手造成的，就会对你造成极大的伤害。不过，这并不是说你不应该从自己犯下的错误中吸取教训，而是说你不要让曾经犯下的错误彻底摧毁你的健康心态。在每一个了不起的推销员、运动员、教练员、团队和投资者的身上，你都能看到这种正确看待错误的能力。

你要负责的是如何应对逆境，下一步采取什么行动，或者如何分析发生的一切，而不一定是造成这种情况的原因所在。

甚至于你的结论或分析是否正确也并不重要！你的思维不会因此而发生变化。如果你认为一切都是自己一手造成的，就会感到很颓丧；如果你把事情看得客观一些，你的精力就会旺盛起来。记住，销售这种商务活动纯粹是精力的较量，所以，只要你能保持精力旺盛，就能恢复得更快，推销出去的东西也就会更多。

其次，告诉自己遭到拒绝只是一次偶然，不要认为这次拒绝会产生任何长期的影响，或造成更大范围的影响。就事论事，只不过是一个特定的人对你在这个特定时间里向他推销的一种特定的产品或服务没有特定的需求而已。

下面就是应对逆境的原则。

切记！

1. 首先，发现出了问题。这问题必须是现实中发生的事情，比如你上了飞机才意识到自己把大衣落在了机场！或者一个目标客户告诉你再也不需要你的产品了。

2. 当你发现问题后，立即就会产生某种情绪，这种情绪就像一记警钟，告诉你要小心接下来发生的情况。

3. 你的头脑里开始犯蒙了。

4. 脑子一犯蒙，你必须赶快跳出来，问自己："我这是在对自己说什么呢？"这个问题能强迫你的大脑来回答，这样你就能跳出来，客观地观察自己的心理活动。

5. 你必须首先识别自己真实的情绪——愤怒、沮丧、失望等。问一问："我现在感觉怎样？"一旦你明确了自己眼下的情绪，就把它大声地说出来。"啊哈——是沮丧！"你可以这样喊出来，也可以小声说出来，这要看你当时在什么地方，以及你当时的感觉！来点轻松幽默的……比如，用克鲁索检察官的那种口气把它说出来！

6. 通常不出10秒钟，你就会发现自己开始使用一些泛指的词来描述当前的情况，比如"总是""永远也别""每次""所有"或者"每一个"。比方说，"这种事情总是发生在我头上"，或者"我永远也别想得到这订单"。

7. 在你发现自己开始使用这种词汇的时候，应该停下来克制住自己，笑一笑说："你看看！"发现自己的这些用语就等于有了95%的胜算，能帮助自己尽快恢复状态。微笑可以缓解压力，让自己振作起来。

8. 接下来，你必须对这些泛指的词语进行纠正，并采用一些具体的表达方式，如"这一次""只是偶然""眼下看来"或"在这种情况下不起作用"。

9. 然后，你要找出内心的暗示，比如"我""是我""我的错""我是怎么搞的""怎么会是我"，等等。

10. 再次对自己微笑着说："你看看！"然后想办法把责任合情合理地归结于或者干脆推给客观原因。这种做法很有趣，很幽默！"那家伙今天心情不怎么样！""戴着那样的假发，难怪他今天不顺利！""这次算我的对手走运——嘿，我们大家都有机会啦！"

11. 接下来，迅速找出一堆证据来支持你刚才对自己所下的结论。"我把衣服放在机场某个地方时，都累得半死了，整整奔波了24个小时，我简直累坏了。"或者："那家伙每次和我说话的态度都挺不错的，就是今天有点古怪。"

12. 最重要的一步——这样问问你自己："我现在真正想要的感觉是什么？"（乐观、开心、兴奋、坚强、自信等。）这样问自己，然后努力让自己的内心真的产生这样的感觉。如果不行的话，就回想一下能让你的脸上露出笑容的某次经历、某种联想或是某段趣事。一旦成功了，就尽你所能地把这种感觉保持得久一些（几秒钟、几分钟、几小时）。这会把你的情绪重新调动起来。这一步很神奇。别问我为什么这个方法能奏效，只管去做就是了！我对自己说："我原本希望自己现在开开心心的。"我联想到这样一个情景：儿子本杰明在足球场上射入了他的第一个进球，他的快乐瞬间迸发，两只小拳头高高地举过头顶。我的脸上露出了一丝笑容。我让这微笑保持了几秒钟的时间，期待着我的下一步行动，于是一切烦恼都烟消云散了。

13. 在这以后，你应该告诉自己，要期待着不久的将来会有喜事降临。于是喜事就真的来了！电话铃响起，机场保安人员会告诉你，他们找到了你的衣服，或者你会接到一个很久没有联系的老客户打来的电话，说想见见你。

这一切最多不过1分钟的时间！

总而言之，如果有什么不愉快的事情发生了，你必须知道该如何走进自己的内心，去聆听你心中的真实想法，如何把你脑袋里的那些"小嘀咕"抑制住，用精神胜利法和自己展开对话。这种技巧对任一水平的商业销售都能产生至关重要的影响。关键要拥有对待生活的必胜心态！要懂得享受逆境。

三、为每一次成功喝彩

在胜利的曙光出现时，或者在你发现任何好的势头时，都要对成功作出反应，而这种反应是一个两步走的重要过程。首先，你必须为胜利者喝彩！锁定胜利者，用一些我们最熟悉的肢体语言，如击掌、握手、握拳或大喊一声"耶！"来为他喝彩。作为一只销售狗，我建议，当你自己就是胜利者的时候，你至少要拍一下脑袋，或是在月光下大吼一声，从而对自己表示嘉奖。

这些方法能把这一刻深深地印在你的脑海里、心灵深处和身体里，并赋予你无穷的力量。铭记这一刻将为你完成下一个任务积攒动力。多年以来，我目睹了许多个人和团体发生的显著转变，目睹了许多任务在执行过程中出现了转机，而这一切都归功于对成功不断的认可和喝彩。

如果你曾经看过电视上的体育比赛，或者亲自参加过体育比赛，就会明白并且承认,喝彩是比赛中不可或缺的一部分。每当一个球员得分时,当他向前突破了几米时,当他有了精彩表现时,当他击球成功或接球成功时,大家都会在他背上拍一巴掌,或者在他脑袋上撞一下(不建议采取这种方式),或者以别的方式对他的贡献表示认可。在 NBA 比赛中,若不是大家不停地击掌鼓励,没有哪个球员能有出色的表现。同样,也正是为了得到认可,他们才会全力以赴争取取得好成绩。在所有技巧中,这个招数可能是最有威力的,但也是成年人最少采用的,因为成年人会为此感到不好意思,觉得这种行为太孩子气,或者太没水准了。

几年前,我曾经和一家海外的酒店合作。这是一家很好的酒店,员工有好几百名。我和各个部门的主管人员合作,教他们养成一种为胜利喝彩的习惯——不仅仅为他们自己取得的胜利喝彩,还要为他们手下员工取得的胜利而喝彩。这可不是一件容易的事情,因为在亚洲许多地区,这样的喝彩和当地的文化传统格格不入。但是经过几个月的培训后,这种新的习惯终于在那里扎了根。

整个员工群体逐渐克服了固有的含蓄的表达习惯,同时,酒店也渐渐清楚地看到了这种变化带来的成效。整个酒店变成了一台造钱的销售机器。他们拧成一股绳,汇聚在一起的精力空前旺盛,在最近一次的亚洲经济衰退中,该地区大部分酒店的入住率都徘徊在 40%～50% 之间,而他们的入住率却高达 90% 以上。他们齐心协力,坚信酒店中的每一个人都对效益负有责任。事实上,这其中大部分的功劳都要归于保洁部门的同事们！他们之所以能有如此成功的转变，直接原因就是能够不断地认可各人出色的表现，并为成功热情喝彩，当然还有酒店上下更高的职业道德水准和无处不在的快乐心态。

你看，我们都知道如何去做。年轻的时候都这样做过，我们在打比赛的时候也是这样做的。当我们还是孩子的时候，不管做什么事情，都与生俱来地想要坚持、询问、享受其中的乐趣。

我认为我们生来都是完美的销售狗。但是后来，我们渐渐改变了，开始说一些诸如"问人家是不礼貌的"或者"别傻了""别去烦人家了""坐那儿安静一会儿吧"之类的话。我们所有下意识的行为，比如和陌生人说话或者随心所欲地大喊大叫，都在我们融入社会环境的过程中渐渐地被抛弃了。

最近我遇到一位女士，她告诉我，不久前她到5岁女儿的学校参加了一次家长见面会，老师说她女儿在学校总体表现还不错，只不过"过于自负了"。你能想象一个5岁女孩竟然被指责过于自负吗？

我们就是这样遭到指责、接受惩罚、被讥笑、被忽视，于是我们被推回来，被纳入了一个"严肃认真"的体系——在商界尤其如此。

狗为了让你在它耳后轻轻爱抚，会放弃骨头、食物以及所有的玩具。你若是对它们给予更多的认可，它们就会特别兴奋。小孩子也是一样。一切都没有改变，唯一改变的事实是我们已经长大成人，但我们的大脑和心灵还是跟小时候一模一样。

对大部分人来说，这种喝彩的技巧很陌生，但对业绩突出的人来说，这简直是他们的第二本能。同样，这也要求人们对内心的"小嘀咕"加以节制，让自己与内心的对话朝着正确的方向发展。记住，你对自己说的话是否正确完全无关紧要！你的身体或意识都不会因此而受到影响！对自己说出积极的话，才能让积极性渗透到你全身各处，从而为你接受这个积极的事实。

而对待成功和对待失败的态度则完全相反。如果有好事发生，比如一个目标客户同意和你见面，或你从顾客那里得到了积极的回应，那你不仅应该像我刚才所说的那样为自己喝彩，而且要真正地把它化为你可以利用的动力，在属于你的午餐时间里把自己当成一个英雄！

告诉自己，这一次成功会让你整个星期都交好运。你会看到，这次小小的事件能使你生活中的每一件事情都变得得心应手。

最后，还有重要的一点，就是你要把它主观化。告诉自己之所以能成功，都是你的功劳，都是你争取来的，都是你努力获得的，你很聪明，对所有事情都了如指掌！明白了吗？你的精力和动力将实现空前的突破，而所有的销售狗都明白，精力越旺盛，下一次就越有可能取得更大的成功。

你可能还没有意识到这些，但实际上你早就知道了该如何去做，因为你在对待孩子、宠物，以及对待生活中的其他事情时经常是这么做的。当你的孩子还很小时，你难道不是对他们取得的所有进步都大大地赞美一番吗？当你的孩子能站起来，哪怕是一眨眼都不到的工夫，在你看来，这一刹那是不是像拿了奥运金牌一样光荣？你要是打过高尔夫的话，对这些也不会陌生。试想，当你沮丧到了极点，正准备把球杆扔到湖里时，却突然击出了一杆笔直的好球，离球洞的距离不到一米，或者打出十几米的一击，比标准杆少一杆入洞，那你会怎么样？一定会紧握拳头，像泰格·伍兹一样"噢"地大吼一声，刚才的沮丧也全都烟消云散了。

想想要是你能这样看待整个生活的话，将会是怎样一番情景！你的精力和你取得的成绩将会让人难以置信。问题在于，有的人甚至已取得胜利的时候也会灭自己的威风。他们在打出那一杆球后，会对自己说："之前那次更幸运呢。"如果他们打了一次成功的促销电话，他们会说："并不是每个人全都喜欢我，真是太可惜了。"这样的话无异于往自己的心上戳了一刀，对你的情绪和业绩都将产生不利的影响。从现在开始，做一个精神上的大英雄吧。

献给经理人的骨头：你手下那群销售狗同样需要你为他们的成功喝彩！事实上，销售狗越是聪明好斗，你就越要用盛赞包围他们，确保他们能有更好的表现。如果你忽视了他们的成功，或者只是因为他们不好的行为一味地责备他们，你的销售狗就会变得刻薄、恶毒，甚至某一天会对你发起攻击。你必须及时、不断地为他们的胜利喝彩，这样才能使他们成长为了不起的猎手和销售冠军。

当我们长大成人，开始工作并进入创业阶段时，喝彩却不知为何就被看成一种极其幼稚的行为。

事实上，我们得到的教诲是不要推销，不要询问。我们被要求努力工作、听话、循规蹈矩，等待某人认可我们的努力，扔一些残渣剩饭给我们。我们被告知："好运气只青睐那些耐心等待的人。"我们学会了接受，而不是去反对；学会了回答，而不是去询问；学会了接受今生的命运，而不是努力与命运抗争。我们任人摆布，被扭曲着强行塞进一个钉好的盒子里，默默无闻地生存下去，直至死亡。我们的地位取决于我们回答问题的能力，而不是提问的能力，而且我们在回答问题的时候是万万不可出错的！

> 摘 要
>
> 　　成功是你所拥有的最宝贵的东西。大多数人在头脑中会很自然地把成功大事化小、小事化了，这种做法无疑扼杀了热情和精力！所以，关键要学会如何找到成功的果实，把它们抓在手里，变成自己的财产和优势，然后把它们保存在记忆中，为下一次的大行动积蓄力量！

我坚信，每一个人都有推销的天赋。每一个孩子都会推销，你也会推销，我们生来都会推销。有的人相对而言需要学习更多的技巧，有的人则需要一种全新的心态，有的已经兴致勃勃地四处打猎了。下一次如果你的孩子又缠着你要东西，不要对他们说"想都别想"，与此相反，让他们向你至少提出3个很有说服力的理由，说服你为什么应该答应他们。当你看到孩子瞪大了眼睛仰望天空，思索解决这个问题的办法时，你应该窃喜，认识到对孩子的这种训练将为他们的未来打下很好的基础，让孩子有能力去争取一种充满爱、快乐和财富的人生。这些正是他们与生俱来的权利与命运。

因此，要喝彩、喝彩、再喝彩。顺便说一句，狗不需要通过派对或升职去感受别人的认可或喝彩，你只要拍一拍它，轻轻抚摸一会儿，或在它脖子上挠几下就行了。

四、发挥个人的意志力

掌握这个技巧对创建一支强有力的销售队伍或机构来说，是非常关键的。同时，这也是减少工作压力、赢得个人财富的秘诀。学会如何发挥你的意志力，如何掌控你和他人的行为，将决定你最终得到的是沮丧还是财富。

让我以狗为例来解释这一切。当一只狗冲出去追赶一只麻雀、一只猫或一个球的时候，它头脑中唯一的想法就是抓住它！当狗来到你面前，耷拉着舌头，在你的鞋面上流口水时，它全部的注意力都集中在争取你的宠爱上。这是毫无疑问的，这就是它的企图和意志。如果你是一只销售狗，认为自己一定会让每一个遇到你的人都为你的魅力而倾倒，那你很可能会比自己想象中发挥得还要好。反之，如果你认为自己会让目标客户望而生厌，或者认为自己令人讨厌，那你很可能真的会变成这样！这就是意志的力量。

你要学习如何发挥期待和意志的力量，这可以决定你最终得到的是财富还是贫困。换句话说，你期待你的下一次演说得到怎样的回应？他们会认为你是个笨拙的新手吗？他们会认为你真的能帮助他们找到解决问题的新办法吗？他们会喜欢你还是讨厌你、会认为你是个烦人的家伙吗？你认为他们会怎样认为？你对此抱有怎样的期待？

调查显示，你所预期的结果很可能在一切还没有发生的时候，就决定了最终出现怎样的结果！如果你认为你的一次推销电话会让对方厌烦，那么你的想法很可能是对的。反之，如果你认为自己会成为一个受人欢迎的信息员，能给客户提供至关重要的信息，那你的想法也很可能会变成现实。你的自我意识将预先决定你的行为结果。

前不久，我的儿子本杰明（当时4岁）遇到了一件让他很为难的事情。我们当时在新加坡旅行，住在城里的一家服务设施齐全的公寓楼里。我们在那儿住过好几次，因为它的室外活动场地比较大，还有一个大游泳池。另外，那里总有许多小孩，本可以和他们一起玩耍。

这个地方还有一个游戏室，里面有一张台球桌。本特别喜欢不用球杆，用手把台球滚来滚去地玩。在台球桌上玩，需要付两枚面值1元的新加坡币，本对这个规矩很清楚。那天，他帮人家摆放台球、清理桌子，挣了两元。他很兴奋，因为有了这些钱他就可以去玩台球了。

在去台球室之前，我们在楼下的游泳池边晒了晒太阳，活动了一会儿筋骨。接下来发生的事情让我发现，本就像一只典型的销售狗。当时，他看到附近有一台饮料售卖机，就跑过去买了一罐雪碧和一罐可乐。他对自己买来的东西很满意，拿着这两罐饮料高高兴兴地跑回到我和妻子艾琳的身边。

可我们对他说，他已经把原本用来打台球的钱买饮料了。经过了一番只有做父母的人才能听明白的、错综复杂的讨论后，他终于意识到自己要面对两个选择——两罐饮料和打台球，前者和他酷爱的台球一比，马上就失去了吸引力。不一会儿，我突然听到一声巨大的撞击声，原来是本在试图把两罐饮料塞到机器里，想把钱拿回来！

我们让他冷静点，告诉他现在唯一的办法就是把饮料换成钱。他听后马上来了精神，你可以看到他那蓝色的大眼睛开始像雷达一样搜索着周围的区域——一对年轻的伴侣就在游泳池边，锁定、瞄准！

他们逃不掉了！我直到今天都怀疑那两个人是否会讲英语！总之，本跑到他们面前，把饮料罐放下来，接着就开始了他的推销。我什么都听不到，因为离得太远了，但是我看到的一切让我目瞪口呆。他们显然弄明白了他是在提供饮料，而且是要拿饮料换钱。而且通过本的手势，我看出他还在解释自己为什么需要这份钱。起初，那两个人摇了摇头，但是本要卖出饮料的意志非常坚定，令他们无法拒绝。

他看起来既没有畏惧和犹豫，也并不担心别人会觉得自己傻，他有的只是一定要把饮料卖出去的简单意愿。我远远地看着，不禁哑然失笑。多棒的一只销售狗啊！本的坚定让人无法拒绝。终于，我看到那两个人把两枚珍贵的硬币递给了他，我简直不敢相信自己的眼睛，同时内心又感到非常骄傲。本甚至还主动给他们打开了饮料罐，这样他们就可以马上享用了（颇有点金毛猎狗的风范）。

本拿着硬币，蹦蹦跳跳地跑了回来，很高兴地把他的战绩讲给我们听，而他身后的那两位顾客正开心地喝着饮料呢。

这就是意志！他丝毫不怀疑自己能够将东西卖出去。

这件事情已经过去好几个月了，如今本仍然自信满满。他将坚持、坚持、再坚持，因为他知道自己迟早能找出我们的弱点，而我们迟早会答应他的请求。所有的孩子都是天生的销售狗。

献给经理人的骨头：个人期待与他人意图

你对自己手下的狗抱有怎样的期待？不管你是否有所表露，这种期待都会以某种形式表现出来。你对一个人的表现抱有怎样的判断与期待，也将预先决定这个人取得怎样的成绩。如果你把手下的销售狗按照获胜的潜力从1到10依次排名，结果会如何？如果你把某人排在第三或是第四位，就意味着你已经在某种意义上把他预先锁定在这样一个水平上了。这会从你的管理方式和态度上表露出来，也会在他们取得的成绩上反映出来。

不幸的是，我们当中的很多人在学校里都有过类似的经历。老师在我们头上逐个贴上了看不见的名次标签。你头上贴着的名次是多少？你相信这个评价吗？你认为自己的名次又是多少呢？它现在还对你有帮助或者会伤害到你吗？一只销售狗的表现很少能超越主人的期待值。所以要留意你对他人的判断和期待。

我在空运公司工作期间，手下有一个推销员，长期以来，厂家和其他熟人大多认为他是一个让人头疼的家伙。但是他和我的关系非常好，而且在很短的时间内，他在我们面临的竞争最激烈、任务最艰巨的一个城市里取得了销售额翻一番的好成绩。我一直对他说，我知道他会取得成功，甚至在他哀号的时候，我也是这样评价他。过了一阵子，他的抱怨消失了，取而代之的是欢呼和喝彩的尖叫声，总能见他取得一个又一个的小胜利，喜讯不断。

这是一个很简单的例子，通过这个例子，我们可以看出一名优秀的驯狗师会对销售狗产生怎样的影响。上文提到的那只销售狗曾因为某些行为举止方面的问题，使很多人疏远了他。他做的每一件工作都表现平平。他从一个工作岗位转换到另一个工作岗位，成为谁见了都头疼的人。

我成为他的上司之后，立即对他展开了全面的再教育。我们首先认定了他是一只喋喋不休的吉娃娃，他的尖叫把所有人都惹烦了；接下来，我们训练他掌握金毛猎狗和巴吉度的技巧和本领。他有着吉娃娃与生俱来的敏捷思维，如今再加上温文尔雅的谈吐以及对客户服务的投入，他最终成了该地区最富有的推销员。我们为他取得的成绩喝彩，对他付出的努力表示认可，而且我还告诉他，我知道他能赚到大把的钞票。换句话说，即使别人塞给他一份报纸让他另谋高就，我依然信任他的能力，而这种信任的结果不言自明。

献给经理人的精华骨头

正如你的意志会影响到你的销售业绩一样，你对手下的销售狗的判断与期待也将或阻碍或促进他们取得非凡的业绩。你对他人、对自己和自己所采取的行动都抱有一定的期待。如果是对他人的期待，那么你的期待值将会悬挂在那个人的额头前方，而且会在很大程度上决定他将取得的成绩。作为一名驯狗师，最重要的就是不能让前任经理对他们的负面评价影响你对他们的判断。一些最不得志的狗最终却成长为最好的猎手，原因就是它们的新主人或新驯狗师对它们寄予了全新的期待，并让它们对自己产生了一个全新的认识。如果你把它们看成是冠军，它们就必然会实现你的期望，成为真正的冠军。

《富爸爸胜利之师》节选

第一章
你为什么需要荣誉守则

没有荣誉守则的约束，人们就会各行其是。人们之所以在财务、企业和人际关系等方面产生某些冲突，究其原因，只是好心人按照不同的守则行事而已。基于同样的理由，最神奇的结果往往产生自志同道合的人，他们靠某种无形的纽带团结在一起，从而实现伟大的成就。

凭借经验和预设，我们都会形成一套属于自己的行为准则、处事原则和先入为主的观念，这很自然。但是，当我们开始与某些人或组织合作，有时会难以理解为什么"那些家伙"就是弄不明白，或是他们怎么可以明目张胆地不理会我们的感受，无视我们做事的方式和规矩呢。大多数情况下，"那些家伙"对我们持有同样的感觉。为什么？因为我们习惯预先设想，认为双方的互动会秉持着相同的规则而进行。这真是糟糕的设想！

本书旨在揭示并消除导致财务损失、挫折和伤心的主要原因，即如何让那些同意遵守同一套守则的人围绕在你身边，以及如何建立这样的守则。如此，你就能确保你在所做的一切事情上都能有最佳的表现，并获得快乐和不可思议的结果。

截至目前，差不多有12年的时间，我一直在积极研究团队建设，观察哪些因素促使团队成功，以及团队是如何实现最佳业绩的。经历了这一切之后，我能告诉你的是这句话：没有荣誉守则，在任何方面你都无法打造出一支冠军团队。

- 有时，要想在团队中避免混乱、冲突和不和谐，最简单的方法就是花时间确保所有人按照同一套规则行事。

如果你有兴趣建立良好的人际关系，不管是在企业、社区还是家庭中，你必须要有一定的行为守则和标准，这样才会让你最终达成目标。荣誉守则是团队价值观的具体表现，团队价值观通过荣誉守则渗透到团队个体行为当中。但是，只拥有价值观还不够，因为我们都有自己的价值观，关键是要知道如何践行这些价值观。

请允许我把我的意思表达清楚。在俄亥俄州读高中的时候，我参加了学校的越野跑运动队。人们通常期望生活在俄亥俄州的男子玩橄榄球。但是，如果你看到我的小体格，你就会明白，就算我喜欢打橄榄球，我也不是那块料，我怎么可能攻击180多斤重的后卫呢。因此，越野跑更适合我。

说到越野跑，有一点很多人并不清楚，那就是一般每队有5至7人同时参赛。另外，还有几支队伍同跑。要想让你所在的队获胜，唯一的办法就是看全队能不能紧挨着并尽可能地跑在众多选手前面。换句话说，如果同队其他人还零散地跑在田野里时，就算队里一位超级明星率先抵达终点，这对全队没有任何好处。越野跑是一项争取低分的运动，即第一名得1分，第二名得2分，以此类推。要想让全队的名次靠前，你所在的队就要尽可能获得最低的分数。如果我们的队员在名次上得到的是第四、第六、第七和第九名，即使另一个队得到的是第一、第二、第十二和第十八名，我们仍然会赢得比赛。

因此，在整整两英里半的比赛中，我们每一个人都会通过鼓励、支持和气喘吁吁的呐喊来敦促其他队员继续前进。随着肌肉的酸痛和体力的透支，这种比赛更像是一场毅力上的竞赛，而非单纯地拼体力。一路上，我们会前前后后地相互督促。如果有人懈怠了，你可以放心，其他队员会快速来到他身边，带着他一块跑。它需要全体队员竭尽全力才能获胜。不管怎样，我们要紧挨着通过终点线，这就是我们要做的事情。换言之，我们的部分守则就是拼尽全力支持每一个人获胜。

尽管我们队没有超级选手，但在大多数越野赛中，我们都赢了或者名次很靠前。我们是一支冠军团队，这是我第一次对团队有所体悟。虽然身体承受了极度的痛苦，但它给我带来的益处直到今天都还在发挥着作用。我的队友总是愿意激励我前进，他们也愿意让我推动他们前进。这对他们有利，对我也有利。因此，我始终蒙受上天眷顾，获得了超乎想象的友谊、成功和财富。我也观察到，当压力来临或者利益攸关时，人们的思想会改变。我还从未见过不经历风雨就能凝聚在一起的优秀团队。压力可能来自于竞争，或是受到了外界的影响，甚至是团队自己造成的。我们知道，在这些越野赛中，每位队员、每一秒钟、每跑一步都关系到整个团队的胜负，也正是荣誉守则将我们紧密相连。我们知道，团队的成功高于我们的个人目标。没有人愿意让其他人失望。你想赢的欲望有多强烈，荣誉守则就会在多大程度上驱使你前进。我们的守则说：无论如何，我们都要互相支持，同舟共济。在那些真正重要的时刻，我们走到一起，为了胜利做了我们每个人需要做的事情。

- 荣誉守则让赞同它的每一个人都能发挥出最大潜力。

但是，随着压力的上升，有时情绪也会高涨。若发生这种情况，智力就倾向于降低。压力之下，人们就会转而求助于本能，这也是显露团队成员本色的时候。但有时，这会让人面子上不那么好看。当你感到沮丧时，你是否有过"对别人说了一些话，但过几分钟之后你又希望从来没有说过那些话"的时候呢？我想你是有过的。这就是我想说的"情绪走高时，智力就走低"。

我曾经见过这样的团队：平时合作得很愉快，但一旦情况变糟，他们会恢复到"各人自扫门前雪"的状态。危机来临之际，大家各自避难，因为没有一套规则可以帮助他们看清渡过难关的道路。因此，在情绪高亢时做出的决定就成了他们的指导方针，而这些决定从通盘考虑的角度看往往并非最佳选择。

比如说，在美国超过一半的婚姻会以离婚告终。压力之下，相关人员无法就他们的分歧进行沟通，也没有一套荣誉守则或行为守则将他们团结在一起。企业合伙人发生争执时也面临着同样的问题，即双方缺乏守则或指导方针。这会让情况变得更加糟糕。

并不是人们不想解决彼此之间的分歧。问题在于没有守则和双方事先达成一致意见的预期，人们便会凭直觉行事，尤其是当情绪逐渐高涨时更是如此。每个人都根据自己当时的感受做他们认为最有利的事。那种情况下所做的决定不会是最正确的决定。

你从来没有面临过任何压力？

你当然经受过压力。每当你感到沮丧、面对最后期限、对家人或同事发脾气的时候，你便知道试图谈判是不可能的事情。为什么？因为你神不守舍！这就是你需要荣誉守则的原因。

你必须在清醒的时候为你的团队确立一套守则，用它告诉所有人在形势紧张时该何去何从。如此一来，当巨大的压力来临之时，这套守则就会约束人们的行为，而不是尝试控制情绪。荣誉守则不只是在方便的时候拿出来用用的一套指导方针，而是在有人违反它时，必须有人站出来大声地喊"停"。

团队的需要、任务和问题决定了其守则的严格程度。海军陆战队的荣誉守则可让其作战小组在战火之中团结一致。当子弹横飞的时候，生死存亡要让位于合理性和团队行动。守则和规定的重复会将团队约束成一个紧密结合的、彼此信任的作战单位，而不是一群各自逃命的乌合之众。

拥有一套荣誉守则并不意味着团队的所有成员任何时刻都会百分之百的快乐，有时事情会因守则的存在而变得更加棘手。虽然有时守则会带来沮丧，产生对立，甚至让人陷入困境，但最终它会让每一个团队成员免于受到虐待、被忽视和做出违背伦理道德的事情。荣誉守则会让每个遵守它的成员展现出最好的一面。

永远不要设想人们会主动地了解守则，它绝非来自于直觉，你必须从别人那里学到它，比如父母、教练、领导或是朋友，必须有人"展示"给你看，而且所涉及的每一个人必须一致认可守则。任何人际关系都是如此，无论是对你的企业、家人甚至是你自己，只要是对自身的快乐和成功有兴趣的任何关系，它都适用。

据统计，美国约50%的国内生产总值产生自小企业。而在这些小企业中，又约有一半是独资企业和家族企业。我讲这些是为了强调一点：普通人的能力比你想象中的更大。你经营企业的方式会影响到别人的生活。

- 你的荣誉守则就是你的映像，它会吸引追求同样标准的人。

你的名声、收入和寿命取决于你内心和外在行为上的一致性。国家的未来掌握在能够促进经济、市场、企业和家庭发展的人手中，这个人也许就是你！你的重要性或许微不足道，但永远不要怀疑你对他人所产生的影响。你的荣誉守则就是你的映像，它会吸引追求同样标准的人。你经营自己企业的方式可能比你提供的服务影响更大。

现在你就该下定决心为自己和你所处的团队创建一套荣誉守则。你的理念是什么？你要向这个世界展示怎样的一套守则？你团队的凝聚力有多大？你希望自己的生活有多快乐？

在此，我能帮助你的就是，告诉你打造一支优秀团队所需的步骤、动机和眼光，从而为你和你所影响的人带来应得的财富、满足和快乐。因此，接下来让我们谈谈谁应该加入你的团队。

 团队训练

1. 讨论你曾经加入的优秀团队：它是什么样的？它有什么样的守则？你对它感觉如何？

2. 如果你的企业拥有一套荣誉守则，这会带来什么好处呢？若是你在财务管理方面也有一套荣誉守则呢？若是你在健康管理方面也有一套荣誉守则呢？或者你的家庭也有一套荣誉守则呢？

加勒特·萨顿

商业实体及资产保护方面的富爸爸顾问

个人背景与企业家简介

姓　　名：加勒特·萨顿

出生日期：1953年4月15日

出　生　地：加利福尼亚奥克兰

传统教育

1971-1973 科罗拉多学院

1973-1975 加州大学伯克利分校

学位：企业管理学士学位

专业教育

1975-1978 黑斯廷斯法学院

学位：法学博士

年级平均分

高中：3.4

大学：3.3

传统教育的价值——对成为企业家来讲

两门课：在加州大学的市场营销以及黑斯廷斯法学院的公司法比较有用。

181

在学校最喜欢的科目

英语、新闻学和历史

在学校最讨厌的科目

微积分——地狱般的学期

首个企业家项目

在塔霍湖捡拾那些被打飞的高尔夫球,并将它们卖给那些打高尔夫的人。

并非从学校习得的关键企业家技能

融资的重要性。

何时以及为何成为了企业家?第一份事业是什么?

我成为企业家的动机是因为这个目标看起来非常具有挑战性,而且我也不喜欢受人摆布。

我的第一份事业是在加州的圣罗莎出版一份名为《索诺玛月刊》的关于娱乐和生活方式的刊物,出版活动持续了三年左右。

来自初次创业中的最好经验

我对于自己正在做的事情完全没有头绪。我需要更多人手、更多资金以及更多的忍耐。我不知道如何打造一个品牌。我依赖于一支在坚定程度上不及自己的团队。最好的经验(后见之明):要失败就尽快。

通过科尔比指数，我对自己有哪些了解？

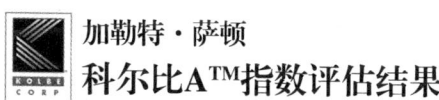

加勒特·萨顿
科尔比A™指数评估结果

祝贺你，加勒特
你在科尔比指数评估中获得了完美的分数
你协调和处理繁杂事务的能力相当出色。你善于承担来自实践中的风险。你不会没事找事，但会通过战略性选项来展开尝试过程。

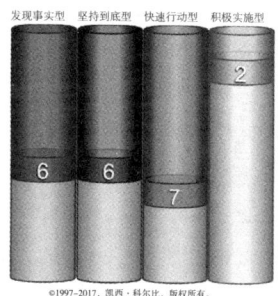

科尔比行动模型
发现事实型　坚持到底型　快速行动型　积极实施型

©1997—2017，凯西·科尔比，版权所有。

获科尔比公司许可重印。

我了解到自己是一个快速行动型的人，并且做好了承担风险的准备。我同样也意识到，自己在执行方面以及将工作坚持到底方面的能力不是很强，这意味着我需要一个强大的团队共同努力来实现目标。

我在 B-I 三角形中的角色

在团队、领导力和使命三要素的围绕下，我的角色体现在法律那一行。我的工作是为企业实体及其组织结构提供法律意见，并且制定策略以便最小化公司责任以及个人风险。

对企业家来说很关键但无法从学校学到的技能

虽然法律制度可以让我们所有人保护自己，但它并不会自动地从你的利益角度出发为你做出正确选择。不过你可以站在自己的利益角度来做出某种选择。关键在于，你要知道自己都有哪些选择？很显然，学校并不会教你这些东西。你可以在没有任何保护的情况下运作独资公司。你可以和其他人一样，向前迈出一步，通过股份公司或者有限责任公司的形式来保护自己。但是如果没有企业家教育，你就不会知道——也不会了解——如何迈出这一步。

法律制度只是基于公平和正义，但不顾及烦琐的细节。当你和律师交流时，会发现法律条文其实非常复杂。确实，某些领域让人无所适从，但其他领域并非如此。律师对你留了一手。他们有意让自己的客户困惑不解，这样就可以显示出他们所付出的时间和所收的费用非常值得。关于《合同法》的基本课程会指出，现行制度中的多数都是基于私有财产权保护的公共政策。法律制度就是从中应运而生。一旦你理解了这个，就能体会大多数法律的存在意义（除了给予政府某些权力进行干涉的那些）。那些洞察到远大图景——就是学校里面不会教的那些——的企业家通过雇用律师处理细节。

在两个或更多人合伙成立一家公司之后，绝对会产生争吵。这并没有问题，而且很自然。关键是不要让这种争吵将公司搞垮。两个各自拥有50%股份的合伙人（或者四个各自拥有25%股份的合伙人）有可能面临僵持不下的局面。任何一方都不肯让步，各方都请了一位律师，不管结果如何，唯一赢的一方就是那些律师。你们最好讨论和制定好一套解决争议的方案。例如，双方各执掌公司一年，或者可以将千分之一的股份给予中立方来打破僵局。虽然学校的经管课程中没有提到这些，但这种僵局会出现在公司的实际经营中。对此你必须做好准备。

对于企业家来说，我最重要的经验

将你的团队成员凝聚在一起。我可以详述几个可怕的故事，都是关于一些企业家很晚才意识到他们需要专业帮助的故事。你需要注册会计师以及律师作为你的替补队员，这样你就可以在需要的时候召唤他们。

我是如何学到募集资本的

我是从与客户打交道的过程中了解到的。私募不失为一种不错的融资方式。我为大量的客户准备了私募发行备忘录。

我是如何学会克服恐惧与失败的

反复经历几次恐惧和失败。

我的长处

如果有些事情是我很乐意去做的，那么我愿意花时间去做。我很乐意成为某个优秀团队的一分子。

我的缺点

如果团队中的成员没有做到人尽其责，那么我在这种合作关系中无法做得很好。我需要成为一个分工明确的团队中的一部分。我厌恶在团队环境中去面对所有事情。

我最擅长教授的企业家技能

如何利用实体来保护你的资产，并且准备商业计划。

我教授的企业家课程

保护你的资产。

保护你的资产

加勒特·萨顿

> 为了变得富有,你无须成为一个骗子。骗子违反法律,而法律就是为了让富人变得更加富有。
>
> ——罗伯特·清崎

与绝大多数人一样,你大概也想远离麻烦,对不对?

但是,当你想要开设一家公司或者投资不动产的时候,你会担心自己可能会遇到一些麻烦。这种担心不无道理。世间的法律数不胜数,即便是最优秀的律师也不可能全部了解。

我知道这一事实,因为我就是一名律师。我是股份有限公司、有限责任公司和资产保护策略方面的富爸爸顾问。我同时还兼任数家公司的法律顾问。我们将会花上片刻时间,讨论一下法律顾问的重要性。我先介绍一下我的背景情况。

我在旧金山海湾长大。爸爸是加利福尼亚奥克兰的一名县级法官。在成长过程中,我从小就被教导要敬畏法律。我从很早就了解到,一些人之所以失去一切,是因为他们没有在一开始的时候选择走正确的道路。我在晚餐桌上听到过很多可怕的故事,关于独资经营者(无名无姓,当然了)被起诉以及被剥夺一切的故事,他们全都没有采取一些简要的法律步骤对自己及资产进行保护。这些故事令人印象深刻。

上大学的时候,我想要去其他州滑雪。当时,我设法进入了科罗拉多学院。这是一所位于科泉市的极为出色的小规模学校,它们的课程规划是分段式的,这样,你就可以一次花上三个半星期去学一门课,然后利用余下的半周时间去滑雪。不幸的是,我没有利用上这种分段规划,因为我需要更多时间来理解课程。因此,我转学到了位于伯克利的加州大学。当时,这所学校还是一个二流大学。在经历了多年的骚乱之后，那些曾经疯狂的父母不会愿意将他们的孩子送到伯克利。但这正是我所需要的机会。我很幸运地从这所大学获得商业学位。然后，越过海湾，我进入黑斯廷斯学院，这是加州大学设在旧金山的法学院。在通过入学考试之后，我在旧金山和华盛顿特区实习。但我一直喜爱爬山，也对塔霍湖着迷，更对滑雪恋恋不舍。因此，我搬到了内华达州的雷诺市。这次搬家对我来说是一个明智之举，因为我在这里组建了家庭。而且，对于想成立一家股份公司或者有限责任公司的人来说，内华达州是一个非常不错的地方。

我精通股份公司和资产保护方面的法律。但是，回到我们最初谈到的话题，我熟悉每一部法律吗？当然不可能！法律条文浩如烟海。在一家典型的法律图书馆里，你会看到一排一排的书架上堆满了数不清的书，它们的内容除了法律，还是法律。但是，让你感到更加震惊的事实是，不了解每一部法律无法成为你免除相关责任的借口。你应该遵守每一部法律，即便你不知道它的存在！有人做过这样一个估计：我们每个人都会在任何一天里不知不觉地违反超过三部以上的法律。

那么我们在这个过度监管的体系中应该如何生存呢？

好吧，这是可以做到的！看看你的身边，大量的公司和不动产投资在如今的世界里风头正劲。它们是如何做到的呢？

这些可以归结为一个词：适当。他们用适当的方式做生意。他们遵守法律，并与律师合作，为的是得到适当的保护。股份公司和有限责任公司将保护你免受无限个人连带责任的困扰。这就是适当的第一步，后面可能还需要走更多步。在一些场合，你必须和律师合作，而后者熟知你所进入的特定的商业领域。如果你打算进入发薪日贷款领域，那么你需要一个对该领域那日新月异的法律相当精通的人士。如果你想提供顾问服务，并且相当了解你的专长，那么你可能仅仅需要一名律师来帮你设立有限责任公司或者股份公司。无论面对怎样的情形，你都要以适当的方式去面对。

正确的做事方式当然也包括支付税款。如果你想一直保持小规模经营，那么你可以通过将桌上的现金直接拿走而非如实申报的方式来欺骗政府。你或许知道一些人经常这么干。原则上，我不会向这些人提供帮助。每个人都需要遵守法律。同样，我也不可能帮助不诚实守信的人去发展他们的事业。

如果你不能准确地申报你的收入，那么你的公司规模看起来就会更小。如此一来，当你想要申请银行贷款进行业务扩张的时候，你的实际收入情况就无法发挥作用。由于你不适当地申报了比实际规模更少的收入，那么当你想要出售公司的时候，收入数字对此也起不到应有的作用，因为公司的售价是根据收入的倍数来计算的。你在税务方面欺骗了政府，那么当你在出售公司时，需要承担的亏损将在那个收入数字的五倍以上。从长远来看，那些短视的人通常会受到惩罚。

更重要的是，企业所有人会决定一家公司日常运营的基调。当企业主在进行欺骗行为时，他们也是在默认公司里的其他人从事欺骗活动，而缺乏诚信的公司很难持续经营下去。

聪明的企业家和投资者支付他们的税款，但是他们会通过适当的以及合法的方式发挥自己的优势，减少应税额。但是你可能会说自己并不知道任何适当以及合法的方式。你当然不知道，没有人会从一开始就知道。学校显然是不会教授这些内容的。为了用适当的方式行事，你需要一个团队站在你这一边。在你之前，其他人已经成功做到了，他们拥有了正确的团队，你也可以的。你可以以极其有利于自己的方式来利用税法，你团队中的会计师将会帮助你完成这些。同样，一个簿记员也可以协助你从一开始就以适当的方式将各种事情都记录下来。你需要以适当的方式为员工代扣代缴各种税款。让你的簿记员处理这些。考虑到法律的繁杂，一名律师将会是团队里的较为关键的成员。

让我们谈一下所有这些法律，毕竟法律面前人人平等。

如果你是一名雇员（位于现金流象限左上角的E象限），那么，《劳动法》将对你有利。与此同时，该法对于S象限、B象限以及I象限的人（也就是左下角的小企业主、右侧的大企业家以及投资人）来说，却是一种约束。雇员总是受到法律的保护。当然，在某些情况下，雇员会利用相应的法律制度来达成对自身有利的某些目的。S象限、B象限以及I象限的人始终都会面对这种问题。他们唯一能够做的就是维持自己的道德水准，并应对少数别有用心的员工。

　　除了《劳动法》之外，其他法律的存在对于B象限和I象限的人来说，可谓是相当令人兴奋和精神振作的。在我们的税务和法律体系中，存在着很多奖励条款，目的就是为了让那些愿意承担风险的人从中获益。如果你跟随政府的想法行事，那么你就可以取得极大的成功。这一点对于地球上任何一个国家的人来说都是如此。

　　是什么让那些试图从E象限和S象限移动到右侧象限的人停下脚步？是法律强迫他们留在左边的象限么？

　　当然不是这样，法律面前人人平等。作为一个E象限或者S象限的人，你也可以获得与B象限和I象限的人同样的奖励。没有任何人或法律制度会限制你在这些象限间移动，唯一能够让你停下自己脚步的只有你自己！

　　但是，不得不再次说一下，如果你想移动至右侧的象限，那么你需要一个团队，你需要来自专业人员的服务，因为一个专业的团队将会与你同心协力，并会为了你的利益尽心尽力。

　　如果你想以适当的方式运营，那么你需要记住下面这个图表。

Proper
（适当的）

Professional　　　　　　Performance
（专业）　　　　　　　　（表现）

　　为了变得适当——以正确方式行事——你需要专业人士来为你提供相应服务。这些专业人士将会伴随你的成长，使你远离麻烦，并且让你能够从那些鼓励你成长的法律中获得优势地位。那些通过创办公司和投资不动产领域获得成功的人正在以适当的方式行事,他们利用自己团队中的专业人士来推动自己前进。

你是否需要了解各方面的事情?不必。首先,就像我们已经讨论过的,你不可能变得全知全能。没有人可以做到这一点。再说了,为了发展你的公司业务或扩大不动产投资,你将会变得非常忙碌,学习会变成一件烦心的事情,你也就更不可能去了解方方面面。

下面这个关于亨利·福特的有趣故事可以证明上述观点。这位福特汽车的创办人并没有接受正规教育。他是一个暴发户,一些人会问福特一些问题,借机贬低他,同时彰显自己的优越感。最终,福特爆发了。"我没有时间来处理这些愚蠢的问题。"他说道,"给我五分钟时间,我会给出所有这些问题的答案。"亨利·福特比其他所有人更加聪明,他清楚自己的局限所在,他知道聪明人如何利用自己团队的力量。聪明人知道何时需要向自己的专家咨询意见。只有愚蠢的人才会过于自满而不想向别人寻求帮助。就像亨利·福特一样,利用自己的团队吧!

如果你想向 B 象限和 I 象限移动,那么你需要成为一个通才,而不是专才。你需要知道有问题时应该找谁。与此类似的是,我是资产保护方面的专才,但我同时也是法律方面的通才,正在为数家公司提供服务。这个律师的角色被称之为"法律总顾问"。如同这个术语所暗示的一样,这种类型的律师对法律的方方面面会有一个大致的了解,能够提供相关的咨询意见。作为法律总顾问,我会建议公司在有需要时引入一位专才。我不和《劳动法》打交道,当客户遇到雇员方面的问题时,我帮助他们寻找一位《劳动法》方面的专才。

每支团队都需要一名律师。但是,请确保你的律师非常自信,这样他才会在必要时建议你借助另一位法律专才的力量。有些律师想要替你完成所有工作,但是如果他们不是在所有领域都非常专精(也没人能够做到),那么他们可能在试图处理所有问题的过程当中给你帮了倒忙。一个好的律师知道你何时需要一个其他法律方面的专才。

此外,作为一位企业主或者是不动产投资人,你必须成为一位通才。我们的教育体系迫切需要每个人变成一个专才。这也不错,现在我们有了大量的专才。但是,作为企业主以及不动产投资人,你需要将关注力放在更大的图景上面。你需要成为通才,并且在需要的时候,借助团队中专才的力量,通过这样的方式让财富获得增长。

作为一位通才，你需要获取资产，推动公司事业发展。你通常能够高瞻远瞩，发现那些能够把握的机会。在整体层面之下，如何以适当的方式最大化机遇所涉及的各种具体细节，就交由你的专才来处理了。

你将会从这种关注点的转换过程中获益良多。在此我送给你一句来自亨利·福特的名言："无论你认为自己行还是不行，你都是正确的。"祝你能够成功地构建并利用自己的团队——将他们凝聚在一起，以适当的方式行事，并将你的优势最大化。

关于加勒特·萨顿

加勒特·萨顿是一位富爸爸顾问，同时还是多本畅销书的作者。他的那些书中属于富爸爸顾问系列的包括《富爸爸如何创办自己的公司》《不动产漏洞》《富爸爸如何经营自己的公司》《富爸爸如何买卖一家公司》《逃离债务初探》以及《撰写制胜商业计划》，而其他书籍还包括《如何运用有限责任公司、有限合伙企业以及不良客户：了解并回避有问题的消费者》，他还与信用问题专家格里·德特韦勒合著了《为自己的公司融资》。作为一位律师，加勒特在帮助个人和机构选择适当的公司结构、限制法人应该承担的责任、保护公司的资产以及提升公司的财务和个人目标方面有着超过35年的经验。

加勒特拥有并运营一家名为"Corporate Direct"的公司，并在全美50个州开展公司设立及维护服务。

加勒特求学于科罗拉多学院以及位于伯克利的加州大学，并于1975年取得企业管理学位，其后于1978年毕业于黑斯廷斯法学院并取得法学博士学位。

加勒特是内华达州律师协会、加利福尼亚州律师协会以及美国律师协会成员，包括《华尔街日报》《纽约时报》在内的多家媒体曾对其进行过报道。

加勒特喜爱与企业家就设立商业实体有哪些优势的话题展开对话，并以讲师身份频繁出现在富爸爸顾问系列课程中。

加勒特还加入了多个组织的董事会，包括位于亚拉巴马州伯明翰的美国棒球基金会、内华达州雷诺市的西拉儿童基金会以及内华达美术馆。

想要了解更多关于加勒特·萨顿以及萨顿法律中心的信息，请访问www.sutlaw.com，更多的资源可以在www.CorporateDirect.com找到，或者拨打1-800-600-1760，接受由《公司法》方面的专业人士提供的15分钟免费咨询服务。

《富爸爸如何拥有自己的公司》节选

第二十二章

七个步骤实现有限的责任

无论你是出于保护公司的目的，还是想要防止商业诉讼牵连到你的个人资产，或者是计划将资产分配给自己的继承人，你都需要知道如何限制责任。如同我们在全书中贯穿始终的讨论一样，运用适当的工具限制你承担的责任，或许可以防止你的债权人拿走你公司的生产设备、物业权利或者你辛苦积累的资本，也许还可以防止你因为承担公司的责任而导致个人身无分文。此外，这些工具也许还能帮助你确保在代际间以最有效率的方式实现财富转移。为了保护你正为之努力工作的目标以及现在已经拥有的一切，你必须知道如何限制责任。

作为全书最后结束前的回顾，下面是确保有限责任的七个关键步骤：

1. 成立一个有限责任实体。在你能够从有限责任制中获得好处之前，你必须先成立一个提供有限责任的实体。就像我们讨论过的一样，有多种不同类型的实体可供选择，每一种都有不一样的特点和局限。你可以选择的类型有股份有限公司、有限责任公司以及有限合伙公司。如果你的公司不是以有限责任实体的形式运行，那么你的个人资产以及公司中的全部资产都有可能处于危险境地。如果你没有利用有限责任实体来保护你的个人资产，或者为未来规划，那么你所拥有的一切，都有可能存在风险。你需要采取的第一步行动就是与顾问就有限责任实体方面展开讨论，并且以最适合你需求的方式来成立实体。

2. 选择一个值得信赖的常驻代理人。常驻（或者注册）代理人是一个代表你的实体接受传票的人。传票就是你的实体可以接受诉讼的一种通知，这种非常重要的公司正式手续并不需要花很多钱。我们公司收取每年125美元的费用，而且实体成立的首年免费。当然，你也可以在自己所在的州成为自己的注册代理人。一些州需要你每天开门，时间从早上八点到晚上五点。你也许想要一家公司为你代劳。请注意，有许多公司都提供常驻代理人服务。如果你选择了一家不太靠谱的常驻代理人服务公司，那么你可能无法及时收到诉讼传票，而你的实体可能面临法官的缺席判决，也就是说，该实体没有机会为自己辩护。不要选择一个在明年就有可能停业的常驻代理人，或者在收到针对你的实体发来的传票后都不通知你的那种。

3. 准备必要的年度文件。虽然成立有限责任实体然后选择一个可信赖的常驻代理人是非常关键的步骤，但是如果你没有持续履行某些正式手续并且将实体以适当的方式利用，那么你并不会从中受益。在你提交了公司章程（对于股份公司来说）、组织章程（对于有限责任公司来说）或者是有限合伙公司的LP-1证明之后，你还必须提交年报，并且向你所在的州支付年费。这些做起来并不困难，但对于实现有限责任的目的来说却是必需的。

4. 自己或让顾问准备会议记录。准备会议记录这一行为指出，你对待实体的方式与对待自己有区别。会议记录是你的实体做出决定的书面记录，需要准备它们的情形包括：实体最初成立的时候、每年一度需要反映年会主旨的时候以及实体做出重大决定的所有时候。多数州都要求股份公司召集董事会和股东开年会。年会和会议记录对于有限责任公司和有限合伙公司来说，如同确保有限责任制一样是可取的。我们在第十章节提供了模板，但是如果你不太精通会议记录的准备工作（就像我们的许多客户一样），那么就让别人来替你完成具体工作。

5. 让与你打交道的人注意到你实体的存在。让所有与你打交道的一方都知道你在运营的是有限责任实体，将实体行为与你的个人行为区别开来。如果你不对个人行为和实体行为进行区分，你可能会丧失有限责任制带来的好处。因此，在名片上、宣传册中、合同上以及支票上，你需要注明股份公司、有限责任公司或者有限合伙公司的字样。这样，人们会知道他们正在和一个实体打交道，而非与你个人打交道。这将防止其他人提出争议，主张他们是在和你个人打交道，从而要求你以个人身份承担责任。

6. 使用不同的银行账户。除了告诉所有与你打交道的一方，你是作为有限责任实体活动之外，你还必须将个人资产和实体资产区分开来，你需要开设不同的银行账户。将同样的银行账号同时用于你自己以及实体，包括从实体借款、将实体资金挪作非实体目的使用或者将资产和资金混合存放，也许会让实体丧失应有的有限责任地位。请为你的实体活动开设并使用不同的银行账户。

7. 你自己或让顾问填写不同的纳税申报单。有限责任实体是分离的纳税主体，需要单独填写纳税申报单。将属于实体纳税申报单中的收入和支出列在你的个人纳税申报单中不是一个好主意。与称职的会计师合作以避免任何问题。

这七步非常重要，值得遵循。回忆一下在第十章中提到的发生在罗杰和唐尼身上的故事。他们没有遵循这些正式的公司手续，因此需要为他们公司的行为承担个人连带责任。

你可以避免"揭开公司面纱"的情形，保护你的个人资产，只需遵循这些重要（但很容易实现）的步骤即可。再次强调一下，拥有律师、会计师和其他顾问为你工作，你能够从中获益良多。

对于选择和构建组成团队的顾问人选，你要确保的是与自己喜欢和信任的人在一起工作。你需要律师、会计师、设计师、工程师、顾问和其他专业人士组成团队。团队不允许那些以自我为中心的、伤人感情的或者难以沟通、合作的人混杂其中。你的团队成员应该能够与你以及其他团队成员共事，以达成共同的目标——维护并提升你的商业利益。这些绝不是过分的要求，尤其是在你向这些人支付报酬的情况下。

为了实现上述目的，有必要对你的专业团队成员进行面试。与不同的会计师、律师以及其他服务提供者会面，对他们本人及其行为进行评判。提出有针对性的问题，例如他们如何收费以及他们在特定领域方面的经验水平如何。做一个货比三家的消费者。

同时，像其他教练和经理一样，随心所欲地替换那些无法对你恪尽职守的团队成员。打个比方，如果你的会计师几个星期都不回你一次电话，那么你可能需要寻找其他更容易联系得上的人来代替他。

　　通过构建和培养那些由关心你以及你公司的专业人员组成的团队，你可以专注于自己的核心目标，并在未来取得成功。

　　当然，你的顾问团队也只能帮你到这个地步了，真正的成功源自于你的内在。你做出的选择和决定，你经营公司的途径，你与其他人以及各种情形打交道的方式，这些都将是你未来成就大小的决定性因素。你在工作、家庭与社会的责任间达成的平衡也非常重要。

　　同样也请你注意，要将关注点放在工作得更加聪明，而非更加辛苦上面。如同罗伯特·清崎的富爸爸教给他的一样，要通过利用与富人同样的策略来体现你的优势，这样的话，你同样可以变得富有。

　　所有在此讨论的策略——利用股份公司、有限责任公司以及有限合伙公司，策略性运用注册于内华达以及怀俄明州的实体，同时站在你的利益角度最大限度地利用税法——都可以很容易地实现，并且无须高昂的费用。它们都可以帮助你实现最伟大的梦想和目标。

　　祝你好运！

《富爸爸如何买卖一家公司》节选

第一章

上 路 之 前

做自己的老板

　　做自己的老板——听上去很惬意吧。拥有自己的公司，自己设定工作时间，不必向任何人交差，甚至想怎么着装就怎么着装。罗伯特·清崎的富爸爸提倡拥有自己的公司，而且最好是让别人来管理，自己坐收公司的收益，并享受自由。不过不管你是参与管理还是当全职的老板，成为企业主就意味着你要为公司的健康发展承担责任——全部责任。公司的成败（还有相应的个人财务方面的成败）都实实在在地落在了你的肩上。没有病假，没有带薪休假，没有换工作的机会。经济形势转坏的时候，你要担心的就不仅仅是丢了工作，而是整个公司的亏损。企业家的世界里没有保护伞，所以你最好一开始就知道你是莱纳斯还是露西[①]。莱纳斯是"花生帮"中的知识分子，不过他需要安全感；露西是个积极进取的决策者，对任何事都不经过深思熟虑就做决定。居于这姐弟二人之间的性格，就是最理想的企业家性格。你拥有理想的企业家性格吗？

　　要了解自己的强项与弱项，因为这可以让你少经历几小时，说不定是几年的挫败，还能降低你的财务风险。为此要先问自己几个问题，你可以从下面这些问题入手：

[①] 莱纳斯和露西都是查尔斯·舒尔次所创作的漫画《花生》中的人物，最著名的是其中的史努比。——译注

你所受的教育和你计划进入的产业的要求匹配吗？

你知道如何做好财务监管和税收筹划吗？

你怎样看待市场和销售？你在这方面的经验怎样？

你的技能能帮你运营你计划收购的那类公司吗？

你的技能满足你的需要吗？如果不能，你可以学得会吗？假如可以，要花多长时间才能补上这一课？

更深层面上看，运营特定公司所需的特质和你的性格是否符合？如果你不是真的喜欢与人打交道，你可能不会喜欢零售业；如果你痛恨数学，制造业中对财务与款项的高强度管理可能不对你的胃口。

有些公司的存亡全由一名强硬的领导者主宰，公司形象或许就是企业主的形象。你能满足这个需要吗？

有些公司需要经常出差，或是在晚上、周末和假期加班，工作强度高。你能适应这种生活方式吗？你愿意做出必要的改变吗？收购一家你不喜欢的公司，或是不符合你的要求的公司，你成功的可能性不大。根据你的喜好、你所熟知的领域或是你能了解到的，去选择适合自己的公司。

看看一家公司实际提供给你的东西是否能达成你的目标。激情让你不切实际，你的常识更让你信心满满，不过归根结底还是得让数字说话。所以，做决定时别忘了数字。让你的热情为你的目标甚至整个产业服务，而不只是针对某一笔具体的生意。你的心有发言权，但得让你的头脑带路。

你能成为一名优秀的企业家吗？请思考下面这些问题：

1. 你需要很多指导还是自己奋斗？
2. 你能否赢得别人的信任？
3. 你会主动承担责任还是被迫承担责任？
4. 你善于交际吗？
5. 你擅长领导他人吗？
6. 你愿意坚持下去即便眼前看不到回报吗？
7. 你是一名决策制定者吗？
8. 你能顾全大局不被眼前的回报左右吗？

9.你能做到善始善终吗?

你知道自己是谁以及想要什么吗?拿出你的简历,实事求是地做一番分析。写出你的目标,再写下你考虑收购的这家公司有哪些比较现实的潜力。想象你自己正在经营这家公司。要写明确,落在纸上的特定目标要蕴含一种力量:在考虑你是否适合这家公司以及这家公司是否适合你去经营时,这些目标要能指引你做出决定。

另一方面,你的家庭怎么去适应?现在,在你签署任何文件和承担任何义务之前,请好好考虑你的家庭:

1.你额外增加的工作时间和经营公司的压力对你的家庭有何影响?
2.你的家人能够或愿意替你分担吗?
3.越来越少的财务安全会对你的家庭和睦产生什么样的影响?
4.为了拥有企业主的骄傲身份和获得公司的长期赢利,而放弃薪水、保险、退休金以及带薪休假之类实实在在的利益值得吗?用罗伯特·清崎现金流象限的理论来说,你准备好了从一名E(雇员)成为一名S(自由职业者),并希望最终成为B(企业主)吗?
5.家人在财务、心理和情绪方面的适应性如何?你要确保自己了解每个人的需要,然后考虑这一收购计划能否满足这些需要。
6.如果得不到家人的支持,你能单打独斗吗?家族公司未必得让家里的每个人都参与其中。如果你希望得到配偶、孩子或其他人的帮助,那么就得远在交易完成前得到他们的支持。

你在逃避什么(没前途的工作、麻痹大脑的无聊情绪、凶神恶煞似的老板),又或者是在追求什么(自尊、独立、创意)?如果你在逃避,没有任何一家公司能让你彻底远离这一切。不过如果你是在追求,那么只需要一点设想和计划,你离目标的距离就会缩短很多。

收购vs.创建

努力地学习和拼命地工作最终总能为你带来个人成就——一份由你自己掌控的事业以及财务上的独立。等你当上了老板,投入多少工作时间和领取多少报酬,都由你自己决定。一旦公司经营成功,就是你的成功。你投入的时间最终变成了你的收入,你不用再辛辛苦苦为别人赚钱了。

而要成为老板,收购现成公司所面临的财务风险远比创建公司要小得多。公司发展初期——从创建到收支平衡——是最为关键的时期。一家现存公司之所以存活,一定有一些门道。就企业主收获的回报与独立性而言,收购现成公司与创建新公司差不了多少,而且现成公司的历史有助于指引公司未来的发展——一条道路已经清扫出来,只等新的企业主来走。

对任何一家公司而言,历史都是件重要的工具。因为历史意味着期望值——一个理论上指引未来的路标。正是这种对收益的可预见性让收购公司比创建公司更易融资。现成的公司有财务报表、资产、现金流——简而言之,这些东西有助于你向银行申请贷款。如果银行不感兴趣,很多急于出售的卖家会帮你解决融资问题,而且条件通常比商业贷款人的要好。原企业主或许还会在公司出售后暂不离开,帮你度过通常复杂、脆弱的过渡期。

而且我们现在生活的时代,小公司不仅能与大公司并存,还能繁荣发展。技术几乎把人们毫无缝隙地连在了一起。你的公司可以接触到世界另一端的客户,就跟联系街对面的客户那样容易。传真、电子邮件、因特网、视频会议、印刷资料——有了这一切,一家本土公司在维持低成本和低库存管理的同时,还可以触及全球市场。这些方法可能还没被当前的企业主发现,可能正是基于这样的不同,致使公司在他的经营下勉强度日,而你购买后却蒸蒸日上。

出售vs.坚持

出售公司的最佳时机是经济和产业欣欣向荣之时,虽然卖家几乎或者完全控制不了这些因素,不过他们可以让公司保持最佳的待售状态,以便时机合适时迅速出售。运营良好的公司在任何市场上都是值钱货。了解经济和产业的指标,以及公司是否达到了这些指标，可以帮助卖家在决定出售之时确定最好的售价。

有时，会突然发生一些卖家完全无法左右的事件，从而促成公司的出售。这些突发事件包括：

- 竞争态势转变（例如一家大公司决定进军这一领域，寻找待售公司）。
- 某一合伙人或大股东死亡（企业主可能不得不出售公司，以清偿其他合伙人或分割死者财产）。
- 企业主自己的继承人不想继承这家公司（或者没有能力经营）。
- 财务方面发生意想不到的变化（例如离婚或突发急症而引起的变化）。
- 法规变化（例如土地规划发生变化或新法生效）。

有时，会是一些卖家可控范围内的事件促成公司的出售。卖家必须了解这些事件的促进机制，避免犯错。

卖家的身心疲惫通常是推动公司出售的一大因素。不过要知道，疲惫很少持续较长的时间，而公司一经出售却长期有效。或许卖家需要的只是一次休假或缩短工作时间；或许是需要对公司做一些改变，引入一些快乐和激情。如果卖家只是因为疲惫而决定出售，那就如同枯燥庸碌的工作世界里的短时工作综合征[①]。所以，如果卖家要做出一些变化来改变疲惫状态，那何不现在就做呢？

时　机

不管是收购还是出售一家公司，时机都很重要。整体经济的运行态势，公司所处产业的发展情况，还有公司自身的经营状况，都在买卖双方的抉择过程中扮演着重要角色。整体经济的运行态势不仅预示着能否获得贷款，同时还影响潜在买家的看法。良好的经济孕育乐观的买家，而乐观的买家对未来有着更加美好的

[①] 主要指一些雇员表现出的经常请假、工作心不在焉、效率低下的状态。——译注

期望，他们买的就是这样的未来。公司所处的产业情况，以及公司的经营状况是买家感知风险强度的主要依据。较低的风险意味着较高的售价，即使是普通人也是这样感知风险的。

虽然买卖双方都没法控制产业发展状况乃至经济运行态势，不过对未来发展趋势的评估和预测，对买卖双方选择最佳时机进行交易有很大的影响。好运的关键就是好好筹划。

经济萧条对买家而言或许是好消息。如果买家有购买力（或者更好的是有现金），通常可以利用经济衰退和卖家砍价。当然，买家面临的风险也更大。毕竟，买家可能怀着经济回暖的预期而购买公司。虽然经济总有一天会回暖，不过对买家而言熬过暴风雨可能意味着昂贵的代价。

经济繁荣对卖家而言可能是好消息，因为乐观让人们变得大方。不过对买家而言，更高的售价通常意味着更多的负债，如果只是盲目乐观，操持一家债台高筑、估价不足的公司，买家或许只得选择再次出售。而风雨飘摇的经济，勉强维系的公司，对卖家而言没有比这更糟的境遇了。

不管哪种情况，不管经济运行好坏，买家一定要确保手头有足够的资金，这不仅是为了支付收购款项，还为了应对伴随公司新所有权而来的一段公司衰退期。

出售失败的风险

设想你正在出售一家公司，却无人问津，或者买家出价很低。问题出在哪里？也许是卖家要价太高。这时候，卖家就该重新分析公司的价值，进行反思并计划将来的出售事宜。新的出售计划符合实际吗？如果卖家仍想出售，他就需要考虑降价或暂不出售。如果选择前者，卖家应该先降低心理预期；如果选择后者，卖家就应该先控制公司的损失。

我们可以通过研究案例这个不错的途径来理解提及的一些概念。我们的第一个案例很有教育意义。

案例1 沃尔特、彼得和阿尼安

沃尔特在一座居民人数刚过50万的城市拥有3家连锁晒黑沙龙。沃尔特在广告卜下了大工夫，因此他的阳光晒黑站在市区附近可谓人尽皆知。他的沙龙都位于川流不息的黄金地段，可以说公司的未来一片大好。

公司发展到今天，沃尔特已经不用整天守在店里，他可以去干别的事情。他请来彼得担任3家晒黑沙龙的总经理。彼得积极进取，对自己的能力信心十足，坚信随着时间的推移，以他的能力可以获得一份所有者权益。沃尔特答应了，不过除了原则上接受之外，两人的谈判还没开始，所有者权益的取得条款甚至都没谈过。

但是不久，沃尔特改变了自己的事业发展计划。因为一个机会摆在了他的面前——拥有一家更赚钱、升值潜力大得多的公司。为了抓住这个机会，他必须卖了阳光晒黑站，以获得足够的现金去支付收购新公司所需的定金。沃尔特决定悄悄出售阳光晒黑站，就像避开雷达飞行一样。这样一来，就没人知道这件事，也就不会有人阻碍他的未来发展计划。他没告诉彼得、他的银行家以及他内部顾问团的任何一名成员。

阿尼安在沃尔特所在州的南部拥有5家连锁晒黑沙龙。她是一个精明的生意人，只要是生意她就感兴趣。当沃尔特找到她，想把公司悄悄出售给她时，她非常感兴趣。他们达成了口头协议，她同意为整件事保密。事实上，阿尼安只想看看沃尔特的账册。她想知道他扩张得如此迅速的秘诀。

翻阅账册以后，阿尼安打了两个对沃尔特来说可谓灾难的电话。她先是打给沃尔特的银行家，要求知道在购买设备方面，她为什么没能获得和沃尔特一样的优惠条款。这侵犯了银行家和沃尔特之间的保密协议，银行家很生气。然后，阿尼安打给彼得，问他是否愿意为她工作。彼得这才发现，他以为自己享有一份所有者权益的公司居然正待出售。他对沃尔特大发雷霆，认为沃尔特欺骗了自己对公司的信任。

彼得和银行家都拒绝和沃尔特再有生意往来。彼得离开时还鼓动其他雇员辞职，大部分雇员也这么做了。银行家拿出一些沃尔特的本票（偿还债务的书面保证），要他清偿，逼得沃尔特急急忙忙寻找其他资金来源。沃尔特之前试图抓住的做一笔大生意的商机就这样全被扼杀了。

这一震荡差点让沃尔特关门大吉。雇员离开的时候带走了一批常客。一些最优秀的雇员开始到两家极具竞争力的沙龙上班——阿尼安在市区新开的。

沃尔特苦苦支撑,向留下的雇员保证他不会出售公司,他们会一直都有地方工作,他们的工作保障对他而言同样重要。差不多花了一年的时间,沃尔特才让公司有了起色。他学到了非常宝贵的一课——出售公司时需要保密,甄别潜在买家时需要小心谨慎。

正如我们刚刚看到的那样,出售公司影响到的不仅仅是买家和卖家。客户、供应商以及雇员一旦发现公司正待出售,他们有情绪反应不可避免。恐惧——接下来会发生什么——会让一些人开始寻找新的供应商、新的客户以及新的工作。这种影响到底有多大,就连企业主也未必清楚。因此,卖家一开始就该先发制人,保密协议必不可少,这样才能把出售的消息控制在"需要其知道的才让其知道"的范围内。卖家还应该订立书面协议,如果可能的话,最好附带损害赔偿条款——针对买家未经授权而泄露保密信息。但是,这些合同能为卖家提供的保护只有这么多。一旦其他有关人员发现公司要出售(可能他们马上就要发现了,请相信,他们总是能发现公司潜在的出售意向),卖家要立即和他们交流,减轻他们的恐惧。还有,你的解释最好前后一致、倒背如流,因为你的雇员想从你口中听到一些合情合理、让人安心以及有意义的东西。

如何应对一次失败的出售

如果交易没能完成,公司不再出售,企业主就需要和相关人员沟通,向人们保证要重新致力于公司的发展,期盼着将来的成功。企业主流露出的任何一丝挫败感都会引起人们的不确定感,从而引发恶性循环。我们都有这样的经验,不确定感会导致恐惧,恐惧会攫取安全感,而对安全感的寻求可能就意味着客户、供应商还有雇员在其他地方寻找新的机会,把企业主抛在身后。

企业主决定不再出售公司以后,为了减轻客户的担忧,应该努力提高客户服务的质量。大部分客户都不太可能知道你曾试图出售公司,不过你也无从得知有哪些客户听到了风声,哪些没有。客户服务从来不会对公司构成伤害,所以强调客服质量,不仅能让那些知情的客户确信你重新致力于公司的发展,不会再出售公司,还能提升不知情顾客的忠诚度。对于那些亲自上门询问的人,诚实回答,不过别泄露细节。客户需要的是安心，而不是听你讲授何为资本主义。正如亨利·福特所言："别抱怨，别解释。"

而供应商得知公司要出售后的反应可能对公司财务产生很大影响。供应商与企业主建立的大多是长期生意关系。他们可能提供不错的信用结算方式，希望与企业主保持长期的生意往来。而公司有待出售这一消息，会动摇这些长期关系。别指望公司出售失败的消息可以让他们松一口气。供应商可能从得知消息起就把这家公司视为短期投资，他们会揣测企业主是否依然试图出售公司，他们会怀疑企业主的承诺。这一点对较小的私营公司来说尤为显著，因为供应商和企业主的关系更为密切。当供应商发现被企业主蒙在鼓里时，会很受伤害。虽然在你看来，出售公司和供应商没什么关系，然而他们认为这和他们息息相关。你的事就是他们的事。重视供应商的立场，有助于你理解企业主和供应商的矛盾与联系。

公司不再出售，雇员可能会松一口气，不过他们的感受或许跟供应商和客户一样。他们或许还会怀疑企业主。一旦有了怀疑，雇员在寻求更多自我保护的同时，对公司的忠诚度可能下降，公司的士气可能因此衰减。企业主可以考虑开一个公司派对或进行一次团队建设训练，以求重新振奋士气。

不管企业主怎么弥补，出售失败的损害还是可能发生。到头来，与降价出售公司相比，企业主为暂不出售付出的代价更大。知道了这点，我们在下一章来看看买卖双方如果想要做成一笔交易，都需要哪些策略。

富爸爸建议

- 买家，请在收购公司前分析你的优势和劣势。
- 买家，请准备好全盘接受公司成败的个人责任。
- 卖家，请知晓并理解出售公司失败后的负面影响。

汤姆·惠尔赖特

税务及财富积累策略方面的富爸爸顾问

个人背景与企业家简介

姓　　名：*汤姆·惠尔赖特*
出生日期：1957 年 10 月 26 日
出 生 地：*犹他州盐湖城*

传统教育

犹他州大学　　　　　　学位：文学学士
奥斯汀的德克萨斯大学　　学位：专业会计硕士
所获最高学历：硕士

专业教育

注册会计师
安永国税部门，参与制定 1986 年的税收改革法案

年级平均分

高中：3.97
大学：3.91

传统教育的价值——对成为企业家来讲

这是必需的。如果不接受传统教育，那么我无法成立自己的注册会计师事务所。

在学校最喜欢的科目

税务——我有一位优秀的老师：哈尼博士

在学校最讨厌的科目

成本会计——太多需要死记硬背的东西，没有一点概念可供学习。

首个企业家项目

秋天，我们在凋谢的万寿菊上采集种子，将它们包装好，然后卖给（在春天）在上一个秋天供应干万寿菊的人。我的伙伴和我做出了正确的判断，那些人正是万寿菊种子最有可能的买家。

并非从学校习得的关键企业家技能

销售——没有销售就没有收入。当我去普华永道工作的时候，我提出要求，想研学一门销售课程，因为我期望能够为多州税务客户开发一种新模式。他们同意让我参加一部分基础课程学习，但拒绝学习全部课程。这些就是所谓"受过教育"的人，他们并不理解学习如何销售的重要性。

何时以及为何成为了企业家？第一份事业是什么？

当我在1995年成立自己的会计师事务所时，我成为了一位企业家。我刚刚被普华永道解雇，不再甘心被别人牵着鼻子走，何况那些人完全搞不清状况。

我作为一位员工在大公司工作了13年，其中还包括为一家财富500强公司工作了四年。当我在公司上班的时候，我发现作为一位员工面临很多风险，因为他们只有一位顾客，那就是"公司"。当我被雇用后，第一份工作任务就是要将员工裁减一半。这些人都恪尽职守，他们被裁撤只是公司想要削减成本。

在被普华永道解雇之后，我意识到，如果成立自己的事务所，那么我的风险将会小很多，掌控力度也会更大，潜在的回报也会更多。如果一个客户遭遇财务困境，不能够继续使用我的服务，天也不会塌下来，因为还有许多其他客户可以取代这一个。

我也认识其他几个拥有自己事务所的注册会计师，他们在税法方面的了解并不比我多——然而，与我那破旧的马自达相比，他们开的车要好很多。我决定，现在是时候降低我的风险，增加我的潜在收入了。

1995年，我成立了托马斯·惠尔赖特会计师事务所，也就是后来的ProVision。在最开始的时候，我只有两位客户，他们从我在安永的时候就一直跟随着我。最初的岁月非常艰苦，我在头九个月仅仅发展了另外两位客户。接下来，我意识到我可以买下一间会计师事务所。我从出售者、一位朋友以及我的父母那里借来钱，因为我自己再也拿不出一分钱了。

在接下来的四年时间里，我的事务所从最初拥有两位客户发展为一家拥有十位员工的事务所。自那时起，我们逐渐发展为亚利桑那州最大规模的事务所之一，客户遍及全美50个州以及海外30多个国家。

来自初次创业中的最好经验

在我接手事务所两年之后，由于发展速度非常快，我急需帮助以处理客户的需求——而且要尽快。我担心，如果我没法及时处理这些客户事务，那么为我推荐客户的人将会停止介绍更多的客户给我。我没能为进一步发展做出规划，事情来得太突然了，我忙于处理手头的客户事务，以至于没有时间打理事务所并进行未来的规划。

结果，我找来了一位合伙人，并且为此出让了事务所50%的权益，因为我面对上述局面已经焦头烂额。然而，这一决定在几年后让我感到非常头疼，因为那时候我不得不与那个合伙人分道扬镳。这件事情让事务所的发展倒退了好几年，而且非常令人痛苦，无论是个人方面还是财务方面。所有这些本可以避免，如果我当时雇用一位员工，而不是招来一位合伙人。

拥有合伙人并不会成为一个问题。多年来，我遇到一些真正优秀的合伙人。问题在于，当时的局面让我焦头烂额，以至于没有追随我的本能，而是听从了其他人的建议——我需要尽一切可能去服务自己的客户，即便这样做意味着我将出让事务所的半数权益。

自那以后，我遇到的好的合伙人都不是来自于那种焦头烂额的状况下，而是列入规划中的。这并不是说，自那以后我遇到的都是好的合伙人，而是说，我目前的好的合伙人来自于好的规划产生的结果，并非下意识的选择。

最好的经验教训就是相信自己的本能，为发展提前做好规划。

通过科尔比指数，我对自己有哪些了解？

汤姆·惠尔赖特
科尔比A™指数评估结果

祝贺你，汤姆
你在科尔比指数评估中获得了完美的分数
你很独特，敢于面对未来的挑战。你引领着潮流，洞见各种可能，并且能完成别人认为不可能完成之事。你甚至在看到问题有希望得到解决之前就坚信自己能够做到，并将其转化为一次富有成效的冒险。

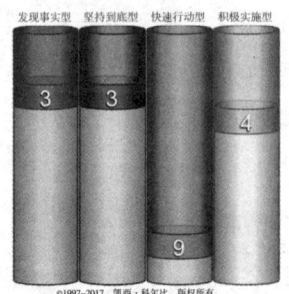

获科尔比公司许可重印。

我的科尔比指数解释了为何我会在职业生涯中选择目前的道路，以及为何我作为一位员工丝毫不觉得高兴。

传统教育就是让你查找资料并且听之信之。

你可以在我的表格中看到，我是一个快速行动型的人，这意味着我很容易对一件事情感到厌烦。因此我没有走一位注册会计师通常走的道路，即待在一间办公室中，年复一年地做着税务申报的工作。取而代之的是，我花费了数年时间学习税务方面的知识。然后，当机会来临时，我转到了位于华盛顿特区的国家税务部门。在那里，我能够专注于咨询工作，并且教导其他注册会计师。

我从科尔比评估中了解到，我的"天赋"在于让事情简化。因此，我能够将复杂的税务法律以简化的形式教授给我在安永的学生。后来，我搬到了凤凰城，在那里，我花了14年时间，面向亚利桑那州立大学的研究生们，在税法课程上以简化的形式讲述复杂的多州税法。

我写了一本名为《免税财富》的书，就是为了向企业家和投资人提供经过简化的税收筹划策略。当绝大多数税务顾问将税法看成最复杂难辨的事情之一时，我却将其视作是节税和积累财富的简单路线图。

现在，我不但让自己的员工接受科尔比指数评估，同时也让每一位客户尝试。让员工接受评估是为了确保我们雇用的人有着合适的天性，同时可以指派他们去做适合的工作。我还借助科尔比指数的帮助来理解如何管理员工。举例来说，像我这样的快速行动型人士需要清晰的截止日期。而像我的合伙人安那样的坚持不懈型人士则绝不需要一个截止日期，因为她无法忍受手头上的项目没有完成。

我们发现客户的天性，并且将他们与有着近似评估结果的税务专家配对。通过这种方式，我们可以更好地理解自己的客户并向他们提供服务。我们同样利用科尔比指数来帮助客户决定他们应该在自己的公司以及投资团队中扮演的个人角色，并且帮助他们决定自己应该优先雇用的岗位是什么。

我在B-I三角形中的角色

我在富爸爸B-I三角形中的角色与下列三点有关：现金流、帮助公司尽可能地将他们赚到的钱保留下来、实现经得起推敲且有利可图的税收筹划策略。我在ProVision中作为CEO和领导者的工作就是为我们的客户寻找新的节税途径，同时教导员工如何向自己的客户提供最好的服务，并且将我们的讯息传达给全世界。

对企业家很关键但无法从学校学到的技能

这很简单：排在第一位的就是沟通。学校不会教我们如何沟通，无论是口头的还是书面的。取而代之的是，我们被教导如何照本宣科、撰写论文以及品读诗歌。我并不是说这些事情有什么不好，只是这些对于成为一位企业家没有太大的帮助。企业家需要知道如何与公众、消费者、投资者、客户以及员工沟通。

我在会计学方面遇到过一个相当厉害的教授，他擅长沟通。他刚刚从一家规模很大的会计师事务所离职，在那里他曾经以合伙人的身份负责全球审计工作。他深知，会计师需要学会如何简化财务报表。在我们面对的一个重点项目中，他用简单的术语向我们解释了一家公众公司的财务报表的一部分。这是我唯一一次上的一堂不错的课，而且它竟然来自于一位教授关于沟通方面的内容。

我的人生中的多数时间都在沟通。我可以与客户沟通，为他们简化税法或者向他们解释一种税收筹划策略。或者我也可以在台上面向一群企业家和投资者解释税法是如何工作的。或者我也可以告诉我的合伙人以及员工如何去改善我们的客户服务。或者我与合伙人以及员工会面，跟进他们正在开展的项目。

作为企业家，我做的每一件事都与清晰明了的沟通有关。如果我在沟通方面令人失望，那么我也会令自己试图服务的对象失望。

对于企业家来说我最重要的经验

跟随自己的本能。当一些事情将要出错的时候，每个企业家都能够本能地觉察到。每一次，我在公司的事务上遇到麻烦，都是因为我忽略了自己的本能。

学校告诉我们，要跟随其他人的脚步，尤其是那些具有权威性的人物。我发现，当我想从其他人那里学习的时候，我总是更好地相信自己的本能。一位企业家必须学会相信自己的本能，甚至当这种做法有时候会让自己陷入麻烦时也应如此。犯错误能够帮助我们学到东西，让我们的本能变得更好，更趋完善。

本能能够提醒你注意有问题的交易、合伙人以及员工。它可以提醒你注意，某个久未打交道的客户可能不好应付。你的本能将会引导你，如果你允许它这么做。重要的是，将那些能够挑战你本能的人聚集在自己周围，然后让自己在对此做出反应的过程中前进。

我是如何学到募集资本的

我是在收购第一家会计师事务所时初次遭遇了融资问题。（我在职业生涯中已经完成了三次收购。）我同为注册会计师的朋友告诉我说一家事务所想要转手，他知道我正有意寻找此类机会。这是一家规模很小的会计师事务所，有一百来号客户、一位老板以及一位员工。当时我一无所有。在我离开普华永道之后，九个月的时间里，我四处打电话寻找机会，能打的都打过了。日复一日，收效甚微。实际上，我甚至考虑是不是重新去找工作。

这家事务所看起来像是一个不错的机会，我与所长会面，协商好交易价格。接下来我该考虑筹集收购款。我首先想到的就是卖家。他愿意承担购买价格的50%。这意味着我只需解决余下的大概6万美元就行了。那位介绍这次交易机会的朋友愿意借我3万美元，一年之后再偿还，他提出将我自己的房子作为抵押品，我表示同意。余下的钱来自于我的父母。

第一年，我用来自事务所的收入将朋友的借款还清。第二年年底的时候，我还清了卖家的借款。我的父母想要来自贷款产生的现金流，他们提出要求，不需要我偿还贷款本金，我只需要在他们的余生每月向其支付利息。

再后来，我才发现，那时我完全可以去银行，然后对方会很高兴地借给我50%甚至更多的钱来买下事务所。我对此毫不知情反而帮了我一把。我向其他人融资所接受的条款要远比银行给出的宽松许多。在那之后，我首先想到的就是找卖家融资。这有点像空手套白狼，因为来自事务所的收入可以用来偿还卖家的借款。

我是如何学会克服恐惧与失败的

在完成高中学业之后，我作为一位摩门教传教士在法国待了两年。我敲了数千家住户的门，在街上和数百个人搭讪，为的就是让他们聆听我关于自己宗教的事情。大部分人都回绝了。也有一些人说："见鬼去吧。"在我刚到法国不足一个月的时候，当我接近一个人，准备与他讨论宗教事宜，他转过身，狠狠地瞪了我一眼。我敲过的绝大多数门中，要么没有应答，要么在我面前狠狠地被关上。

没有什么比得上向法国的天主教徒兜售摩门教义更能够教会一个人如何克服恐惧和失败的了。我记得有一次，那是在我来到法国一年多以后，在一个公寓楼里面，我和同伴挨家挨户地敲门，没有一户人家邀请我们进去。后来同伴问我，我是如何能够保持如此积极态度的。我告诉他，如果人们能够了解我们所知道的，那么他们将会为我们打开大门。他们之所以没有为我们打开大门，是因为我们没有将自己的讯息传达给他们。让其他人邀请我们到他们家中去便是我们应该完成的工作。

我从中学到的经验教训就是如果我们一直受到自己使命的驱动——不管那是什么——我们甚至不需要惧怕拒绝和失败。我们的使命不是关于我们自己，而是关于我们所服务的人。当我在澳大利亚站在演讲台上面对一万个人的时候，或者在电话中向人讲述某一前景的时候，我的想法就是如何能够为他人提供服务。当我们将自己的关注点放在其他人身上时，我们的恐惧会自然消散。

我的长处

我关心每个人。我想要每个人都取得成功。我绝不会为了自己的问题而失眠，但却经常为了客户、合伙人以及员工的事情失眠。我有一个永恒的信仰：人们都是优秀的，都有成功的潜力，只需向他们提供适当的工具和教育即可。

我的缺点

我非常容易受到影响。我有让别人的建议盖过自己想法的倾向。这也是我在信任自己的本能方面经过了一段困难时期的原因。

我最擅长教授的企业家技能

如何利用来自税法的奖励更多地留下你赚的钱。

我教授的企业家课程

如何利用税法来增加你的现金流。

如何利用税收法规增加你的现金流

汤姆·惠尔赖特

> 税收让富人更加富有。
> 不幸的是，对绝大多数人来说，事情正好相反。
> 这就是为何汤姆是我团队中的重要成员。
> 对于绝大多数人来说，税收是他们最大的支出项目。
>
> ——罗伯特·清崎

我喜爱税法。当我还是犹他州大学的一名大学生时，就在大三首次报名了税法课程。我非常热爱这门课程，以至于我将自己的中级会计课程延期到大四。然后，我报名参与了学校开设的每一门与税务相关的课程。我发现，税法非常复杂，同时具有创造性。在我看来，这些东西非常有意义。

当你理解税法的目的时，你会觉得它是有意义的。确实，税收法规为政府提供了收入，但其作用远不止如此。税法能够驱动经济活动。

许多年前，政府就意识到，非常多的人憎恨支付税款。（还记得波士顿倾茶事件吗？）政府断定人们会采取行动来逃避纳税义务，因此他们开始反思：怎样才能让人们愿意纳税？上述问题以及答案导致了税收减免政策的出台，这些政策是为那些依据政府意愿行事的人准备的。

政府最希望看到的主要经济活动就是公司的成立。公司会雇用更多的人，而当人们有了工作，他们就不那么依赖政府，也不会制造更多的社会问题，况且他们还会支付税款。因此，如果政府能够找到一种途径去鼓励人们开设公司并取得发展，这对于每个人来说都是一件好事情。

政府鼓励人们开设公司的首要途径就是通过商业税收减免政策。这些政策并非漏洞，而是特地为了鼓励人们成立和发展一家公司所设置的奖励。一个人投入到公司中的钱越多,所获得的税收减免力度就越大。

让我们从力度最大的税收减免政策——税前扣除开始。任何用在经营目的上的、被认为是对经营活动有帮助且合理的支出都可以进行税前扣除,其中包括就餐、差旅、租赁、交通支出以及办公用品费用。任何通过公司赚来的钱,如果被用于商务活动,都是可以税前扣除的。甚至是你留给员工为他们退休准备的钱也是可以被扣除的。员工现在不必为那些预留的款项进行所得税申报(称之为附条件的退休计划),直到他们支取的那一刻为止。因为政府想要人们为他们的退休存钱,这是额外的税收鼓励政策。

对于公司来说,还存在许多其他的税收鼓励政策。大多数国家在公司的研发工作方面还制定了许多的税收抵免政策。从全球范围来看,法国在此方面制定的政策拥有最大的抵免力度。这意味着,你用在研发方面的经费,不但可以享受税前扣除政策,还可以获得税收抵免,也就是直接从你需要缴纳的税款中抵扣一部分你花在为消费者开发新产品以及改善公司运作体系上的钱。

对于企业家来说,另一项非常不错的税收优惠就是折旧。当购买机器设备、办公场所或厂房等经营场所或者是对租赁的场地环境进行改善时,你将享受折旧扣除。每年,你都能够从自己的公司收入中,扣除一部分先前花在机器设备、经营场所以及装修上的钱。无论你是直接用自己的钱支付购买或从银行借钱改善资产,都是可以享受这项政策的。因此,可以让银行来支付用于资产购买的款项,然后你从中获得折旧扣除。

对于企业主来说,还存在数百项其他的税收优惠措施。例如就业税收抵免、慈善捐助扣除、为你的经营场所购买太阳能电池板的费用提供税收抵免、针对农业综合企业的农业税收优惠、针对石油以及天然气钻井、木材及煤矿行业的特殊扣除政策。不论你经营什么类型的公司,都存在一些相应的税收优惠政策可供利用。

企业家也可以从不同的州以及国家提供的更优惠税率中获得优势。如果你是一名员工,那么你将不得不就你的收入向你所居住和工作的州以及国家支付税款。如果你拥有一家公司,那么你就可以在某些低税率国家发展业务,以便拥有税率优势,例如爱尔兰、荷兰以及加勒比海国家。如果你在美国,那么你可以享受某些州提供的零税率政策,例如内华达州、怀俄明州以及得克萨斯州。这些州以及国家为像你这样在他们那里做生意的企业家提供税收优惠政策。

当然，一位真正的企业家不会止步于眼前的商业税收优惠政策，因为真正的企业家会将那些他们无法再次滚动投入到业务中的钱拿走，以便投向其他可以产生现金流的资产，例如不动产、石油和天然气。这些资产同样会带来税收利益。政府想要人们修建住宅和商业项目，因此会为从事这些事业的公司提供税收优惠政策。在美国，政府希望投资者能够修建一些可供低收入者居住的房屋，因此通常会在针对不动产的税收利益（例如折旧）的基础上，额外提供税收抵免政策。

政府也想要鼓励人们在能源产业投资。因此，存在针对如下行业制定的税前扣除和税收抵免政策：太阳能供暖、油气、煤矿、水力发电以及风电场——甚至是电动汽车。

不管你选择从事什么类型的事业，都有可供利用的税收优惠政策。你在哪个国家居住和生活也并不重要。所有国家都为企业家提供税收优惠政策。你所需要的是接受基本的教育，了解税务法规如何发挥作用，然后寻找一位称职的税务顾问，帮你拿捏具体细节。欧洲、澳大利亚、法国以及英国提供了一些最好的税收优惠政策。而俄罗斯、中国和日本同样也为公司提供各种税收优惠政策。当我计划拜访一个新的国家时，我会查询一下该国的税法，而总会发现的是每个地方的税法都会惠及企业家。而且，当你用更少的钱缴税的时候，你就有更多的钱投入到自己的公司运营当中去。

当你作为一位企业家，然后以税法本身想要你使用的方式去使用它的时候，就会让自己变得真正富有。

关于汤姆·惠尔赖特

汤姆·惠尔赖特作为一位注册会计师，是全球首屈一指的注册会计师事务所 ProVision 背后的一股创新力量。作为发起人及 CEO，汤姆在过去二十多年的时间里，为事务所的优质客户提供创造性的全新的税务、商务以及财务等方面的顾问及策略服务。

在合伙企业以及股份公司税收策略方面，汤姆是一位领先的专家。他不仅撰写过相关的书和文章，还是一位知名的演说家以及一位财商教育改革者。唐纳德·特朗普选择汤姆加入自己的"财富建设者计划"，并将其称之为"精英中的精英"。畅销书《富爸爸穷爸爸》的作者罗伯特·清崎将汤姆称之为"一位对于任何想要变得富有的人都需要将其囊括在自己团队中的人"。在罗伯特·清崎所著的《富爸爸房地产投资指南》一书中，汤姆撰写了其中的第 1 章以及第 21 章。他对罗伯特·清崎的新书《富爸爸富人越来越富》贡献良多，并且还参与撰写了《富爸爸给你的钱找一份工作》以及《富爸爸不公平的优势》这两本书。

汤姆为业内主流刊物以及在线网站撰写过数篇文章，并在美国、加拿大、欧洲以及澳大利亚进行过数千场演讲。此外，他还在菲利普·麦克纳的《四十九之南》一书中提及自己在人际关系和团队构建方面的出色技巧，以及向加拿大人传授在美国市场投资的艺术。而上述内容在他自己的新书《降价出售》中更是被大篇幅提及。

在 30 多年的时间里，汤姆为来自制造业、不动产以及高科技领域的诸多经验丰富的投资者以及企业主提供了创造性的税务、商务及财富策略。他充满激情地将这些创造性策略传授给数以千计前来倾听他演讲的人。他在多个圆桌会议上担任主旨发言人以及专题小组成员，并在税收策略方面对现状发起挑战，引发过多次突破性的讨论。

汤姆在专业领域有着广泛阅历。在四大会计师事务所之一的安永位于华盛顿特区的国税部门,他负责了针对数千位注册会计师的专业培训;在曾经位列财富1000榜单的顶峰西方资本,他作为内部税务顾问提供服务;在亚利桑那州大学,他作为兼职教授讲授税务方面的硕士课程,历时14年之久。他开设的课程内容主要是关于多个州的税务筹划方面的技巧。他培养了数以百计的学生。

《免税财富》节选

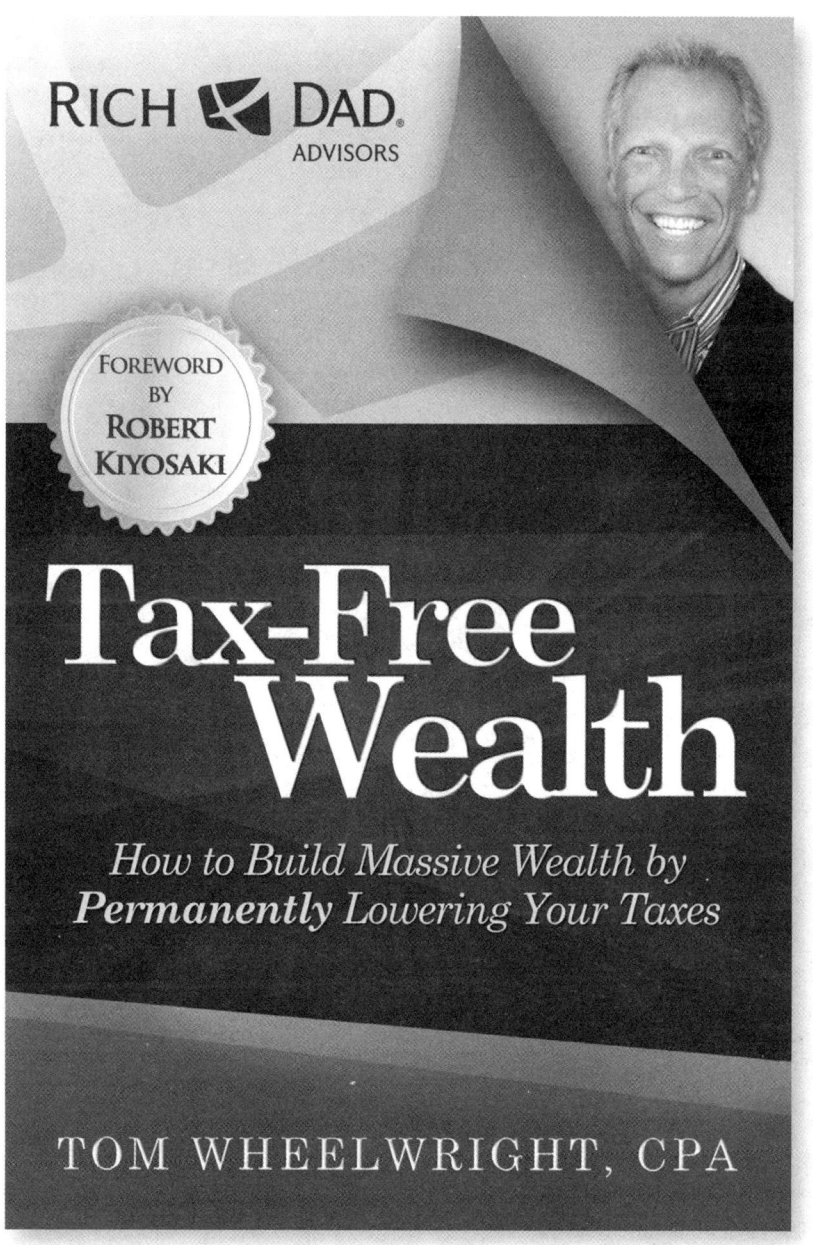

第二十三章
选择正确的税务顾问和填表人

"日复一日,你的税务师可能会让你赚到或者亏掉更多的钱,比你一生中遇到的任何一个人都要多,而只有你的子女可能是个例外。"

——哈维·麦凯

我第一次学习法律是在大学的商业法课堂上。一位负责本地破产事务的法官主讲这门课程。他是一位相当厉害的讲师,而我也喜爱这门课程。我尤其喜欢了解法律究竟可以变得多么含糊。我多年以前就了解到,模糊的事物与那些有明确针对性以及确定的事物比起来,能够提供相当大的回旋余地。我很高兴能够了解到法律的回旋余地到底有多大。

与大多数小孩一样,我在很小的时候就已经发现如何摆平我的父母。有时,我会借助母亲来说服父亲让我去一些平时他通常不会答应带我去的地方。有时,我故意假装没有听到他们想让我去做的一些事情。更多的时候,我故意曲解他们的意思,变成我想要听到的。然后,在我做了一些他们不喜欢的事情之后,我用他们自己的话来反驳他们——是你们同意我去做这些的。

也许,我一直说的就是学习法律,以便让我可以利用这方面来实现我客户的利益。首次听到的商业法课程真的将我推到了学习税法的道路上。学习这些法律,让我感到很兴奋。在大三的时候,我报名参加了所有犹他州大学商学院开设的与税务相关的课程。我的大多数同学都在大四那一年才去报名上他们的税务课程。

但是，那些课程对我来说相当有趣，所以我等不到那个时候。为了顺利去听那些课，我不得不延迟我在会计方面的必修课，这些课程要等到大四再说。我甚至记得，我将全部的中级会计课程都集中在了同一学年。因此，我可以在大四那一年把所有这些必修课程一并解决。所有这些费尽周折的努力都是值得的。

犹他州大学商学院有一位非常厉害的税务课程方面的教授——哈尼教授。他是一个税务律师，整天都在和法律打交道，同时还教授税务方面的课程。他要求苛刻，但是他真的精通这些法律，并且在这一方面相当狂热。在我想要去进一步深造的时候，我首先想到要与之交谈这个话题的人，除了我的妻子以外，就是哈尼教授。

我问他，我是应该去法学院就读，还是取得税务会计方面的硕士学位。他告诉我，如果我想要花费自己一生中的多数时间去研究税法，那么我最好是成为一位注册会计师。以他的经验来看，注册会计师花在税务方面的时间远多于律师。遵照哈尼教授的建议，我申请了得克萨斯州大学的硕士会计专业课程。

自那时起，我一直都致力于学习税法、教授税法，并利用税法来帮助我的客户减轻他们的税负。纳税确实是一种负担。就像本杰明·富兰克林曾经说的："如果政府向它的人民收取的税占到了他们收入的1/10，那么这将是一个冷酷无情的政府。"然而，在今天，遍及世界各地的政府收取的经常性税款占到了个人收入的40%～50%。

可能你仍然没有注意到，我在节税方面有相当的激情。激情是减轻税负的各种因素中最重要的一个。

> **规则21** 你和你的顾问在降低税负方面拥有的激情越多，那么你的税务负担就会越轻。

每当我在培训班上演讲的时候，听众一次又一次地问我这样一个问题："你如何寻找一位称职的税务顾问？"这是你能够问的最重要的问题之一。一位称职的税务顾问不但可以帮你减轻税负，还能消除你在这方面的恐惧。最重要的是，他能够消除你对税务稽查的恐惧。

但是，在减轻税负方面拥有激情仅仅是一位称职的税务顾问应该具有的众多特点中的一点。另外一点就是税务顾问对税法的看法。他是害怕了解法律呢，还是将其看作一种机会呢？绝大多数税务师都惧怕法律，他们甚至都没有认真研读一遍法律。取而代之的是，他们只读了法律的简化版本，例如《简明税务指南》。这些税务师对自己不理解的东西退避三舍，他们就算理解也理解得不够深刻。

> 听众一次又一次地问我这样一个问题："你如何寻找一位称职的税务顾问？"这是你能够问的最重要的问题之一。

他们对税法退避三舍，因为他们从来没有花时间学习一下这方面的法律。税务顾问以及税务填报人所受的教育千差万别，如同医生、律师和其他专业人员一样。一些税务表格填写人只接受了数周乃至数小时的培训，简单学习了如何填写纳税申报单。也有一些人去学校上过课，但也只学了一点皮毛而已。只有那些来自最好的大学并且在课堂里面成绩最优秀的学生才能成为最好的顾问，他们真正理解税法。他们读最好的学校并且作为班上最优秀的学生毕业的原因就在于他们想要了解税法以及其中所有错综复杂的事物。他们和我一样，渴望了解税法。而税务填表人的水准则非常一般，这取决于他们的教育水平——所接受的正规教育以及在实践中的经验部分。

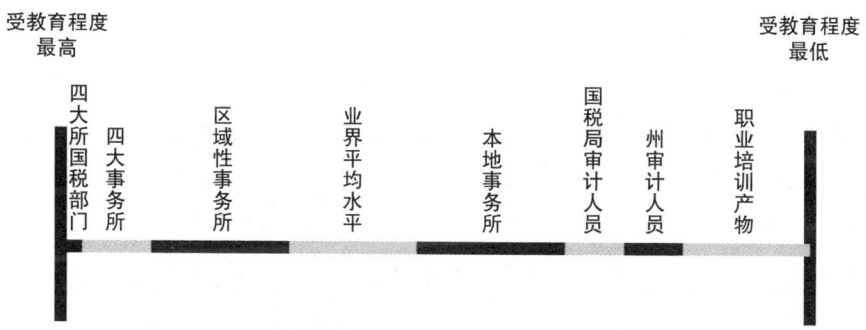

显而易见，由于大多数的税务师都只接受了基本的教育，同时对税法方面的理解有限，因此当他们在为你填报税单时，只会争取一些看起来非常明显的税前扣除以及税收优惠。而且很有可能你每年只与他们交谈过那么一两次，因为他们没有太多可以跟你说的。他们很有可能对你做出一些建议，例如最大化你的

IRA、RRSP 以及 401(k) 账户存款。他们会告诉你在年底提前缴纳支出，或者建议你等到明年再去接收一些你应得的收入。

这是多么糟糕的建议啊！你是否意识到，所有这些有关当下节税的建议，都只是在更晚的时候让你去缴纳。这些税务师都是以你未来花费的代价换取眼前的节税。在一次培训会议上，我让自己的员工解释 ProVision 与其他会计师事务所的不同点在哪里。一位刚刚从大学毕业的年轻职员给出了最富洞见性的回答。她说，她从来没有想到能为这样一家公司工作，它关注于客户的未来，而不是拘泥于他们的过去。多数税务填表人没有关注更为长远的节税举措，其中的一个原因就是他们只看到了过去和眼前，没有考虑过你的未来。

为什么对此方面知之甚少的税务师和顾问值得聘请呢？也许是因为人们不知道自己究竟想从税务顾问那里获得些什么，也许只是因为这些填表人和顾问倾向于收取更低的费用。仅仅是因为对方的收费更低而雇用他完全就是一个错误。考察一个顾问时需要关注的不是他们收取多少钱，而是他们最终让你白白支出了多少钱。

规则22 重要的不是你的税务填表人向你收了多少钱，而是你为之付出的真实代价究竟有多大。

让我给你举个例子。我们的客户之一——让我们称她为吉尔——最近跟我提到事务所每年帮她节省了多少税款的事情。以我们对税法的了解，我们能够每年为她节税 7 万美元。如果这笔钱用于投资，并且每年产生 10% 的回报，那么 20 年之后，这笔钱将会变成大约 400 万美元。她先前的税务顾问是不可能帮她实现的。换句话说，她先前的顾问让她在过去的 20 年时间里，付出了 400 万美元的代价。当然，她先前的税务顾问收取的费用比我的事务所 ProVision 要少。我们收取了吉尔大约两万美元的费用，为其提供税收筹划服务。这两万美元是吉尔做出的最好的投资，其每年产生的投资回报率是 350%。同时，因为这相当于她从收入税中拿回来的部分，所以这笔钱就不再是应税收入了。对于一笔两万美元的投资，能够产生 350% 的回报，而且是免税的，你怎么看呢？

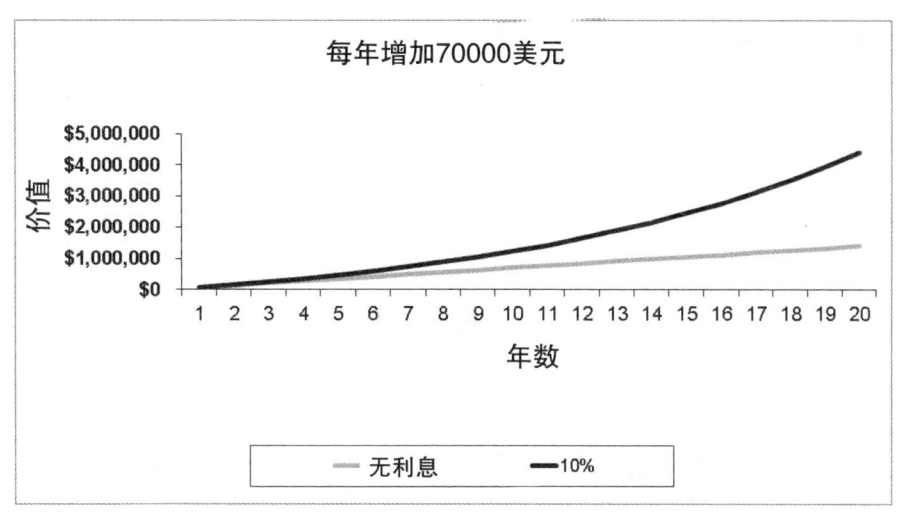

并不是所有客户都能够每年节税 7 万美元的。有些人会节税更多，而有些人则更少。我们的费用也是根据客户的具体情况来收取的。关键是，看看哪一个税务师让吉尔花费了更大的代价。是让她支付了更少的费用，但是却花费了 400 万美元的那一个呢？还是虽然向她收取了更多的费用，但是却帮助她每年节税 7 万美元的那个呢？答案很明显，不是吗？然而，大多数人还是在继续关注他们的税务填表人究竟收了他们多少钱，而不关注让他们在本不需缴纳的税款上多花了多少钱。

税务师的另一种倾向是以"一根筋"的方式去理解税法。我们将这种类型的人称之为线性或左脑思考者。大多数税务师都属于这一种，他们决定成为税务师就是因为他们喜欢数字的清楚和确定性，他们通常不是因为喜欢上了税法的模糊性而成为税务师的。这些税务师在处理例行事务方面没有问题，例如填报一张准确的税单，但他们无法做到的是通过创造性的方法，以客户的利益为出发点来利用税法。问题是，税法并非由会计师来写就，而是由那些国会议员请来的优秀税务律师所制定，这些法律承载的是这些政客的意愿，他们想要促进经济发展，鼓励人们在特定行业投资以及维持政府收入。这些律师倾向于不以"一根筋"的方式思考问题，他们被我们称之为非线性或右脑思考者。

税法也不是以"一根筋"的方式写就，一个章节的法规可能会影响另一个章节，它们彼此间的联系性也不总是那么明显。在此基础之上，不同的法官在庭审案件中,也可以对法律有不同的解释。关键的一点是,你的税务顾问应该通读过所有的相关法则,并从中找出对你来说最有利的节税举措。如果他们只是看了部分规章,那就很容易漏掉某些可以在节税方面对你有帮助的规章。

并非所有会计顾问的水平都相当
1. 税务顾问在学识和经验方面千差万别,甚至比医疗行业专业人员身上所表现出来的差别还要大。
2. 你的报税单因你选择的会计顾问所产生的影响要比其他任何因素都大。

当然,对你的会计顾问来说,最为重要的特点就是他对你的关心要多过对他们自己的关心。那么,你怎样才能了解到这一点呢?关键就是在你与他们的面谈中,他们是不是大多数时间都在回答你的问题,同时谈及他们自己以及为你提供的服务,又或者是,他们更关注于你需要什么?让我分享一个故事来举例说明这一原则。

不久前,我和同事在邻近的咖啡屋共进午餐。我翻看菜单,找到了一个看起来非常好吃的三明治。但是,我同时注意到,在那个菜单上,三明治将会搭配泡菜一起提供。对于那些喜欢吃泡菜的人来说,你大概会喜欢这种搭配。但是对于那些不喜欢泡菜的人来说,在三明治中配上泡菜简直就是一场灾难。

泡菜非常具有流动性,它们不会待在一个地方,汁液会四处渗透,从而影响到三明治和盘子中的其他食物。如果你很喜欢泡菜的味道,那么这对你来说相当不错。但如果你不喜欢这种味道,那么盘中的泡菜显然会毁掉整道菜品。

自然而然,点完单后,我问服务员能否确定不将泡菜放在我的盘中。"当然,"她说道,"不用担心。"可我仍旧担心。于是,我趁她端来饮料的当口,再次询问了一次。她向我保证,我肯定不会在盘中看到泡菜。

几分钟以后,她端上来我们点的东西,我看了一下我的那一份:三明治旁边搭配着炸薯条以及泡菜！我感到迷惑不解。为什么在我两次要求不要给我泡菜之后，这东西还是出现在了盘中呢？难道是我的态度不够客气吗？（我想我已经足够客气了。）是她忘记了呢，还是厨师忽略了她的要求？

同事和我一边坐在那里，一边想我们是否可以从这种情形中学到些什么？为什么最终我还是在盘中看到了泡菜呢？我们的结论是厨师或者服务员忙于应付他们的日常事务，对于这种特殊要求已经无暇顾及了。

那么，怎样才能避免这种不测事态呢？（好吧，其实事态也没有那么严重。）我们想了又想，最后想到了一点。如果是服务员主动向我询问是否需要泡菜，那么事情又会变成什么样子呢？我还会看到泡菜吗？显然不会！因为这意味着，他们的例行事务就是要确定消费者到底想要些什么。

在你和一位会计顾问面谈时也是如此。如果一位会计顾问的例行事务是听取你提出的各种问题，那么他将仅仅（也能够）回答你所提出的问题。他无法了解到其他任何你没有主动提及的事物。如果他的例行事务是通过询问问题来了解你的状况，你显然能够确定他正在通过询问来发现你真正想要的是什么。

不仅如此，你要缴纳的税款完全取决于你的实际情况。还记得我说过的么？任何支出都可以在正确的情形下被税前扣除。如果你的情况有了变化，那么你应该缴纳的税款也将发生变化。如果你的税务顾问没有询问你的情况，那么他如何能够知道你将面临怎样的税务状况呢？他显然也不能通过改变你的情况来更好地进行税务筹划。

> 你不应该为向自己的税务顾问问一些什么问题而感到担心。因为如果你不提问的话，那么很简单，他是一个不称职的顾问。

实际情况是，你已经有了全部的答案，而你的顾问也应该提出他的问题。你不应该为向自己的税务顾问问一些什么问题而感到担心。因为如果他不提问的话，那么很简单，他是一个不称职的顾问。

| 税务提示 | 雇用称职的顾问。这不仅需要你知道向潜在的税务顾问提出正确的问题，这还意味着你需要知道自己的税务顾问应该向你提出些什么问题。|

同样需要记住的是，只有你可以采取节税措施。关于税法，你需要了解得足够多，才会知道如何从自己的利益出发，时时刻刻将其用在自己身上。确保找到这样一位税务顾问，他不但有意愿并且能够将法规教授于你，这些都是你需要知道的法规，能够帮助你节税。

许多顾问实际上并不想要你了解这些法规。他们害怕一旦你了解了法规，你就不需要他们的顾问服务了。如果你了解法规，你将在节税方面变得更加成功。而当你在节税的同时，也就增加了自己的现金流。当现金流增加的时候，你也就增加了自己的财富。而当你增加了自己的财富之后，你很可能就比现在更加需要一位税务顾问了。因此，花时间来教你知晓一些你需要了解的法规，这不仅符合你的顾问的最佳利益，显然也符合你的最佳利益。

一位称职税务顾问拥有的特质	
1.	接受了税法方面的全面教育。
2.	在帮助你节税方面充满激情。
3.	将税法视作一种机会。
4.	关注长远的节税手段。
5.	从你的利益角度出发，运用创新手段来利用税法。
6.	采取节税手段时，全面考虑所有法规，而不只是其中的一部分。
7.	相比关心自己的利益，对你的利益要更加关心。
8.	向你提出问题，以便了解你的特定状况。
9.	有意愿教授你税务法则。

我在这里想要给你的最后一点建议就是找到这样一位税务顾问，同时让他帮助你填报税单。不要找不是你税务顾问的人填报税单。如果你这样做了，那么这可能是一个巨大的错误。你可能获得了不错的建议，但是你的税单填报人可能并

不知道如何利用这个建议去帮你完成申报工作。

你可能想要确定负责你税单填报工作的人不仅仅只是准确地完成了自己的工作，而且在填报的过程中还帮你节税，同时还降低你遭到税务稽查的概率。拿我的事务所来说，我们将税单填报工作视作上一年度税务筹划工作的最后一步，以及来年开展税务筹划工作的第一步。

花点时间，去寻找一位称职且能够帮你填报税单的税务顾问。准备一下，在与有希望合作的顾问会面时，提及我们在本章讨论的那些重点。

称职税务顾问的业务特点
1. 必须准确
2. 在为你填报税单的同时，还向你提供税务筹划的建议
3. 在帮你填报税单的时候就将节税措施考虑进去
4. 降低你遭到稽查的概率

现在，你已经知道了应该如何着手节税工作，那么接下来应该做些什么呢？你应该配合你的税务顾问，善加利用这里的建议，马上采取措施节省税款。这对你现金流的增加会产生立竿见影的效果。想想你能用那多出来的钱做些什么。

在下一章，我们将会谈到：你应该如何利用那多出来的现金流去极大地增加你的财富。

第23章 要点
1. 税法故意写得比较模糊，这为人们提供了极大的灵活性——如果你知道这些并且善加利用的话。
2. 为了保护自己的财富，你要做的最重要的事情之一就是找到税务顾问以及税单填报人，他们不仅仅要称职，更要出色才行。
3. 最为出色的税务顾问在税法方面有着深厚的功底，拥有非线性思维方式，能够充满激情地关注你的节税需求。
4. 绝不要找不同的人来分别向你提供税务咨询和税单填写服务，因为你也许获得了相当出色的建议，但却从未有机会将它用在税务申报中，结果错失了巨大的节税机会。

税收策略23——雇用称职的税务顾问

这里是当你与一位税务顾问会面时,需要谈到的最重要的10件事情:

1. 你如何看待税法?
2. 谁从税法中获益最大?
3. 是什么让你想成为税务顾问?
4. 关于我,你都想了解些什么?
5. 向我介绍一下你的顾问团队。
6. 描述一下你的个人从业经验。
7. 告诉我你个人的投资策略。
8. 你从哪里获得的税务硕士学位?
9. 就如何降低被美国国税局稽查税务风险这一方面,给我举出三个例子。
10. 告诉我你关于资产保护的想法。

这里是你未来有可能合作的税务顾问应该与你讨论的10件最重要的事情:

1. 谈谈你的梦想和目标。
2. 描述一下你目前和未来预期的家庭状况。
3. 描述一下你与配偶及子女的关系。
4. 描述一下你目前和未来预期的投资。
5. 描述一下你目前和未来预期的公司状况。
6. 解释一下你关于节税的理念。
7. 关于税法,你都想要了解些什么?
8. 最适合你的学习方式是什么?通过阅读、听讲还是亲自体验与动手实践?
9. 在一个完美的世界中,你会如何与你的注册会计师共事?
10. 你团队中的其他成员都有谁?

安迪·塔纳

纸资产方面的富爸爸顾问

个人背景与企业家简介

姓　　名：安迪·塔纳

出生日期：1968 年 5 月 10 日

出 生 地：犹他州，莫雷

传统教育

斯诺学院——犹他州埃弗拉伊姆

位于盐湖城的犹他州大学

位于犹他州奥格登的韦伯州立大学

理科准学士（短时间内退学，没有获得学士学位）

专业教育

无

年级平均分

高中：2.36

大学：2.58

传统教育的价值——对成为企业家来说

我在传统的学校中作为运动员的经历非常有价值。身为运动员让我开始经历重要的人生课程，例如使命、领导力和团队。我无法公平地评价课堂所起的作用，因为那对我来说一点儿乐趣都没有。我对老师教的科目也不是非常感兴趣，因此我没有努力学习，我真的不知道这些对我到底有没有帮助。我确定我能从这些课程中发现一些好的方面，只要我仔细地去发掘，但我当时还没有成熟到会去这样做的程度。此外，传统学校也无法帮助我为今后人生中的任何职业生涯做好准备，这一点让我完全没有认同感，所以在这方面我没有一点欲望。

在学校最喜欢的科目

体育以及唱诗班。体育是我的天赋所在。虽然我认为自己很聪明，但我从来没有在课堂上以及关注应试目的的读书学习过程中感受到任何乐趣。此外，我也不是真的喜欢唱歌，但很高兴我的父母让我去参加了唱诗班。李兰德·弗林德斯是一位了不起的唱诗班老师。我怀疑他是不是已经跳出了"老鼠赛跑圈"，因为他没有为钱而承担教学任务，他在这里完全是出于对音乐和学生的喜爱。这是他的欲望。

每年，他都会用学费支付一趟到夏威夷的旅程，让我们去参加一个唱诗班比赛。他要求我们每一个想参与其中的人都要勤学苦练，提高水平。所有的努力都有了回报，因为在1986年，我们赢得了夏威夷比赛的金牌。那是我对学校最美好回忆中的一个片段。

在学校最讨厌的科目

有机化学

首个企业家项目

1996年，我设立了一个网站——FamilyParade.com。这是一个像脸书一样的社交网站。我非常希望当时我就能够了解B-I三角形。

并非从学校习得的关键企业家技能

领导力以及销售力。

何时以及为何成为了企业家？第一份事业是什么？

在运动场外，我找不到任何能够真正从中获得乐趣的事情。退学之后，我通过一些薪水很低的工作勉强糊口，然后我发现自己对演说和教学工作的热爱。我进入了培训行业，并且爱上了这一行当。这行业的薪水很高，激励人们实现更多的满足感。我学习股票方面的知识，因为许多年前，我被要求在一个培训班上教授这方面的课程。我成立了自己的教育公司，并且创造出自己的产品。因为我热爱教学，我认为这就是我的欲望，这就是我在自己的人生中应该去做的事情。

来自初次创业中的最好经验

遭遇失败一点问题都没有。虽然很痛苦，但绝不是终点。

通过科尔比指数，我对自己有哪些了解？

安迪·塔纳
科尔比A™指数评估结果

祝贺你，安迪
你在科尔比指数评估中获得了完美的分数

你很独特，敢于面对未来的挑战。你引领着潮流，洞见各种可能，并且能完成别人认为不可能完成之事。你甚至在看到问题有希望得到解决之前就坚信自己能够做到，并将其转化为一次富有成效的冒险。

科尔比行动模型

发现事实型　坚持到底型　快速行动型　积极实施型

1
3
5
10

©1997—2017, 凯西·科尔比, 版权所有。
获科尔比公司许可重印。

首先，我了解到应该面对自己的本性，而不是与之抗争，以便有所改变。其次，我了解到，要学会面对别人的本性，而且也不要指望别人去改变。最后，我意识到，从我以及妻子的科尔比评估结果来看，我们俩是互补的。

我在 B-I 三角形中的角色

对自己团队的使命和沟通方面保持关注。

对企业家很关键但无法从学校学到的技能

1. 领导力

我喜爱通过演讲和教学来帮助人们。这是让我感到舒畅的领导力的一部分。然而，我仍在学习如何成为一位更好的领导人，这也是我一直在发展的技巧。通过过去的失败以及在未来可能面对的挑战，我意识到领导力的磨炼是一个没有终点永不停歇的发展过程。

2. 团队合作

与大多数人一样，在学校度过的那些时光里，我感到自己是作为一个个体，在和我的其他同学竞争。回想起来，我能够看到这种教育方法剥夺了我们学习开展团队合作的愿望。我通过成为运动员，参与唱诗班、摇滚乐团以及创办公司的经历，发现了团队的力量，并且乐于成为团队的一分子！

对于企业家来说，我最重要的经验

精神。我仍然将自己视作一名学生。我仍然在犯错误，我仍然会面对挑战。作为一位企业家，有时会面对非常困难的日子，甚至会面临某些类型的战斗。拥有企业家精神不仅仅只是对自由和金钱的狂热渴望。我了解到，这是一种服务他人、为他人创造价值的精神。我将永不停歇地学习这一精神，年复一年。

我是如何学到募集资本的

当我与其他富爸爸顾问站在一起的时候，我对肯、乔希、莉萨以及达伦在融资方面的专业水准感到敬畏。我没有参与他们的工作。但是我同样发现有许多人，他们有很多钱，需要拿去投资。知道了这些之后，我便可以为这些人提供服务，通过清晰明了的沟通，将潜在收益和风险传达给这些投资者，为他们提供一个好的投资机会。一些商人更适合创造机会，另外一些人更擅长将这些机会通过沟通方式传达给别人。这是我非常小心的地方，因为我很容易通过自己的沟通技巧融到很多钱。事实上，经常有人来找我，想要我收下他们的钱。对我来说，融资已经超出了让人们将自己的钱拱手奉上的能力。这关乎为投资者创造投资机会——一个值得他们去投资的机会。有些人也很容易融到钱，只不过他们最后亏掉了投资者交给他们的钱！

我是如何学会克服恐惧与失败的

我仍然在学习如何克服恐惧和失败。我偶尔仍然会因为害怕去做出某些行为。与其他每个人一样，有时我也害怕失败。这是一件我不需要隐瞒的事实，因为我也是一个普通人。即便这样，在人生中的某些时刻，我也会鼓起极大的勇气。我仍然会感到害怕，但是内在力量的召唤让我可以克服这种情绪，迈开前进的步伐。

关于克服我个人的恐惧情绪的秘密武器之一就是让我四周围绕着来自优秀团队的成员。我同样也发现，当我关注于我的使命及其为别人带来的价值时，我总是能够鼓起勇气来解决任何事情。当我有了一个值得为之奋斗的目标，恐惧情绪也就随之消散。一个很好的例子就是在我创作关于401(k)计划存在哪些问题的一本书时，我对人们会如何看待这本书感到紧张，因为我知道，我正在对抗那些政府、华尔街以及整个社会循循善诱了数十年的根深蒂固的想法。

我害怕人们会在亚马逊网站上给这本书留下一星差评。但当我想到那些可能会被整个401(k)体系伤害的人时，毫无保留地写出所有想法的勇气油然而生。最终，我的家庭给了我最大的力量来战胜这种恐惧，因为我想要为他们创造更好的生活。虽然我多次经历这种恐惧情绪，但对家人的爱帮助我驱散了这些负面情绪。

我的长处

我是这个世界上最好的老师之一，对此我有充分的自信。我可以讲授任何难度较大的主题，例如股票投资，我可以让这方面的话题变得简单，学起来也充满乐趣。作为对富爸爸使命的支持，这是我能够为富爸爸顾问团队带来的最有价值的服务！

我的缺点

有时，我认为，我们的文化鼓励自己放低对个人能力和成就的重视程度，将会导致我们在自我审视时缩窄视角，同时在衡量自我的价值时容易低估自己。有时候，我自己也会受到这方面的影响。当然，我很清楚地知道自己的长处，但当一些软弱的情绪涌现时，自信心就会消亡。而这种软弱的想法一旦占据上风，就会妨碍我们发挥自己的全部力量。因此，这是我们每个人每天都将面临的战斗。

我最擅长教授的企业家技能

沟通和韧性

我教授的企业家课程

纸资产：在任何市况下投资和管理风险的策略

纸资产：投资和风险管理策略

安迪·塔纳

> 市场崩盘让富人变得更加富有，而穷人和中产阶级则更加贫穷。安迪是我顾问团队中的一员，因为你不仅需要知道如何在市场处于上升趋势时赚钱，还要知道当市场处于下行趋势时，如何进行投资和风险管理。
>
> ——罗伯特·清崎

我在富爸爸顾问团队中能够发挥出自己的力量的角色，就是传授人们关于纸资产方面的知识。当我听到学生们说他们增加了对任何类别资产——在目前的情况下是纸资产——的了解时，我丝毫不感到惊讶。这同样能够帮助（鼓舞）他们做好准备，去投资其他的资产类别。

通过玩罗伯特推出的《富爸爸现金流》游戏，人们从本能上和直觉上了解了一个看不见摸不着的投资术语——基本面分析。基本面分析是对财务报表进行理解的过程，同时也是对该份报表体现出的优点和缺点进行评估的过程。我每年教授数千位学生，而我最喜爱的学生就是通过玩《富爸爸现金流》游戏而变得对财务报表熟悉的那些。上述体验让这些学生非常容易理解真正的财务报表，无论是在个人层面、家庭层面还是公司层面。当你要研究一只股票是否值得购入的时候，这一点很重要，甚至是对一个可以影响到全球市场的国家的财务健康状况进行分析时也是如此。企业家在学习了基本面分析之后，可以评估自己公司所具备的优势，或者是寻找可能存在的其他投资机会。

《富爸爸现金流》游戏面向投资者引入了市场趋势的概念。一个偶然的机会，我站在罗伯特身边，面向一群企业家或者是有抱负的投资者演讲。罗伯特经常让我向他们谈谈关于趋势的各方面。企业家想要了解趋势，因为那正是市场运行的方向所在。趋势可以向上，也可以向下，甚至可以停滞不前（也就是我们说的盘整）。

有利的一点在于，无论趋势的运行方向如何，对于那些受过财商教育的投资者来说，他们总能够从中找到好的投资机会，并获得利润。

对趋势的研究称之为技术面分析。企业家的任务就是解决问题，因此他们可以在任何趋势条件下创造价值和利润——无论市场行情上升、下降，还是盘整。为了获得利益，投资者必须发现趋势，并且有一套方法用来判断市场趋势是否发生改变以及何时改变。

简单地说，基本面分析和技术面分析就是收集信息，然后进行分析，以便理解到底发生了什么。一旦某人拥有了这种信息，并且进行分析，寻找机会，那么下一步就是将其转变为现金流。而说到纸资产，投资者有许多方法可以做到这一点。这些方法中的许多都超越了平淡无奇且屡试不爽的"低买高卖"，这一方法许多人都熟悉。企业家可以学习如何通过他们收集到的信息，占据一个有利的立场来产生利润。一些人可能通过持有头寸来获得资本利得（就是传统上的买入并持有），而其他人可能是为了现金流持有头寸（无论市场上发生什么事情，都可以赚钱）。

我热衷于传授人们关于投资者对待纸资产的各种不同的立场，因为在接受了这种教育之后，人们可以将所学的东西利用起来，对自己的投资进行更多的掌控，同时更有效率地管理风险。

这是我热衷于传授的关于纸资产的第四个方面：风险管理！在关于401(k)退休金计划中，我的众多牢骚之一就是投资者将会面临巨大风险，然而他们无法对这些投资进行风险控制和管理。即便人们可以在股票市场上进行分散化投资，但他们仍然容易受到股票市场崩盘的影响——这种风险是他们无法控制的。风险管理意味着，一旦你完成了基本面分析以及技术面分析，决定了自己将要采取何种类型的立场之后，就可以进退自如。企业家始终都会问的问题是如果这种情况出现的话，我该怎么办？因此，他们会制订后备计划，甚至是后备计划的后备计划——如果市场情况发生了意料之外的转变。

这与你为自己的房屋购买保险没什么区别。保险让你能够在房屋遭受火灾之后获得赔偿，而这种灾难超出了你的掌控，例如肇因是邻居家的熊孩子玩火柴。

这四个领域——基本面分析、技术面分析、对现金流持有的立场以及风险管理——组成了我称之为"四柱投资法"的策略。

我希望你能够注意到，这些想法和概念并非专为投资纸资产的人所准备。我知道罗伯特也持有一些纸资产，但是他资产中的主要构成部分是石油、不动产以及公司。尽管如此，罗伯特仍然关注对基本面和趋势的研究。

之所以纸资产方面的教育至关重要，我认为是因为绝大多数人都将自己的钱投向了这一资产类别。我大胆地估计，许多人都指望他们的401(k)退休金账户在未来可以用来支持他们的退休生活，而账户中的资产来自于他们数年甚至是数十年来不断买入的共同基金。

对我来说，很讽刺的是，纸资产领域虽然有着大量的参与者，然而他们中的绝大多数却没有受过这方面的教育。让我再次强调一下，以便能够引起你们的重视：纸资产是一种有着大量参与者的资产类别，但是这些人中的大多数并没有接受相关的教育以便理解这些投资并对其进行管理！在大多数情况下，401(k)计划的参与者都将他们薪水的一部分交给理财规划师或401(k)计划管理人，让后者去打理和操心。我看到了每个人在参与401(k)计划的过程中面临的巨大风险，这就是为何我要坚定信念，尽自己所能，以简单和有趣的形式，将与纸资产及股票市场相关的教育推送给关心这一重要主题并想了解更多的人。

在讨论和传授与纸资产相关的知识方面，罗伯特经常要我去做的另一件事情就是这种资产类别能够带给像你和我这样的投资者什么好处？我经常避免讨论各种资产类别之间孰优孰劣，因为我认为这完全是一个个人偏好问题，并不存在所谓"好"或者"更好"的问题。任何一个偏好不动产投资的人都会津津乐道于唐纳德·特朗普的成功；任何钟爱能源行业的人都会将布恩·皮肯斯的成功挂在嘴边；偏好经营公司的人在那些认为设立公司风险很大的人面前都会拿出理查德·布兰森的例子进行反驳；任何想要投资纸资产的人首先想到的是有史以来最伟大的投资者的例子，那就是沃伦·巴菲特，他每年从纸资产中赚取数10亿美元。

关于资产类别方面更加明智的讨论方向是关注资产类别间的差异。在不同的资产类别间，投资者将要面对其优势以及不足，也就是优点和缺点。就像我提到的，这就是当我在传授纸资产方面的知识时，罗伯特经常要我去解释的方面。在富爸爸的世界里，多样化投资指的是跨资产类别投资，而不是在股票和共同基金品种间分散投资。

纸资产具有良好的流动性。这一点有好有坏。当你发现一个更好的投资机会时，或者在你意识到自己的投资有危险时，能够很快地将手头的纸资产变现。如果你不喜欢眼前的状况，可以轻点一下鼠标，立马离场。如果你看见别的市场行情火热，还是轻点鼠标，你立刻就能参与其中。

流动性所引发的负面因素就是波动性。这就是为什么你能够看到股票市场的波动程度比起其他一些市场要更加剧烈。流动性让参与市场的买卖双方能够以更快的速度换手。这也导致了惊人的暴涨以及惨烈的下跌。

纸资产是灵活的。我先前提到过，我传授的企业家技巧之一就是辨别趋势的能力。当你想要在一个下行趋势的市场中取得成功时，纸资产是最受欢迎的投资之一。乔治·索罗斯是辨别趋势方面的专家，他闻名全球就是因为能辨别出下行趋势，并从中获得数十亿美元的利润。例如，在2013年，乔治·索罗斯持有的日元空头仓位为其赚进超过10亿美元的利润，而那些在储蓄账户中存有日元的人却损失了应有的购买力和价值。乔治·索罗斯本质上是借入日元做空获得的巨大成功。从正在贬值的一些东西里面实现利润和产生现金流，对于刚入门的投资者来说颇为挠头。然而，这却是一种重要的企业家技巧，它能够持续让钱流入你的账户，不管市场情况如何。我的工作就是让人们对这种技巧的学习和理解变得简单轻松和充满乐趣。

纸资产规模可调。这是另外一个我热衷于向别人传授纸资产的知识的原因。我了解到，有许多人都读过《富爸爸穷爸爸》一书，但是他们尚未购入自己的第一处可供租赁的物业，或者是设立他们的第一家公司。我也了解，有很多人想要在他们的资产栏中放入一些东西，但是由于这样或那样的原因，他们仍然没有做到。纸资产是一条令人惊奇的入门途径，因为它让任何人都可以购入和沃伦·巴菲特同样类型的资产，而且想买多少视自己的情况而定——即便你不是一个亿万富翁也无所谓。举例来说，沃伦·巴菲特持有可口可乐公司数百万股股份，我的孩子们也可以从他们的柠檬水摊中赚取足够的钱，用来买入一些可口可乐公司的股份。他们甚至可以与沃伦·巴菲特一样，收到一定比例的回报，只是在数额上要小得多而已。更重要的是，他们可以从中学到同样的经验和教训，因为他们进行的是类型完全一样的投资。

如果一个人曾经玩过《富爸爸现金流》游戏，然后如果他现在想要玩这一游戏的真实版本，纸资产能够在一个更小的投资规模水平上，让他实现心愿，还是那个在股票市场中进行的"游戏"——如同在《富爸爸现金流》游戏中一样。但是不要误解了我的意思，在实际的纸资产上面投资需要投入实际的金钱，面对实际的风险，而且有产生实际亏损的可能。我的意思是说，你可以控制整件事情的规模，将亏损控制在一个很小的范围内，从而在不承担巨大风险和亏损的情况下学到意义重大的经验和教训。

纸资产为你提供杠杆。在不动产领域，主要的杠杆工具是债务。这是一件好事情。在纸资产领域，主要的杠杆工具就是一份简单的合约。这也是非常好的一件事情。在我初次传授人们关于期权市场领域的知识后，他们了解到如何成为一份合约的卖家，从而获取现金流，这颠覆了他们的常识。合约销售是一种企业家技巧，很容易在期权市场中了解和体验到。对于任何人来说，在没有接受适当的教育和指导的情况下，承担大量的不动产债务非常不明智，然而，这对于受过教育和有技巧的人来说却是一件不错的事情。对于纸资产来说也是一样。销售期权合约是一件极具风险的事情——即便有相应的股票作为担保也是一样——如果没有适当的知识以及导师指导。

在美国，对于身处E象限的人来说，主要的退休储蓄方式被称之为401(k)；在加拿大，其被称之为RRSP；在澳大利亚，这被称之为退休金；在日本，这同样被称之为401(k)。无论你居住在世界何处，关键是要了解对于身处E象限的人来说，有什么类型的退休计划可供选择。富爸爸的使命是通过财商教育，提升人们的财务幸福感。普通大众中有相当大的比例仍然属于E象限，为了改善他们的生活质量，我感受到自己有责任让他们了解什么是纸资产，我通过大多数财务顾问也许没法做到的方式来兑现自己的责任。即便一个人决定留在E象限，不想成为一位企业家，我仍然相信他们可以从类似向共同基金或单位信托投资的财商教育中获益。我相信，如果他们对此一无所知，将会面临巨大风险。我同样相信，在我们看到的能够体现"更大的图景"的基础面数据中，有很多正在向我们指出，这些觉得身处E象限不错的人，将会面临前方波涛汹涌的水域，而他们仍然坚持将共同基金视作是未来的救生工具。我不是说共同基金或者单位信托是糟糕的投资。我的意思是说，接受适当的教育可以帮助你做出更好的决定，无论是为你自己，还是为了你的家庭。

我热衷于传授人们关于纸资产方面的知识。我热爱学习和教学工作。我自己在作为一位老师的同时，也将自己看作是一名学生。作为一位富爸爸顾问，我认为人们有时候会将我看作是一位"到达成功终点"的人，以为我知道全部问题的答案。在与罗伯特以及其他顾问度过了许多时光之后，我学到的一件事情就是我们都是学生。我们花在学习上的时间超过大多数人认为或相信的。这是我学习重要的新生事物的最重要的一条途径。我作为老师学到的东西要多过我作为学生学到的。

对于任何希望成为一位企业家的人来说，这是我最后的建议：这个过程意味着，你将同时成为一名学生，以此作为你渴望解决问题并且为世界创造价值的一种途径。关注这方面，你的未来会变得非常光明。

关于安迪·塔纳

安迪·塔纳是一位纸资产方面的知名专家,同时还是一位成功的企业家以及投资人,在教授股票期权投资的关键技巧方面享有盛誉。他是"富爸爸股票成功系统"的培训师,同时也是纸资产方面的富爸爸顾问。

作为一位不断求索的教育家,安迪教授了数以万计来自世界各地的投资者以及企业家。他经常接受罗伯特·清崎的邀请,向学生展示纸资产是如何融入到富爸爸投资体系中去的。自2008年以来,在开发与启动"富爸爸股票成功系统"的过程中,安迪扮演了关键角色。这一计划旨在向投资者传授技术面交易的高级技巧,使其无论牛市熊市皆可获利。

他是《401(k)的乱局》以及《富爸爸股票投资从入门到精通》这两本书的作者,后者是关注纸资产投资方面的富爸爸顾问系列书籍。

安迪同时还开设了称之为"四柱投资法"的在线投资课程。你可以前往www.4pillarsofinvesting.com 了解更多信息。

《富爸爸股票投资从入门到精通》节选

第三章

投资四柱法初探

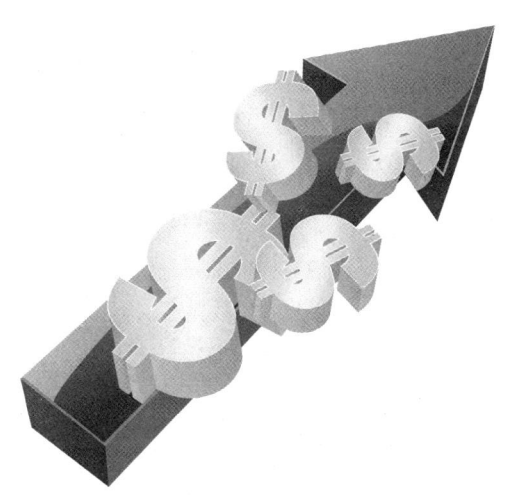

让我来向你介绍投资四柱法。作为一名学生，你会发现我们所学到的任何关于通过股票来赚钱的方法都会纳入这四柱法之中。

在第二章，我们讲到财富构筑就是学会明智地购买或者创建资产。我们也看到资产类别包括公司、不动产、大宗商品以及纸资产（比如股票和期权）。我们了解到每种资产类别都有它自己的"语言"以及细微的差别。

那么，你如何能够学会明智地购买这些资产？当机会来临时，你如何作出正确的决定？通过学习投资四柱法，你就能知道答案。对于从事任何资产类别投资的投资者来说，无论你是为了资本利得而投资，还是为了现金流，这些柱子都包含了至关重要的信息。

为了准备创作这本书，我坐下来回顾了从导师和老师那里学来的所有关于投资的东西。它们都能够被很好地归纳到以下四个范畴：

（1）我学会了如何研究实体（基本面分析）；

（2）我学会了如何研究趋势（技术面分析）；

（3）我学会了使自己能够处在获利立场的技术（现金流）；

（4）我学会了如何管理风险（风险管理）。

这些范畴组成了我所说的投资四柱法。当你全身心地投入到学习这有关投资的四根支柱时，你将会学到能够让你审视任何资产类别的各种投资机会的标准，进而作出更好的决策。这四根柱子将会为你的财商教育目标提供支撑。你将会学习到如何明智地购买资产以及构筑你的财富。

那么，让我们从第一根柱子开始。

柱之一：基本面分析

基本面分析考察的是一个实体的实力。我们需要知晓强大的实体与弱小的实体之间的不同之处，实体可以是一家私人公司、一家慈善机构，甚至一个国家。

我们通过查看财务报告来考察实体。财务报告可以告诉我们该实体的实力。

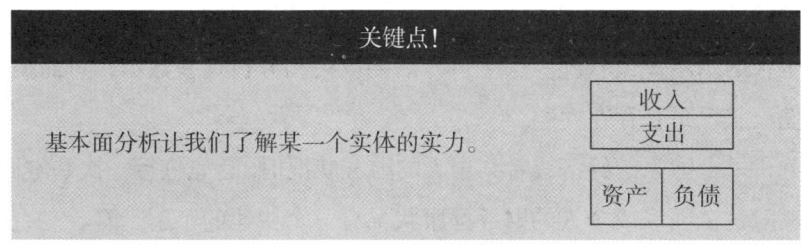

我的大学篮球教练在教授"基本规则"（译注：基本规则与基本面为同一个单词，此处语带双关）时堪称"大师"。他的球队赢了多场的锦标赛，而他本人则在狂热的大学篮球粉丝中广为人知。人们经常问我为什么我会觉得他是如此的成功。我的回答则一如既往：他对比赛的每一部分都追求绝对完美——不是要求球员拥有过人的天分，而是要求他们付出十足的努力。不是每一个人都有较高的天分，但是我们都能尽最大的努力。比赛中总是会有对任何级别的选手来说都很基础的部分，不管是大学赛还是职业赛。为了成功，你必须在这些方面不断地磨炼，以此提高自己的实践能力。我的教练对基本原则相当执着，而且他在这方面的执教做得相当不错。

想要达到财务成功，在基本规则方面需要同样的严格，而基本规则对于所有实体来说都适用——从主权国家到公司，再到个人。任何实体想要蓬勃发展，必须符合一定的财务基本原则。在本章中，你会开始了解这些基本原则是什么。你将同样会了解如何将一个实体与另一个相比较，然后马上就能够知道哪一个拥有更强劲的财务实力。

基本面分析是通过查看一些基本的财务数据，然后据此评估实体财务实力的过程。我会帮助你了解到这些数据所代表的含义，以及你在哪里可以找到它们。你将会发现，随着你对如何考察这些基本数据有了更多的了解，你作出明智的投资决策的能力也会不断提高。你将能够为此类比较画出合格线，以便更快地甄别出符合你期望的好的投资机会。

一个有助于你看待和理解基本面分析的方法是：将之看作是找医生做一套检查。医生要从基础检查开始来分析你的情况。医生可能并不关心你头发或者眼珠的颜色，因为他不能够通过这些方面对你的健康状况有进一步的了解。但是他会测量你的血压和心跳。他会轻拍你的膝盖来看你的条件反射是否正常。他会借助听诊器来听你的心跳和肺部的声音。他会记下你的生命体征。而这些生命体征恰好反映了你的基本健康状况。医生首先需要收集和分析这些数据,进而搞清楚你的整体健康状况是否存在问题。

当分析一个国家的经济或者某个人的财务状况时,首先进行一次基本面分析,你就能够对这个国家或个人的财务健康状况有一个快速的了解,看看是否一切正常。财务方面的生命体征可以告诉我们很多关于所考察实体的健康状况方面的信息。

基本面分析同样能够帮助我们确定价值所在。所考察实体的财务状况越健康,其在市场上的价值就越高。

基本面分析对于所有类型的领导者来说都是一个很重要的工具。无论是高级别的政府官员,还是一个小家庭里面的一家之主,他们都可以通过它来发现自身薄弱之处,然后制订相应的策略实现自我完善。基本面分析是一个非常有价值的诊断工具。

通过学习基本面,你将会了解到:

(1) 如何考察任意实体的财务实力;

(2) 如何发现实体的价值;

(3) 如何通过诊断得出导致薄弱之处的原因;

(4) 如何通过政策的改变来修复薄弱之处以及预测变化;

(5) 如何看到任何交易的正反两面以及识别出赢家和输家;

(6) 为何投资者能够预测未来。

现在,我希望我能够在学校里学到这些东西。

四柱构筑

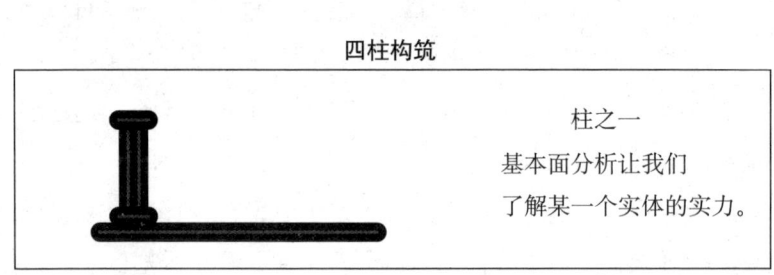

柱之一
基本面分析让我们了解某一个实体的实力。

柱之二：技术面分析

四柱里面的第二根称之为技术面分析。简单来说就是指"技术分析"。技术分析是行情图中供需关系的故事。供需关系变化创造趋势。

关键点！

技术面分析帮助我们预测未来发展趋势。

想象自己是一个高尔夫球场的拥有者。你将自己生意的方方面面都打理得井井有条。你的球场已经跻身于世界上最好的球场之列。实际上，有许多人都想要来你的球场挥上一杆，多到你应接不暇。旺盛的人气让你日进斗金。理所当然，高尔夫球场的开球时间陷入供应短缺状态。

这对于你的生意来说意味着什么？因为对于你球场的开球时间的需求比其他任何地方都多，所以现在你可以收取比竞争对手更高的费用。在你的电脑上，有一张显示了历史价格趋势的行情图——价格年复一年持续攀升。通过这个趋势，你可以预测价格在未来会达到什么水准。通过研究行情图推算未来你期望会发生什么，这称之为技术面分析。

当你购买了一家公司的股票，通常你会仔细地做以下两方面的调查：

自从你买入了该公司的股票，自然而然地，你就想知道该公司的财务实力究竟有多么强劲，以及如何将这些基本的财务数据与其他公司相比较（基本面分析）。

你想知道其他的投资者对于购买该公司股票究竟有多么渴望。假如该公司的股票存在一个旺盛的需求，那么这种需求就会将股价不断地推升（技术面分析）。

理解趋势非常重要，因为你将会看到：在股票市场上从来不缺少机会。在技术面分析部分，你将会学到：

（1）识别某种趋势的规则；

（2）如何读懂趋势所揭示的意义；

（3）投资者使用形态来判定接下来最有可能发生的是什么；

（4）如何使用技术工具来帮助投资者寻找机会以及看到警示。

四柱构筑

柱之二
技术面分析用于观察一只股票的供需关系（趋势）。

尽情探索

本书的前两章向你介绍了背景这个概念。那些讨论试图帮助你运用开放式思维从不同的角度去思考问题。现在你可以感受到，我们开始转到内容以及一些关于投资方面的重要指引上了。

在这一点上，我想你可以试着让自己通过其他不同途径去学习基本面分析以及技术面分析。如果你这样去做了，那么你的体验将会变得更加有趣，而且从一开始就会受到正确的启发。当你深入探究基本面分析与技术面分析的章节时，这里有几点需要记住的建议。

按照你自己的进度学习

不像学校，这里没有周末测试，没有分数，因此，对你来说，你不仅可以将所有那些从未见过的新事物、新知识全部据为己有，而且还可以去追求尽善尽美的理解，不要对此有丝毫的压力。

我记得在大学的时候，我不得不去上一门有机化学课程。教学材料相当复杂。但真正将问题变得复杂的是我不得不以很快的进度学完这门课程。我感受到了前所未有的压力，因为我不得不在短时间内理解所有那些初次见到的陌生东西。压力丝毫不利于学习这门课程。我开始感到慌乱，因为对于没能理解这些东西而遭受的惩罚是相当严重的，而且很快就将面临。如果没有通过测试，我可能就不能再去打球。而这后果是相当令人难以接受的。

甚至在离开学校以后的一段时间内，我发现自己仍习惯于作出相同的反应。假如我遇到这样一种情形——当面对一个概念而我不能快速理解时——我会变得紧张、焦虑和感到有压力。现在我学会了放松，让事情以我自己的进度来，而且这也改变了我的背景。自从卸掉压力以后，学习成为我最喜爱的活动之一。

所以当你学习基本面分析以及技术面分析的章节时，请允许自己——提醒自己——放松。你能够做到，我对你充满信心。假如你感到焦虑，将之视作需要一个深呼吸的信号……然后放松。暗示自己将学习材料通读两三遍都没问题。放慢进度？当然也没有问题。

我仍然记得我从驾校教练那里学到的一课。他通过类比来示范如何使用手动变速来驾驶汽车。我们只需听人解释一下松开离合器以及踩下油门的过程，就可以从持续教育™理论中的一无所知的阶段发展到有所觉悟的阶段，进而再到达理论水平的阶段。但是当我们真正地遵从指示，坐在驾驶席上尝试开车时，考验你实践水平的时候就到了。当我们尝试将这些概念转变成行动时，我们会不可避免地将车憋熄火。但是这完全没什么大不了的，将车憋熄火也是学习过程的一部分。这是你学习通过手动变速来驾驶汽车的过程。我们在错误中不断学习。几次尝试之后，你开始找到了某种感觉。你学会了如何慢慢地调节直到换挡时机来临，你知道了如何换挡，如何听发动机的声音，也知道了何时换到高速挡，何时换到低速挡，甚至了解了如何通过离合器和刹车的配合进行爬坡起步。不久以后，你无须思考就能做到驾驶自如。你达到了实践能力阶段。

你将车憋熄火，不代表你没有从中学到东西。当我爸爸教我学开车时，我也将车憋熄火了。我会用同样的方式教我的儿子吗？当然。这仍然是教人学东西的最好方式。让引擎停工是这个过程的一部分，对我的儿子没有丝毫的伤害。我会坐在他的旁边，直到他找到其中的窍门。

因此，请记住，当你学习这些投资观念时，不必向自己施加任何压力。深吸一口气，然后享受发现的乐趣。一旦你通过前两根柱子打下了投资的基础，就到了要了解第三根柱子的时候了。对于投资者来说，我确信那是最令人兴奋的一根——现金流。

柱之三：现金流策略

一旦我们看到了一家公司的实力（基本面），以及市场的趋势（技术面），我们就可以决定如何使我们处在一个能够获利的立场上。

> **关键点！**
>
> 现金流策略就是关于你在不同的市场环境中所处的立场：无论是上涨、下跌或者震荡。

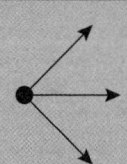

一部分投资者置身于通过资本利得获利的立场上，这意味着低买高卖，就好比买卖一所房子那样；而另一部分投资者则置身于通过现金流获利的立场上，就好比出租一所房子那样。理解一种策略，这能够帮助你理解其他的策略。

听到现金流这一术语，大家的心跳肯定会稍稍加快。因为这就是我们作为投资者所最终追求的。当金钱随着你所作出的那些明智投资决策而自由地流进你账户时，你会体验到真正的自由是怎样一种感受。本书的目标就在于帮助你提升定期从股票市场中提取现金的能力充满信心以及对此毫无思想负担——无论市场走势如何。这就是其中的美妙之处：你将会学到如何在市场上涨、下跌以及震荡中做到这点。

现金流是解决支出问题的一种方案

每个人都有支出，比如食物、服装、居住、税收、娱乐以及许多其他的方方面面。支出是人生中基本的财务问题。我们可以通过以下四种方式中的一种来解决这个问题。

E（Employee）代表雇员

S（Self-employed）代表小企业主、自由职业者或专业人士

B（Business owner）代表大企业家（有500名以上员工）

I（Investor）代表投资人

假如你每月需要5 000美元来解决你的支出问题，那么想要从象限的左侧移

动到右侧，你的财务报表必须从图1转变为图2。

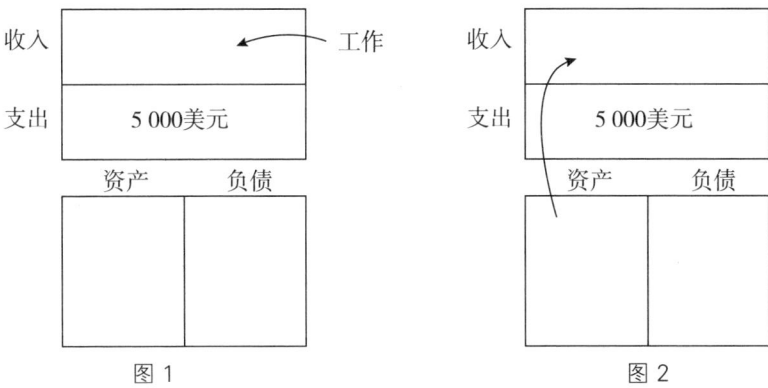

最好的现金流不必依赖牛市

许多E象限的人往往将钱存入某些缴费型退休养老计划中，比如401（k）养老金账户或者个人退休账户（IRA）。而放入这些账户中的钱会通过共同基金或者单位信托基金流向股票市场，具体取决于你所居住的国家。你账户中的钱能不能帮你赚钱往往取决于股票市场的整体表现。而这些策略几乎都关注于长期投资。由此看来，投资者如果在近期就想获得现金流，则不能指望它们。而且这里面还有一个问题：股票市场并不总是稳步上涨的。它能够——而且确实会——向上波动、向下波动或者长时间停滞不前。

在美国，占据主导地位的养老金投资计划为401(k)退休养老计划。不幸的是，这些投资的价值依赖于牛市。与其说这些计划依靠现金流取得增长，不如说是依靠净值来推动增长。然而当市场波动时，净值也会随之波动。

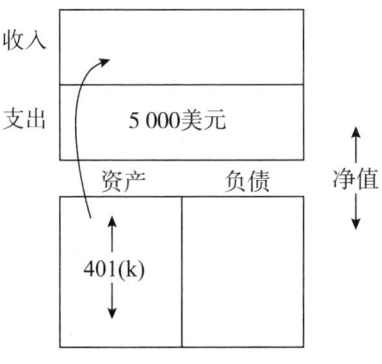

265

每当我想起401（k）时，它们都会使我联想起《伊索寓言》中那只会下金蛋的鹅。大多数缴费型养老金计划都依赖过去所赚的钱（我称之为"旧钱"）来解决未来的支出问题。

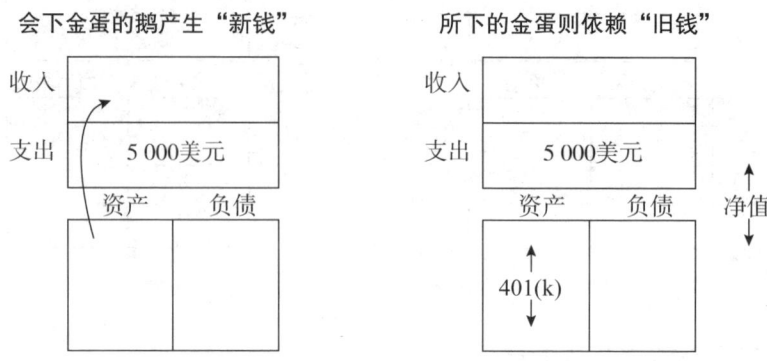

那些依赖"旧钱"的计划会处于一个危险的境地。相比每月都能收到现金流并且一直持续下去，投资者倒是更像拥有两只沙漏——一只装满钱，而另一只装满时间。这就是为什么人们最担心的就是退休时无钱可花。如果他们知道如何产生"新钱"，那么这些担心就不会成为现实。

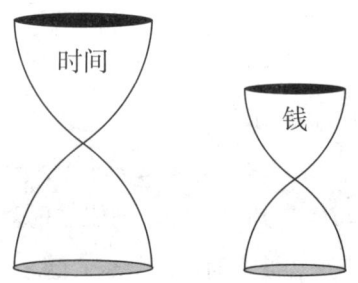

我想给你介绍一种全新的思想——一种你从未想到过的。这些新的"下金蛋的鹅"的想法与你以前那些让自己的钱躺在长期养老金账户里的想法不同。

当谈到购买股票时，基本面分析就是收集关于一家公司实力的信息的过程，而技术面分析就是收集关于一只股票供需信息的过程。当有了这些信息以后，你就可以以此来决定是将自己的钱投资到"某一只金鹅"上，还是投资到"一枚金蛋"上。你将发现：其实有很多不同的途径来利用你在基本面以及技术面上的分析所得。

在现金流策略一章里，你将会看到一些如何将这些信息转化成潜在赢利的例子,以及一些当我们需要执行特定的投资策略时可以遵守的规则。我同样将带给你一些洞察力,你可以借此了解如何判断选择某个策略而不是另一个,连同一些当你作出决策时能够给你信心的方法,以此来帮助你朝着自己的财富以及人生目标前进。

学习各种不同的现金流策略,就好比当你画一幅画时有许多不同的颜色可供使用。面对各种各样的颜色,你要思考:如何更加有效地挑选以及搭配这些颜色,才能画出符合我心中所想的画作呢?

而不利的方面在于,许多投资者开发了仅限于获取资本利得的基本面以及技术面条件。此外,许多人的工具箱中只有适合牛市的策略。作为一个大学生运动员,我不得不学习许多不同的进攻策略以及教练手册中的各种战术图,以便用来处理多种复杂的情况。不管在什么情况下,我都会利用防守带给我的机会,寻找取胜之道。

在股票市场上也是一样的道理,利用市场给你的机会(无论是上涨、下跌,还是震荡)从中寻找取胜之道。

通过学习不同的方法来使自己处于为获取现金流(甚至是资本利得,仅就此而言)而投资的立场上,你会开始了解不管市场处于何种市况下,获利机会始终存在。

下面是一些你在现金流策略章节中将会学到的:

(1)当市场上涨时如何获取资本利得;

(2)当市场下跌时如何获取资本利得;

(3)如何在无须负债的情况下使用财务杠杆;

(4)如何结合股票及期权市场来产生现金流。

四柱构筑

柱之三
现金流策略就是选择
在市场上所处的立场。

柱之四：风险管理

不管你是投资不动产、股票或是其他的资产类别，你需要记住：事情可以在突然间发生转变。

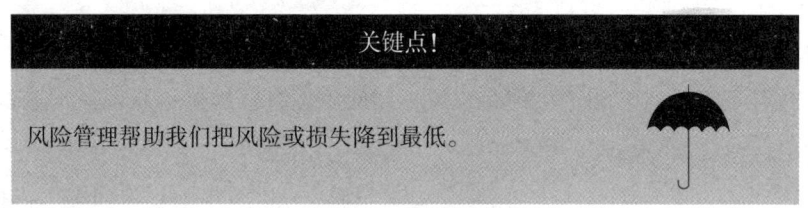

风险管理帮助我们把风险或损失降到最低。

假如市场崩溃，导致预存的退休金没了，你是否有备用计划？

假如你存了很多钱，可是钞票却大幅贬值，你该怎么办？

假如突发洪水冲毁了你的房屋，你为其购买保险了吗？

不管你做什么，总有一些事情超出了你的控制，然而也总有一些事情始终在控制范围内。风险管理就是利用你能够控制的那些事情去对付那些你所不能控制的。我不能控制洪水，可是我能够控制是否为房屋购买保险。

风险与控制之间的关系

你可能想要暂停一下，然后思考一下这个关键点：风险控制。

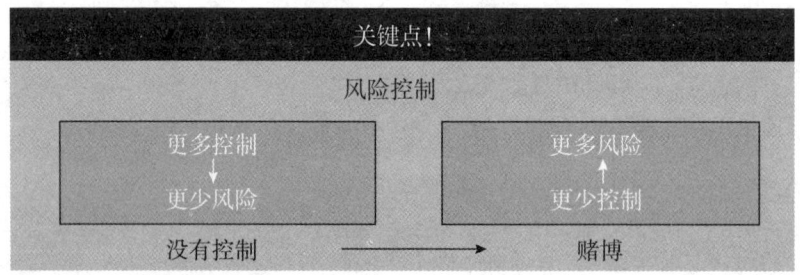

每当有人想要投资或者利用债务进行杠杆投资时，最好能够明智地考虑一下自身对投资结果有多大的控制程度。这个问题对于那些将大笔钱投入到用于进行多样化投资的传统养老金计划的人来说同样重要。他们对结果的控制程度又如何呢？这是一个需要冷静思考的问题。

投资者无法控制我们所讨论的前两根柱子——基本面分析以及技术面分析。

当我们查看公司的数据时,我们发现它的业绩超出了我们的控制。我们无权参与公司内部的日常决策,无法参与销售产品。尽管我们拥有公司的部分股份,但是对公司政策走向几乎没能产生任何实质影响。当我们通过行情图观察股价走势时,我们将意识到股价的未来走势同样超出我们的控制。

不管你是多么期盼股价上涨,但是它完全在你的掌控之外。对于公司的收益来说也是如此。我们不能够对此类事物进行任何控制,如同天气或者乐透彩票一样。

记住,前两根柱子(基本面分析与技术面分析)是关于收集与分析信息的,而不是关于如何控制那些信息。

四柱构筑

柱之四
风险管理是利用你所能控制的去应对那些你所不能控制的。

那些你可以控制的事物

通过进行基本面分析(查看一家公司的财务状况)以及技术面分析(查看该股票的供需关系情况),你逐渐了解到一些至关重要的信息,是时候思考一下现金流策略以及你想如何管理与之相随的风险了。再说一次,前两根柱子超出了你的控制范围。但是对于后两根柱子,你拥有百分百的控制能力,而且你还要对你的所作所为负全部责任。

换句话说,你确实不能控制天气的变化,但是你能够选择如何应对。你不能控制一场席卷而来的飓风,但是假如你通过收集信息发现一场飓风即将来临,就可以通过销售紧急物资给那些有需要的人而从中获益。你同样可以管理自己的风险——通过购买保险保护你的家当。这些行动完全取决于你。对你的现金流投资来说也是一样。

你同样可以控制自己的财商教育水平。在第一章,我们讨论了投资者成为认真的学生的重要性。想在投资四柱的每一根上面走多远,这完全取决于你自己。

这是一个非常好的消息。假如我们认识到，我们的人生目标和财富目标有关系，而我们的财富目标是通过完成我们的教育目标来达成的，那么投资四柱就成为通向成功的光明大道。现在你知道该学些什么以及该做些什么了吧。比如如何通过种植自己的橙子树来收获吃不完的美味橙子。

你在关于风险的章节里将要学到的一些东西包括：

（1）你将会学习投资者将要面对的各种不同种类的风险；

（2）你将会扩充自己的财务词汇；

（3）你将会学习退出策略；

（4）你将会学习对冲；

（5）你将会学习仓位控制。

持续教育™ 中的四柱

纸资产在投资规模及流动性上的优势，使其成为一个很好的学习投资四柱法的标的。但也存在一个严重的误区，举例来说，就是人们认为不动产投资者在他们的日常投资活动中不需要用到技术面分析。可我却听到富爸爸顾问团成员肯·麦克尔罗伊多次声明他的不动产生意是一门趋势生意。

现在你对四柱中的每一根都有了基本的了解，是时候对它们的认知有所觉悟了，是时候升级你对每一根柱子的理论水平了。当你渴望在理论水平上有所提高时，你的大脑会自动搜索那些有助于你进行实践的导师以及途径，然后你会因为吸引法则而变得越来越达到实践水平。因为这本来就是我们的大脑最自然的工作方式。

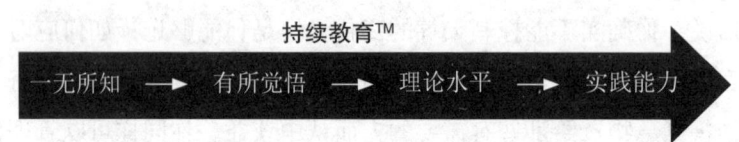

更清晰地关注你的教育目标，它使你能够识别出合适的人和机会，进而帮助你达成目标。随着为寻求答案而产生的关注与渴望的进一步增强，你会感到这些人和机会都是被你所吸引来的。

当你学习投资四柱法时，我鼓励你思考一下：对于每一根柱子，我在其持续教育™上所处的位置是什么？这是一个评估你所处学习阶段的好方法。仅仅对财务报表有所觉悟，与具有对财务报表进行基本面分析的实践能力之间存在着巨大的差异。同样，仅仅对技术面分析有所觉悟，与具有对行情图进行解读的实践水平之间也存在着巨大的差异。在向实践能力阶段前进的过程中，对后两根柱子（现金流策略与风险管理）来说更加重要。因为在这两方面所做出的决策和行动会直接对你的利润产生冲击。

现金流策略与风险管理是双刃剑：它们既能给你带来很多的好处，同时也能带来严重的伤害。作为投资者，我们的目标是在所有柱子上都具备实践水平。让我们开始这趟旅程，享受发现每根柱子所带来的乐趣吧。记住：功到自然成。让一切顺其自然吧。

本章小结

让我们来回顾一下第三章的一些重点：

1. 基本面分析有助于我们了解一个实体的财务实力。

财务报表揭示一个实体的财务健康状况。你可以通过这些数据来发现它的价值，诊断它暗含的问题，以及更好地对未来作出展望。

2. 技术面分析有助于我们识别趋势。

通过解读行情图我们能够识别趋势，看到供需关系的变化。我们可以通过模式识别来告诉自己接下来的行情很可能会怎么走。我们能够看到市场的警示。

3. 现金流策略就是我们选择如何使自己处于能够获利的立场上。

通过学习各种现金流以及资本利得策略，你就能有机会拿走市场给予你的获利以及发现在任何市况下（上涨、下跌以及震荡中）存在的潜在获利机会，而不是受它摆布。

4. 风险管理就是如何应对意想不到的情况。

每一个认真的投资者都需要一定的对策来应对那些意想不到的情况，或者当他们犯错时能够最大限度地自保。

5. 投资四柱法不仅仅针对股票投资者，它针对的是所有投资者。

不论何种资产类别，在四根柱子的运用上都具有实践能力才能够让你作出更好的决策。

达伦·威克斯

融资方面的富爸爸顾问

个人背景与企业家简介

姓　　名：达伦·威克斯

出生日期：1968年6月14日

出 生 地：加拿大阿尔伯塔，埃德蒙顿

传统教育

阿尔伯塔大学

学位：商业学士

参加过注册会计师课程，未修完学分。

专业教育

无

年级平均分

高中：2.45

大学：2.2

传统教育的价值——对成为企业家来讲

在我看来，完全没有价值。大学教授的课程中，可供我利用的非常少。如果让我再选择一次，我不会去上大学。

在学校最喜欢的科目

社会调查和时事。

在学校最讨厌的科目

数学。尤其是当各种字母——XYZ——出现在数学课上的时候,我的测验连续不及格。而在此之前,我是班上数学成绩最好的人之一。

首个企业家项目

在我很小的时候,我帮邻居铲除人行道的积雪、锄草以及送报纸。

并非从学校习得的关键企业家技能

学校教育最为缺失的一环是教你如何销售。

何时以及为何成为了企业家?第一份事业是什么?

我一直想要成为一位富有的人,所以我做了我能想到的一切来朝着这个目标前进。我在六年级的时候投资了共同基金,同时还印制了销售孔雀鱼的商务名片。

首家成立的公司是在加拿大销售因纽特人的艺术品。为此,我还辞掉了我在政府部门的全职工作,并且连续不断地购入更多的不动产。所有人都认为我疯了。但对我来说,这种经验比那个商业学士学位有价值得多。

来自初次创业中的最好经验

哇!那简直太多了。现实是,我没有固定薪水,因此我需要更多的纪律约束。我意识到,我需要花时间来寻找消费者,而不是想办法逃避。我害怕销售工作,而且不知道如何学会这项重要的技能。

我同样不知道如何构建一支团队,或者发挥我的优势。我没有利用别人的时间、技巧和资金。我是一位典型的身处S象限的人——没有借助其他任何东西或人。

通过科尔比指数，我对自己有哪些了解？

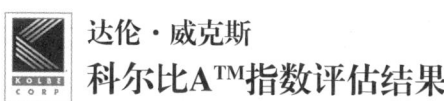

达伦·威克斯
科尔比A™指数评估结果

祝贺你，达伦
你在科尔比指数评估中获得了完美的分数

你很独特，敢于面对未来的挑战。你引领着潮流，洞见各种可能，并且能完成别人认为不可能完成之事。你甚至在看到问题有希望得到解决之前就坚信自己能够做到，并将其转化为一次富有成效的冒险。

科尔比行动模型

发现事实型　坚持到底型　快速行动型　积极实施型

©1997-2017，凯西·科尔比，版权所有。

获科尔比公司许可重印。

我是一位典型的企业家，可以轻松地发现机会，但却不喜欢深入细节并坚持到底。

我在B-I三角形中的角色

我的角色与沟通以及使命有关。16年来，我向来自全世界数以千计的人沟通传播了富爸爸公司的使命。罗伯特和富爸爸公司传授的策略是行得通的，我就是活生生的证据。

对企业家很关键但无法从学校学到的技能

- 沟通技巧，主要是销售技巧。
- 如何发现机会——虽然遍地都是
- 如何构建团队

对于企业家来说，我最重要的经验

我了解到，一个有计划和团队的投资者不会缺钱。金钱——或者是金钱的缺乏——从来就不应该拖住你的脚步。我同时了解到，虽然银行是非常有利可图的一个行业，但依赖它们会在一定程度上降低你成为成功企业家的机会。

我是如何学到募集资本的

我有一个态度，那就是我不会失败。因此，在一家银行拒绝了我的贷款申请之后，我转而向朋友、家庭以及同事询问，看看他们是否愿意为了项目的顺利实施而和我合作。这想法是可行的——对我们所有人都是。

我是如何学会克服恐惧与失败的

在六岁那年，我就已经下定决心了。我知道，我会变得富有，所以没有太多东西会拖住我的脚步。

同样，在初次全职投入到因纽特人艺术品生意之后，我意识到想要达成自己的财务目标，必须付出更大的努力。

我的长处

坚持不懈，并保持良好心态。当面对一件很糟糕的事情时，我会更加坚定自己想要获得成功的决心。

我的缺点

懒散。没有发挥出自己全部的潜力，尤其是当我寻找下一个真正的使命时。

我最擅长教授的企业家技能

融资所必需的沟通技巧。

我教授的企业家课程

沟通：融资的关键

沟通：融资的关键

达伦·威克斯

> 富爸爸说过："只有懒惰的人才用他们自己的钱来致富。"想变得富有的企业家会学习如何负责任地利用别人的钱（OPM）去赚钱。
>
> ——罗伯特·清崎

大约十年前，我加入了一个不对外开放的会员制组织，其中包括了众多来自我家乡加拿大埃德蒙顿的企业家。为了满足成为会员的资格，你需要拥有一家公司，它的年销售额要超过120万美元。这一组织成立的目的是让成功的领导者能够互相帮助，无论是在商业方面还是在个人发展方面。我们每个月会面一次。我和另外十个同行进入了这个小团体。

在一次会面中，一位拥有极为成功的家具店的企业主说了一些让我终身难忘的话。他说："达伦，在来自埃德蒙顿的我们全部80位成员中，你是真正最具企业家精神的！"我对这个评价感到震惊，于是继续听他说下去。他说他从未遇到过一个人可以设立一家公司，竟然是在不通过来自家庭和财务方面帮助的情况下，白手起家成长为一家年销售额超过120万美元的公司。

回望过去，我现在明白了，如此强大的企业家精神，在我还是一个小男孩的时候就具有了。我知道，我一直想要变得"富有"，这一愿望一直都非常强烈。当我第一次读到《富爸爸穷爸爸》时，我立即就看到了机会，那就是通过《富爸爸现金流》游戏去为别人提供财商教育。从此，我开始走上财商培训的道路。我发现，你只需要相信自己会取得成功，并且朝着让理想变为现实的方向前进即可。

自那以后，我每天都会做一些事情，进一步坚定我的信仰——成为一位成功的企业家。我通过将《富爸爸现金流》游戏作为工具，来建立一个充满生机的公司。15年后，当我卖掉自己的培训公司时，我完成了人生中的这一篇章。

我相信，我带给富爸爸家庭最显著的特点就是有能力辨别企业家，并且基于我的经验和他们的目标来引导他们。无论他们是缺少创业资金，还是想要购买自己的第一处可供租赁物业，抑或是想改变眼前收入增长乏力的局面，甚至是想要雇用员工或者仅仅只是没有看到自身的潜力，我都相信自己能帮到他们。

许多人将这称之为"上天赐予"的经验，这些经验发挥了很大的作用。我能发现——也有意培养自己去发现——那些大多数人都无法看见的事物，或者他们没有去寻找并抓住的商业机会。我发现，我可以从无到有地创造事物。最重要的是，我可以看到一个人的潜力，他所需要的仅仅只是一臂之力，一段鼓励的话语，或者向着某个方向轻轻推动一下，提醒他们需要关注的地方或者是回到正确的轨道上。

很多了解我或者我背景的人可能会想："达伦了解融资的方方面面。"可我还没有提起那一部分。我在职业生涯中融到过许多钱：高达5亿多美元的钱被投到了5000多套公寓单位、未开发的地块、游轮码头以及一大堆别的东西里面。每当我看到那个数字的时候，也会对后面跟着的那么多个"零"留下深刻印象。但是在我看来，融资不是我主要的优势。我相信，我真正的优势是将能够促成事业成功的所有片段拼接在一起。我经常用的类比就是：一家公司好比是一个很大、很复杂的拼图玩具，你需要技巧将各种碎片以正确的顺序组装在一起。然后，一副完整的拼图就诞生了。

掌握技巧去完成那副杰作就是我想要做的事情，我相信自己可以做得非常好。融资只是这些拼图碎片中的一块。要我向你展示如何融资吗？绝对没问题！但是在迈出脚步之前，你需要有一个强大的使命，能够领导人们前进，并且拥有一个强大的品牌，还要知道如何沟通。如此，你的公司才可以发展。当然，你需要过往的成功案例，以便让潜在的投资者了解你所拥有的技巧和经验，说服这些人向你投资。

我将如何帮助人们拓展这些技巧？实践、实践以及更多的实践。我撸起袖子，和人们一起实践。我身体力行，向他们展示我已经用了30多年的行事之道。近几年来，我倾注全部的时间来帮助那些来自世界各地的企业家提高他们的企业家技巧。我在这些企业家身上看到了惊人的转变。他们在一个安全的环境中与其他企业家一同实践，当他们释放出自身的能量，并且回到真实世界时，实践将会回报他们，帮助他们达成梦幻般的业绩，公司发展也蒸蒸日上！

成绩永远都会是积极的吗？也不一定，这就是现实，在现实世界中的人生也是一样。有许多次，当我与企业家携手共事时，总会有一些事情不如他们希望的那样进展顺利。但是，你可以与某个之前已经走过这条路的人沟通，只有他明白，这个过程的一部分就是一边走一边不停地修正和调整，对上述经验进行总结并从中发现积极的一面，这非常神奇……然后他们再次尝试。实践——执行——学习，再实践——再执行，这就是企业家人生中面对的循环。

我于2001年初次读到《富爸爸穷爸爸》，回望过去，这是一段不可思议的旅程。我在世界各地的培训班上遇到过数以千计的持有乐观态度的人们。我在这个过程中也成为了一个更加优秀的人，同时我也意识到，个人拓展和商务培训同样重要。能够成为一位富爸爸顾问，并且能够参与到这样一个高度重视教育和个人的发展的团体中，我永远心存感激。

2001年，我主持了自己的首个《富爸爸现金流》游戏活动，只有四个人到场。就算在最疯狂的梦想中，我也没有想过，有一天我能和罗伯特·清崎站在同一个舞台上演说，并且和他、金以及其他顾问成为朋友。多年来，罗伯特是我不可思议的导师以及难以置信的支持者。下面是我的结束语：持续磨炼你成为成功企业家所需要的技巧，我确定你最终会掌握的。在这个过程中，你将成为一个更加优秀和强大的人。这条路对我来说是可行的。

关于达伦·威克斯

达伦·威克斯始终对投资充满激情。在六年级时，他就开始投资共同基金。初中时，他尝试介入低价股投资。高中时，达伦已经涉足包括银条在内的实物商品投资了。用投资赚来的收益，达伦买入了他的第一处可供租赁的物业，那时他还是亚伯达大学的一名商科学生。他至今仍然持有该处物业。

在获得会计文凭之后，每当机会出现时，达伦就继续买入更多的可供租赁物业。当他从大学毕业后，投资的地位退居次席。之后的几年时间里，达伦和普通人一样，做着同样的事情——朝九晚五地工作，手头不松不紧，盼望周末的到来。他一边在各种不同的公司里负责会计和销售事务，一边将投资不动产作为副业。达伦逐渐在他的不动产投资组合中添加了更多的物业。与此同时，他感受到了传统的职业生涯道路上与日俱增的局限与障碍。

2001年，事情发生了转机。当时，一位朋友推荐达伦阅读一本名为《富爸爸穷爸爸》的书，该书的作者就是罗伯特·清崎。那本书将他所有关于金钱的信仰都清晰地贯穿起来，重燃了他自年轻时已有的对投资的激情。在读完那本书之后不久，达伦做出了改变自己一生的决定——成立了一家名为"现金流快车道"的公司。他想将书中的原则连同自己多年来学到的关于金钱的知识传授给加拿大人。最好的一点就是，快车道的培训班是免费的！这家公司让达伦放弃传统的打工生涯，专注于自己的业务，全身心投资。

让我们将目光移到现在。达伦积累的一个资产投资组合不但拥有横跨北美的4000多个租赁物业，还持有价值数千万美元的能源行业权益以及数百公顷的土地，他同时还是世界上最大的游轮码头（法尔茅斯港）的最大单一股东。该处码头由皇家加勒比邮轮公司负责运营。

达伦和他的团队仍然在组织各种活动和会议，为加拿大人扩展他们的财务视野。活动的主题包罗万象，包括了预算编制、不动产、投资、企业家精神、融资、人脉关系、市场行销、个人拓展等。

在全国范围内，有超过35万人参加了快速道集团主办的活动。始于一个简单的想法，集团现在已经拥有了多个下属机构。成功的定位让快速道集团成为了加拿大商界翘楚，连续三年入选PROFIT200榜单。

2013年，达伦被选为融资方面的富爸爸顾问。他在2016年出售了快速道集团，重新关注于学习、教学、指导和投资方面。他在帮助别人方面拥有的激情一如既往地强烈，如同他对财商素养让每一个人都有获得财务自由的可能这一信念的坚定程度一样。

《融资的艺术》节选

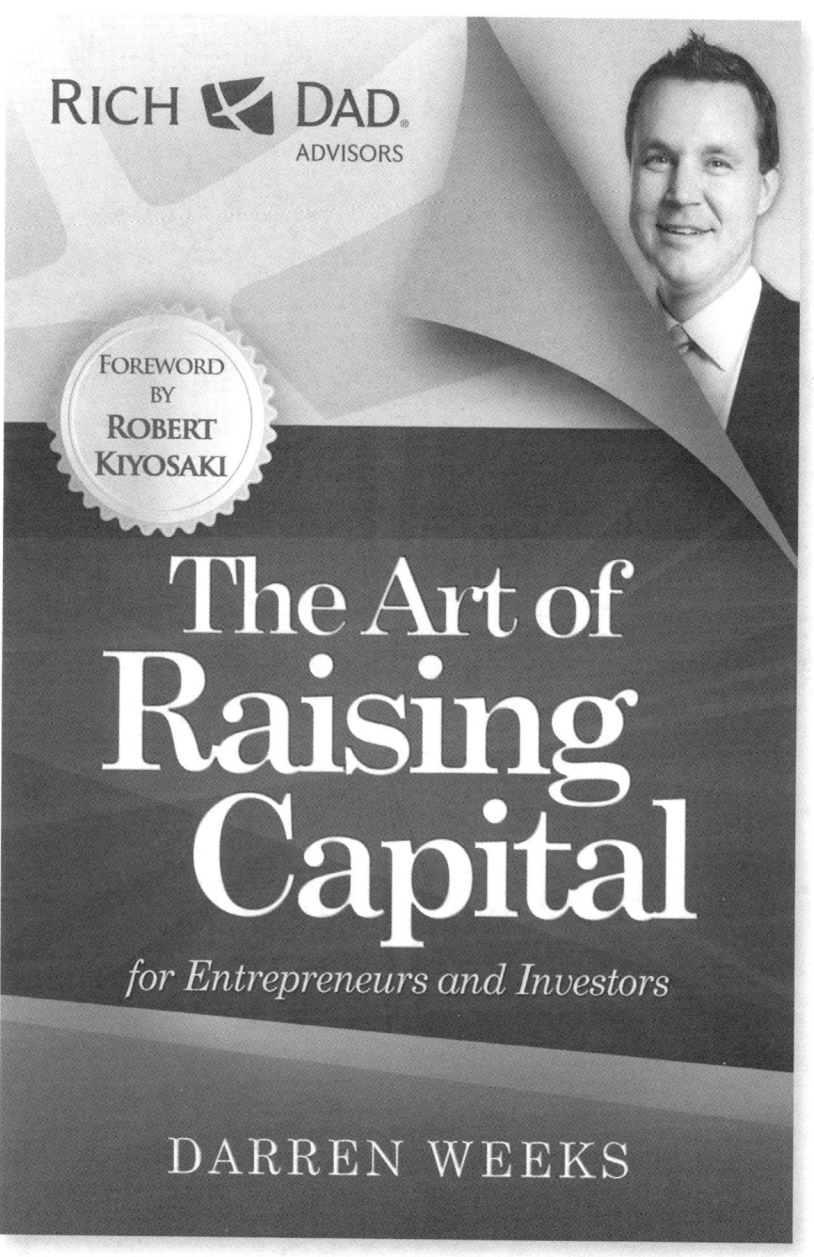

第一章
以正确方式开始

在你开始接触投资者和合伙人敲定融资前，需要先进行一些准备工作。相信我，一旦你开始接近他们，并争取投资资金时，这些花在准备工作当中的时间将带给你极大的回报。

准备工作大多是脑力方面的。就使用其他人的钱（OPM）这样的想法，对于许多企业家来说，并不是自然而然就可以接受的。对此，我的想法是，导致这种不情愿心态产生的部分原因在于，企业主担心自己的公司可能被那些有强大能力的律师撑腰且被肆无忌惮的合伙人所拿走。我们所有人都可以想象出以上场景——而且好莱坞的电影更是推波助澜——辛勤工作的企业家失去了自己的一切，就因为一个法律漏洞的存在，导致他们将来需要面对暗无天日的前景。我不知道，在上述场景中，在企业家查看合同的过程中，他们的律师跑哪里去了。但这还不是这种普遍存在的恐惧情绪中真正让人感到讽刺的地方。

真正讽刺的地方在于，就是这些害怕与人合伙或者将自己的股权出让一部分的人，却将他们公司和住宅的相当一部分比例拱手让给银行，作为贷款的抵押担保品。银行一向对于拖延还款的人没什么耐心，而且他们也不缺少能力强大的律师。一旦贷款逾期，这些人会拿走被抵押资产的所有权。我的看法是，那些愿意将钱投到你公司的合伙人对你业务所具有的兴衰起伏特征会非常理解，尤其是当你与他们就投资展开充分沟通时。我们在后面将会谈到更多关于这方面的事情。

为何企业家通常都不想融资？我个人的想法是那些这样做的人——并且是由

此取得了成功的人——经常将他们成长故事中的这一部分遮掩起来。当人们谈到沃伦·巴菲特，也就是那位尚健在的世界上最有钱的人之一时，他们主要谈到的是巴菲特在收购了濒临倒闭的纺织工厂——伯克希尔哈撒韦——之后的事业。这其实掩盖了这样一个事实，巴菲特实际上是依靠投资合伙关系赚到了他的第一个数百万美元，他靠的是从合格的投资者那里募集来的私有资金。正是借助这些来自合伙关系中的资金，他才购买了伯克希尔哈撒韦。其后，他将这个公司打造成了一个拥有数十亿美元资本的控股公司，作为他日后开展收购事业的投资平台。

我并不是想轻视巴菲特的成就。任何读过他致股东的信的人都会知道，沃伦·巴菲特是有史以来最厉害的金融天才之一。我想强调的地方在于，如果没有借助融资手段，沃伦·巴菲特的成功来得没这么快。巴菲特需要借助来自私人投资者的钱，以便成为世界上最富有的投资者。没有那些钱，他仍然会成为这个世界上最优秀的投资者——但不会是最富有的。

你能够从其他成功人士的故事背景里面找到同样的关于利用其他人的钱（OPM）的逻辑。我们都喜欢读一些成功故事的童话版本。在故事里，年轻的企业家努力打拼，拾级而上，不需要依靠任何人的帮助。但这种事情仅仅存在于一个地方——童话故事中！我不想用那些个知名企业家的数不胜数的成功例子来提醒你，这些利用别人的钱取得成功的企业家的故事就算好几本书也写不完。我只是想重点指出，为你的公司融资并不是一种失败的标志，反而是成功的标志。当你的生意为了取得发展需要更多的钱，比你手上的现金还要多的时候，也就意味着你正在做一些正确的事情。

资本的力量

在我们就融资方面更加深入地磨炼你的推介技能、端正你的预期以及了解更多细节之前，值得花时间来探究一下哪些是资本能够做的，哪些是资本不能做的。任何形式下的资本——美元、银币、金条等——都是久经考验的可交易标的。如果一家公司的资本化程度较高，那么与那些拥有更少资本的公司相比，前者在市场风浪中幸存的概率更高。举例来说，如果你的公司有1万美元的资金，而该公司每个月需要5000美元来维持运营，那么你可以在没有利润或微利的情况下生存两个月。上述例子过于简化了，但是在看到利润之前，这些资金可以为你争取两个月的时间。其他企业家都会对你说，当你在构筑一家公司时，时间就是最有价值的商品。

在你面临困难时期时，资本能够帮助你争取一些时间，资本力量中的这一点比较重要。但是，资本在缩短时间方面的能力更加令人兴奋。当你拥有资本时，你就能够更快地扩大公司规模，让发展速度加快，或者是做更多事情。想象一下，如果仅仅依靠自身的利润，你需要花多久才能让公司取得发展？你可能要花上几个月的时间，才能攒出足够的利润来买一台新设备，或者花上几年时间才能余出钱来雇用一位新员工或者是开设一处新的办公场所。

在你经营事业的过程中，有许多的节点都必须要注入资本。例如，你可能需要全新的设备、更好的软件、一台更大的炉子，或者是数以千计其他方方面面中的一项。但是，你手头上并没有足够的钱来支付这些。在上述这些情形中，相比选择融资而言，大量的企业家选择到银行贷款，或者借助来自亲朋好友的短期借款。当这些钱被消耗殆尽之后，公司就会破产和消失。这也许不是一件坏事情，因为即便是资本的力量同样存在局限。

资本就是你所需要的全部吗？

资本所不能够做到的众多事情之一就是将一个濒临失败的公司转变为一家实力强大的公司。如果你的公司存在缺陷，根本无法获得利润，那么资本所能做的一切就是让公司可以维持运营更长的时间。在这种情况下，资本给了你时间去浪费更多的时间（以及金钱）。你是否应该融资是一个重要的问题，同样也是一个敏感的问题。这是因为，我们全都认为自己的商业想法无懈可击，否则我们也不会将自己的时间和金钱投入其中。但是，你不得不思考（并且诚实地回答）接下来的一个问题："资本的缺乏是否是唯一阻碍我事业发展的因素？"

这就是我在会上演讲时，当人们告诉我，他们正艰难地推进自己梦幻般的事业（这通常来说只是一个商业想法）时，我反问他们的问题。当我们继续深入交谈下去时，通常会发现，资本的缺乏并不是这些用意良好的人所面临的最紧迫问题。他们之所以陷入困境，要么是因为他们没有一条清晰的获利途径，要么是过于将关注点放在了如何制造而非销售产品上面，或者是没有任何合作伙伴，抑或是这样或那样的问题。

然而，有一些人在资本方面的问题非常清晰。通常来说，他们的公司就如何获利方面有着清晰的计划，并且拥有强大的运营团队。如果一家公司已经实现了盈利，可以为投资资本提供回报，那么需要更多的钱来取得发展就是唯一的问题了，无论企业主是否了解这一点。

投资者的观点

有能力为所投资本取得超额回报，这听起来就像是投资者最关心的事情。毕竟，如果我向你的比萨饼业务投资，帮助你买了一个全新的烤炉，这绝对不是我出于好意才这样做的。如果我想要收获良心上的抚慰，那么我会把钱交给一家慈善机构，而不是一家公司。我作为投资者是为了帮助你扩大经营规模，因为这对于我们双方来说都是有利可图的。如果一台新的烤炉帮助你烤制出更多的比萨来销售，并且增加了你的利润，那么我期待你能够在返还我投资的基础上，增加一个说得过去的回报。然而，在现实世界中，你能够为投资资本提供的回报数额对于投资者来说往往是最不重要的一件事情。

对于投资者来说，最重要的事情是——尤其是对于那些将资本投资到私人合伙关系以及合资公司中的人来说——能否信任你有能力兑现自己所说的一切。如果你和我先前并没有合作过，那么我并不关心你承诺会给我 10% 的回报还是 1000% 的回报。我压根就不会给你钱，因为我不知道你的底细，我不知道你是不是下一个麦道夫式的骗子。然而，如果你能向我展示你过去是如何实现利润的，并且将我介绍给了你的团队，那么我很可能会有兴趣听取一下你的商业建议。如果你像一个专业人士一样，付出了努力，在这方面做好了准备和自我包装，那么我会愿意听听你的说法。

建立你的专业形象

当我初次开始就融资方面指导企业家时,我被他们劝导跳过关于建立专业形象这方面的内容,毕竟大部分来听课的人已经是专业人士和企业主了。但是,当我的第一批学生到来时,许多都穿着球鞋和牛仔——超过半数没有商务名片。我意识到,建立专业形象是他们最需要立刻学习的课程。如果在这一方面有所欠缺,那么他们将会面临一场在获得人们尊重和信任方面的艰苦战斗。因此,在你出发并且经历你的第一场推介会时,需要在少数几方面进行准备。

你的形象

你能够给别人留下的最深刻印象就是你的外表,这是展现信心的另一条途径。在一些活动中,我们完成过一些舞台上的转变,通过关注一处小小的变化——一个人身上的行头——来进行改善。让某人换下休闲装束,穿上做工精良的职业套装,打扮成专业人士,虽然无法从本质上改变什么,但在他们的自我包装方面,却有着天壤之别。他们用完全不同的步态登台,抬头挺胸,面向观众,展露出更多的微笑——从根本上来说,他们传达了所有重要的信号,从而获得了我们的尊重和信任。他们通过自己的肢体语言传达了这些信号,仅仅是因为他们身上的这些行头给人以不同感觉。

当我最初开始从投资者那里融资时,我才20来岁,有一张娃娃脸。我很讨厌自己的娃娃脸,因为我正试图说服人们我具备完成一处物业的商业计划应有的全部经验。但是,当潜在的投资者与我面对面时,他们大概在怀疑我是不是一位"老司机",究竟有没有能力在没有监护人陪伴的情况下独自开车,或者是不太放心地让我独自一人运作一处投资物业。之后不久,我就了解了自己在获得人们信任方面存在不足,因为我看上去甚至比实际年龄更年轻。然而,我还是在职业套装的帮助下,弥补了这方面的不足。

我不是一位深谙此道的购物者,也不是一位时尚中人。但是,我能够找到一家男装店,里面的店堂经理兼具两者特点。我投资了——是的,我投资了——三套衣服,并且收获了你可以在一个小时内学到的最多的关于时尚方面的"一对一"教育。我带着新买的套装离开商店，并且了解了如何与颜色鲜艳的运动服以及非常有型的牛仔说再见，然后通过具备专业、干练以及商务休闲风格的套装，为自己打造三种全新形象。我在所有用得上的场合都穿上了这些套装。我穿着它们与投资者会面，我穿着它们与承租人会面，我穿着它们与银行工作人员会面，我穿着它们出席贸易展。我在穿着这些衣服、打着领带时感到轻松自在。这种轻松自在的感觉和我的外表在别人眼里则是一种成熟的迹象。

　　我不是说，你需要为自己的衣着投资数千美元，为了只是和投资者交谈。我只是想说，你的穿着打扮和你花在外表上的时间对于每个与你会面的人来说都是一种视觉上的提示。不管从哪一方面来说，你都在给这些人传达某种提示信息，无论对方将其理解为积极的一面或者是消极的一面，这都有可能。人们在马克·扎克伯格身上投下了数十亿美元，并且全然无视他穿着的标志性连帽毛衣形象，这是因为他已经展现出了自己在技术和商业方面的天赋。他那广为人知的才能盖过了人们通常会对这种外观所持有的看法，虽然他的衣橱也是许多媒体头条的关注重点。对大多数你将与之会面的投资者来说，你还是一个未知数。因此，在你有机会向他们表达自己的观点之前，很有必要在此方面花些时间和金钱，不要让你被自己的外表形象带到坑里。

　　作为一件有意义的事情，我仍然穿着套装出席大多数会议，甚至在20多年以后，在我已经融到超过数亿美元之后，我依然如此——尽管我最终不再继续打领带，至少在绝大多数时间里不打。

你的商务名片

　　如今是诸如领英、脸书和Quora之类的社交媒体时代，就在你读到这段文字的时候，还有大量全新的社交媒体服务正在涌现。我就"人们应该随身携带商务名片"这一理念的坚守感到淡淡的忧伤。在现在以及可预见的将来，商务名片仍然是用来交换联系信息的全球标准，也是商务礼仪中的一部分。我见过太多的人由于自身的行为破坏了一段好端端的谈话气氛，因为他们掏出手机而非名片来交换联系信息。接下来，他们还得花上几分钟时间，看看他们能不能找到一款兼容的应用，以便在彼此间交换数据。然后，在剩余的谈话时间里，他们的话题转移到了各自手机的亮点方面，或者只顾着默默地查看自己的通知栏信息，同时假装正在听对方说什么。

至于你是否在晚些时候将收到的所有名片都输入到智能手机中，那就是你的问题了。但站在建立人际关系的角度来看，智能手机会破坏谈话气氛。因此，花些钱去印制可以拿得出手的商务名片。我发现，最有效率的名片就是那些清楚地说明了你正涉足何种生意以及提供了与之最有关联的联系信息的那些。

举例来说，如果你进入的领域是为不动产交易融资，那么你的名片应该让"不动产投资人"的文字紧紧跟随在你的名字下方，同时给出你的电子邮件地址、网址和电话号码。我发现，让真正理解互补色系的运用以及字体间距的不同有哪些差异的人为你设计有专业水准的名片，会让你体现出很多的价值。但是真正有意义的地方在于，你从此有了可以随时随地带着并拿得出手的商务名片。

当需要你递出自己名片的时候，确保每一个收到名片的人都会回赠一张给你，这不但是一种好的商务礼仪，同时也能发挥实际作用。人们经常会遇到这样的情况：你与某个人展开了一次让人充满期待的交谈，末了，你突然意识到，你并没有拿到对方的名片，这意味着，联系中断，你无法参与事情的后续发展。

另一个你可以用来扩大影响力的技巧，就是在你名片的背面印上一张美元的图案，币值可以标为五百或者一千。当你向某人递出名片时，将美元图案的那一面朝上。当他们问你这是什么意思时，让他们知道，这代表介绍费，如果他们能介绍别人与你联系，而且这个人最终通过你完成物业投资之后，介绍人将会收到你的介绍费。这确保人们会留下你的名片，然后记住你，并且也能够在一定程度上增加你获得一些来自于人际关系网之外的介绍机会。

> **更多的商务名片制作提示**
>
> • 没有标识，总要好过那些含糊不清的标识，或者是直接利用的剪贴画。
>
> • 具有可读性：
>
> · 变化体现在字体大小上，而非字体本身。
>
> · 少用文字居中排版，默认向左侧对齐。

你的网站

如同商务名片和着装一样，你的网站也必须包含在准备工作中。从融资的角度而言，网站也有存在的必要性，因为人们经常通过搜索引擎来查找更多自己想要了解的事物。在经过适当设计之后，一个好的网站能够帮助增加你的权威性和可信度。

任何网站的核心都是内容。作为最低限度，你的网站需要包含以下内容：

- 描述你事业的信息页面（关于我们）
- 突出过去经历中的亮点并且提及目前方向的大事记事年表
- 供用户填写并获得反馈的联系表单
- 通过可视方式来介绍你自己的照片或者视频

除了上面所描述的这些基本方面，你还可以将自己的电话号码放在每个页面的天头或者地脚中，让每一个有意向和你联系的人都能通过网站找到你的联系方式。

构建这种类型的网站不会花掉你很多钱，只需稍微一点点的耐心，就可以通过 Google Sites、Wordpress 或者其他数以百计的免费建站服务来完成。如果你想花钱设计一个网站，那么值得将你的品牌考虑在内。举例来说，你的网站配色应该用来加强你通过商务名片和任何市场行销宣传材料给人留下的印象。你的品牌也应该植根于你向人们所提供的内容形式中，因为你是以品牌为基础设计网站的。

通过你的网站向人们提供免费内容是一种双赢策略，因为这能够被用来帮助建立你的资历。那些来自于你线下发展的人际关系中的人可以访问网站、阅读你写的文章，例如"增加不动产现金流的提示"或者是"评估投资物业的最重要指标是什么"，从而知晓你对谈到的这些方面都非常了解。向你的网站中加入更多的内容，也会提高网站的搜索引擎排名。将内容转变为一种行销工具将会为你带来更多潜在的投资者，比你在一生中与之个别会面的总数还要多。

通过网站提供一个更有深度的内容，同样将会为你带来回报，让你在创建每月一次的刊物或者在未来邮寄广告时更加轻松。

> **对自己动手设计网站的人的提示**
>
> ·选好字体，并且贯穿始终地使用。Arial 就是一种不错的默认字体。
>
> ·内容的形式要尽可能减少，包括视频、图片、音频和文章。
>
> ·优化图片大小，以便缩短加载时间，或者借助类似谷歌 Picassa 这类的网络服务来帮你完成这项工作。
>
> ·在书写和录音时要使用一种专业的语调（拼写和语法检查自不必说）。
>
> ·需要寻求帮助的时候不要犹豫。光是来自 YouTube 的资源就相当惊人。

你的网络形象

尽管我慷慨激昂地捍卫商务名片的用途，但是很明显，未来，它们将会在各种场合被取代，除了线下的交流活动之外。人们会收下你的商务名片，但是他们很有可能只是在上面找到你的名字，然后去搜索引擎中查找。我们中的绝大多数做这件事仅仅是出于兴趣，但是你现在需要定期做这件事情，为的是进行网络声誉管理。

你的网络形象将会包括自己的网站以及其他你利用的网络在线平台。网络形象的规模大小显然直接与你投放的内容量相关。如同人们以前期望收到商务名片一样，我们现在也期望至少能够看到一个领英账号，或者是脸书和推特的也行。如果网站的名字过于普通或常见，你甚至都不会看见关于自己的信息跳出来，除非你加入城市名或者其他帮助辨别的关键词进行搜索。当你在自己的领域内深耕得时间越久，并且在不同的媒体上发布了一些内容，还谈及了其他方面的一些主题，你将变得越来越难以对自己的网络形象施加影响，因为你并非这其中绝大多数内容的发布源头。

当你刚起步的时候，有总比什么都没有好，这一点很重要。关于你究竟应该花费多少精力在社交媒体中,以及诸如脸书这类的主流平台究竟能够产生多少价值方面,众说纷纭,但是出于融资的目的,你至少在领英上建立一份简历,甚至是公司页面,再放上几张关于你自己以及团队的专业形象照片。随着你将融资作为自己的主要事业,对其关注度越来越大,你开始向人们诉说自己的故事,那么在更多的平台上分享此类内容将会极大地拓宽你的受众面。

你分享的部分内容将会引起那些你想要与之共事的投资者的兴趣,你做的这些事情将会帮助你定位自己的网络形象,但是我对于在此方面花太多的时间持谨慎态度。在投资者结束与你的会面之后,他们会上网调查你在网上的声誉。因此,在有必要维护自己的网络声誉之前,你得亲自与这些投资者会面,在线下发展自己的人际关系网络。

你的格局和见识

就像你的外在形象一样,你的格局也是众多无形事物中的一个方面——人们将会于耳濡目染中感知它。你的格局涉及知识结构,被用来展现你的见识。如果你想要在事业上取得成功,那么你需要扩大自己的格局,拓展你乐意去了解的见识范围。

当我作为一位房东开启自己的事业时,我拥有适当的格局。我知道,我想要承租人来支付物业的租金,那么我可以购买更多的物业。我同样知道,不动产可以为积累可观数额的财富打下基础。对于这些想做的事情,我有一个概念性的框架,但我对此方面的见识却相形见绌。我不知道如何计算现金流,也不知道如何从租金收入中将修缮费用核销掉。我不知道如何准备一份租赁合同,或者寻找承租人。我缺少了这些相应的见识,我需要它们来填充自己的格局。

我花费了数月的时间去阅读,并且参加学习班,以便让自己对不动产投资方面的体系运作和语境变得熟悉起来。当我用完了自己的资金时,我开始从投资人那里融资。那时,我已经可以大谈特谈关于升值、外观吸引力、创造性节税以及经营不动产业务的方方面面。你能够想象到,我对此方面的丰富见识让投资者感到安心。

为了有效率的融资,你需要掌握涉及你的事业以及金融世界中的方方面面。

绝大多数人对他们的事业了解到了最细致的层面,但是,如何将这方面的东西以投资者关心的角度说出来,他们感觉还是有一定的难度。如果你向人们提供一个投资机会,那么你需要将这种机会以对方可以理解的方式呈现出来,并且让对方可以与他们面对的其他机会进行比较。这意味着要给出一个期限、设定一个目标投资回报率、公布分红条件等。

我们将在后续的章节中对此进行讨论。但是,当与投资者交流时,有非常多的有关格局和见识方面的因素将会对你起到帮助作用。为了更加有效地向投资者展示自己,你需要了解他们目前的投资及其真实的回报率。因此,你可以快速地评估自己手头的交易可以为他们提供哪些优势,而这些优势是客户目前的资产组合所无法实现的。我建议你尽可能多地吸收一些金融知识。你正在阅读这本书就是一个好的迹象,这说明你正在朝着扩展自己的格局和增长自己的见识方面努力。你所接受的教育就是你所做出的最明智的投资。

本 章 回 顾

- 这本书的目的就是要让你在思考自己的资本需求时具有更多的创造性。
- 资本不能挽救一家糟糕的公司。资本可以在更短的时间框架内,帮助好的公司发展成为规模更大、更优秀的公司。
- 融资与其说是向人们推销一笔具体的交易,更像是向人们推销你自己,让对方相信你能够做到自己所说的。
- 让人们相信,你需要将时间和金钱投入到以下方面:
    - 保持一个专业形象;
    - 准备基本的行销材料,例如商务名片和网站;
    - 建立你的网络形象,例如在领英之类的平台上;
    - 扩展自己的格局,增长自己的见识。

乔希·兰农　莉萨·兰农

社会企业方面的富爸爸顾问

个人背景与企业家简介

姓　　名：乔希·兰农

出生日期：1974 年 8 月 24 日

出 生 地：加州长滩

姓　　名：莉萨·兰农

出生日期：1970 年 12 月 16 日

出 生 地：南达科他州布鲁金斯

传统教育

乔　希

国际大学

夏威夷，凯路亚·科纳

学位："社会大学"毕业

完成的最高教育水平：10 年级

莉　萨

黑山州立大学

拉斯维加斯的内华达大学

学位：刑事司法学文科学士

完成的最高教育水平：文科学士学位

专业教育

乔　希
硕士学位 AKKI 艺术高级教授
USASOL 特种作战（Ⅰ、Ⅱ以及Ⅲ级）毕业生

莉　萨
拉斯维加斯大都会警察局现役执法人员

年级平均分

乔希高中：不太清楚
莉萨高中：3.2
大学：2.8

传统教育的价值——对成为企业家来讲

乔希：基础非常重要——读写、算术等。但是一旦打下了这些基础，教育系统应该允许学生选择自己感兴趣的领域学习。我面对的挑战就是对那些被动接受的课程并不感兴趣。老实说，我对此感到困惑和厌烦，有一种受到虐待的感觉。这让我对传统的教育体系生厌。

有一段时间，我对 BMX（自行车越野赛）非常感兴趣。如果老师能够将所讲授的课题和我的兴趣相结合，那么我将会在学习方面更投入一些。举例来说："一辆 Mongoose 自行车可以支撑的骑手体重最高为 180 磅。然而，Mongoose 公司的律师不允许这个数据出现在他们的网站上。让我们探索一下这款自行车的载重能力以及你认为为什么法律团队不让这一数据出现在网站上呢？"这样做，讲授内容就会引起我的兴趣。

传统教育对我成为一位企业家有什么价值吗？没有什么值得一提的价值。

莉萨：传统教育就提供基础教育方面来说，还是有用处的。但是，回望过去，我希望自己在大学里面能做出一些不同的选择，对基础的会

计和经济课程关注更多一些。这样的话，当我在后来接受财商教育时，也许能有一个更好的学习基础。

在学校最喜欢的科目

乔希：数学。直到它变得与实际生活无关。

莉萨：英语。因为看起来非常简单，而且在中学时期，我自初三年级起一直担任助教角色。这让我在上学期间拥有了一些自由权。在当时，这也是我喜欢英语的所在——自由。

在学校最讨厌的科目

乔希：英语。我诵读困难，在跟上教学进度方面经历过一段困难时期。很多时候我们都需要大声朗读，我在这方面有过惊恐的遭遇。我会提前数一下段落的数量，对最简短的进行预估，看看我需要读哪一部分。我会在脑海中一遍一遍地默读，直到轮到我读的时候。可是，一些学习成绩非常优秀的学生会读比他们原本应该读的更多的内容，使得我不得不重新开始预估我应该读的地方，然后重复上述步骤。这非常痛苦，为此我做了差不多十倍的工作量！

莉萨：代数。这看起来完全没有意义。我在大学里，考了三次才通过。

首个企业家项目

乔希：购买、用来训练以及偷窃（是的！）BMX自行车。我们最终在车库里开了一家自行车商店（超过40辆自行车）。被父亲发现我们正在做的事情之后，商店就关门大吉了。这是关于监管方面的重要一课。同时也让你了解到，当局是如何能够让你的公司关门。

莉萨：销售女童军饼干。这并不是我自己的生意。回望过去的这一段经历，我觉得自己是一位"自由职业者"，与那些从事直销的人非常相似。

接下来就是携手乔希开设的旅途康复中心。我一直都被教导"要去学校上学，取得好成绩，得到一份工作（最好是政府部门的工作）"。因此，在我的童年时代，我从没思考过与"企业家精神"有关的问题，对此也没有产生过任何想法。当然，我一直都有一些问题，那就是究竟是谁拥有了那些不同的大楼和不动产。我的成长过程中，周围没有企业家的陪伴。

并非从学校习得的关键企业家技能

乔希：如何跳出条条框框来思考。

莉萨：我没有被教导说"犯错误是很正常的"。学校让我对犯错感到害怕。对我来说，如果不确定自己知道答案，那么，举起手来是有风险的。当你回答错误时，班上的其他同学会嘲笑你，而你就会感觉自己受到羞辱。犯错误就会变成一种不快的记忆。甚至在测验中，错误的回答也会导致较低的成绩，或者不及格。在绝大多数情况中，错误的答案从未被拿出来讨论，我们也不会去回顾或者是谈到为什么这个答案是错误的，或者试图从错误中学习。只有获得最高分数的学生可以进入好的大学，会变得成功。

何时以及为何成为了企业家？第一份事业是什么？

乔希：自动售货机。我在一家夜店中，帮助父亲打理生意。他真的没有向我支付过任何报酬。他也是一位企业家。我绝不会忘记，当我问他为什么不支付我报酬的时候，他说道："孩子，如果你想要赚更多的钱，答案就在你身边。"他是对的。我盯上了俱乐部里、台球桌边以及其他场所的自动售货机。通过跳出条条框框来思考，我变得自由了。

我为什么这会成为企业家？这个问题问得好！因为如果我想要赚到更多的钱，那么我必须依靠自己，而不是别人。

莉萨：2002年的时候，我携手乔希，成为了一位企业家，设立了自己的旅途康复中心，并在随后将其发展壮大，在两个州开设了6家分店。

为什么要成为企业家？因为我们经历过一段酗酒成瘾的日子，而且知道我们可以改变自己。当乔希戒酒之后,我知道他不能再回夜店工作了。我们必须改变周围的环境。开一家自己的行为矫正机构对我们来说很有意义。有人推荐了《富爸爸穷爸爸》一书给我们参考。我们做好了掌控自己人生以及达成财务自由目标的准备，同时也希望为这个世界带来一些改变。

我们将旅途康复中心在2013年卖给了一家大规模的、由私募股权支持的公司——EBH，同时开始了下一段的创业之旅：勇士之心。

来自初次创业中的最好经验

乔希：回望过去，我认为这是一件非常有趣的事——现金管理。莉萨和我经常会收到价值好几百美元的硬币。银行非常痛恨这些东西，因为清点它们很麻烦。我们将它们拿到本地赌场去兑换，他们将我们赶出去。后来，我们将这些硬币装到了赌场分发的篮子中，然后将篮子拿到兑换处去兑换。一路上（我们尽可能拎更多的篮子），我们还顺便告诉来这里赌博的人，这是拉斯维加斯最好的赌场！我们的举止就像一个赌场赢家。然后，我给了收银员一些小费，这问题就解决了！

莉萨：个人拓展和保持对使命的关注是关键的经验教训。成为一位企业家，必须经历各种跌宕起伏。能够处理由业务问题引发的情绪问题是关键，在处理包括失去稳定收入、处置员工问题以及面对抓狂的消费者等各种问题时，可能会引发你的各种情绪问题。接受个人拓展，自我提升，不仅让我成为了一位更优秀的领导者，也让我能够更好地处理那些情绪方面的问题。

多年以前，我就下定决心，要让自己终身坚持学习，坚持接受个人拓展训练，坚持寻找适合自己的教练和导师。

通过科尔比指数，我对自己有哪些了解？

乔希·兰农
科尔比A™指数评估结果

祝贺你，乔希
你在科尔比指数评估中获得了完美的分数

你很独特，敢于面对未来的挑战。你引领着潮流方向，洞见各种可能，并且能完成别人认为不可能完成之事。你甚至在看到问题有希望得到解决之前就坚信自己能够做到，并将其转化为一次富有成效的冒险。

科尔比行动模型

发现事实型　坚持到底型　快速行动型　积极实施型

©1997—2017，凯西·科尔比，版权所有。

获科尔比公司许可重印。

乔希：我是一个快速行动的人。我在起步阶段真的很在行。我可以辛勤工作，将团队成员凝聚在一起，将事情完成。然而，一旦公司开始运作起来，我经常都会选择退到一边，让那些具有强大的坚持到底和发现事实型品格的人士继续运营。

我的科尔比评估报告让我了解了很多与人们沟通方面的事情。举例来说，作为一个快速行动型的人，我不能推动一个发现事实型的人去行动，除非他收集到了足够的数据。但是，现在我们知道了这些，这有助于沟通，并且让人们在工作时相互取长补短。

莉萨·兰农
科尔比A™指数评估结果

祝贺你,莉萨
你在科尔比指数评估中获得了完美的分数

你协调和处理繁杂事务的能力相当出色。你善于承担来自实践中的风险。你不会没事找事,但会通过战略性选项来展开尝试过程。

科尔比行动模型
发现事实型　坚持到底型　快速行动型　积极实施型

©1997-2017. 凯西·科尔比. 版权所有.

获科尔比公司许可重印。

莉萨: 我热衷于从科尔比评估中了解自己,它验证了我的行事方式,也让我知道了为什么我不擅长做一些事情,是因为这些事情出现在了科尔比图表上显示的我所擅长的事物的对立面。

我的长处在于,我是一位快速行动型的人,同时可以让事物形象化(实现者范畴),对事物了然于心。我热衷于成立新的公司,以及做出新的投资。投入到全新的事物中,在公司里做出一些革新性的改变,我从中获得兴奋感。承担风险、面对完成项目前的紧迫感、必须赶在截止期前完成工作,这些对我来说都非常自然。

当我着手一个项目时,有时候会感到筋疲力尽,于是我会问自己:为什么就不能够早点开始,非要拖延到最后关头?我一直在寻找改变这种状况的途径。通过科尔比评估,我了解到自己在面对压力和最后期限时表现良好。我一直想改变自己的拖延症,这种想法对我造成很大压力,而在了解到这一点之后,压力大大减轻了。毕竟这一点和我的性格格格不入。

我是一个可以看到更大图景的人。我能够看到事情应该变成的样子，或者是在脑海中勾勒出其应该如何演进的样子。

我不必亲自动手尝试。我在天赋之一就是为我们的公司寻找新的物业。我能够预见它们最后完工时的样子，同时还知道如何利用它们。这对于开展新项目来说真的非常有利，并且可以创造未来。构建一支强大的团队，让成员根据自己的科尔比指数相互间取长补短也是一个关键。

我在 B-I 三角形中的角色

乔希：B-I 三角形外圈全部的要素。清晰地沟通使命、构建正确的团队（包括定义和支持文化）以及领导力。我一直在提高自己在领导方面的能力。

莉萨：在公司中，我们利用了 B-I 三角形的每一要素。作为社会企业家，我们成立的公司拥有一个面向社会的方向。我们在顾问团队中的角色定位在使命、团队和领导力方面。拥有强烈的"为什么我们要这样做"的想法——也就是我们的使命——是社会企业家的基础。因此，我们真的很关注使命。

对企业家很关键但无法从学校学到的技能

乔希：对于员工——也就是学校体系生成的产物——来说，但求无过就行。而实际上，我们培训自己的员工时，想让他们变得更加优秀，让他们遵守规章制度。但对于企业家来说，我们就是建立这些规章制度的人，而这只有通过不停地尝试和犯错误才能学到。一个更好的想法就是对那些参与企业家课程并犯错的孩子予以奖励。这就是我们学习的方式。犯的错误越大，学到的东西越多！

莉萨：三个方面：

坚持不懈。学校关注那些优等生，表现优异的学生和运动员会获得赞美。而让每个人展现出自己最好的一面确实很重要。我们每个人都有技巧和天赋。学校应该帮助学生找到他们的长处，这样，他们可以在自己想要从事的领域中取得成功，而不仅仅只关注那些看起来表现得最好的。

那些在学校里面表现不是最优异的孩子，有时可能认为他们就是人生中的失败者，绝对不会成功。如果不教导他们拥有持之以恒的品质，那么他们一旦听信了这种看法，就不再去尝试做他们最擅长的事情，或者是在未来的人生中去发现他们的天赋。

犯错没什么大不了的——我在回答"并非从学校习得的关键企业家技能"这一问题时就谈到了这个。我认为这是基本的技巧，值得学校去教授。我们通过课外的体育活动学习，并且将自己磨炼成为更优秀的人。体育老师和学科老师往往就是同一个人，这些老师在课外活动时告诉学生犯错没什么大不了的，在教室里却告诉学生不准犯错。

当我还是一名员工时，我接受了工作培训，我犯的错误让我招致一些麻烦上身（有时候甚至收到书面警告！）。这些经历可以让一个人变得甚至更害怕犯错误。现在我知道，犯错不但没有问题，反而让我在公司中学到一些最深刻的经验和教训。当然，我也会尽自己最大的努力去减少错误的发生，因为它们毕竟是有代价的。但是，这就是人生的一部分，我们都会在人生的某些时候犯错误。

当一位员工犯错误的时候，我们会看他是否需要更多的培训，或者分析错误的起因在何处。只要他们愿意学习，我们就要学会原谅。但是如果他们一而再再而三地犯同样的错误，那么他们明显没有从中学到教训，这时候就需要采取其他步骤和措施了。

团队——在公司中，拥有一支强大团队非常关键。这支团队拥有同样的使命、价值观和愿景。在学校里进行的是一场个人比赛，我们不能在测验中合作，我们需要独自完成家庭作业。鲜有课程或者作业需要通过团队来集体协作完成。

学习如何作为团队的一分子并且齐心协力地工作非常关键，尤其是在一个工作场所或者在一家公司中，大家彼此间拥有不同的性格，齐心协力尤为重要。如果我们能够从学校中学到这些，那么在公司中共事就会变得更加容易。

我是如何学到募集资本的

乔希：这始于我向爸爸妈妈要钱！如果你也有小孩子，那么可以通过培养他们发挥不同的销售技巧和方式，来提高他们的临场表现。要鼓励他们，不要轻易放弃。我真心希望那些为人父母的人不要轻易挫伤自己小孩在"伸手要钱"方面的积极性。这种"融资"技巧值得打磨、锻炼和奖励。

莉萨：我们从大量的错误中学会了如何融资。当创办首家公司时，我们尝试了传统的途径：找银行。我们一次又一次地遭到银行的拒绝。最后，我们找到了一位私人投资者，融到了创办公司所需要的150万美元。即便这样，我们也是尝试了好几次才成功的。其间，我们对一份原本糟糕的商业计划进行了多次修改。回望过去，我们意识到，自己在刚开始的时候犯下大量错误，但投资者还是给了我们机会。最值得我骄傲的地方就是，即便被拒绝了几次之后，我们也从未放弃。

我是如何学会克服恐惧与失败的

乔希：我想要一个女朋友。我不得不首先克服恐惧情绪，才能尝试约她出去。然后，当我被甩的时候（真的是这样！），我学到了如何克服失败和被拒绝。虽然会感觉自己受到了伤害，但我每次都能从中学到一些东西。（不要告诉莉萨。在我19岁的时候，我们相遇了。她一直以为自己就是我的第一任女朋友！）

莉萨：害怕失败的恐惧情绪会一直萦绕在你周围，个人拓展就是学会如何控制恐惧以及坦然接受失败的关键。当涉足全新事物的时候，例如我们开展的全新事业——甚至当我们以前曾经做过这些时——需要针对细微之处进行调整，朝着未知领域出发，即使这样，我们仍然存在对未知和失败的恐惧情绪。我学到的与此类恐惧情绪打交道的最好方式就是将它们化整为零，分化为我可以掌控的。同时，去做一些发现事实的调查工作，将未知的东西变成已知。

在执法部门工作，人们一直都有面对危险的恐惧感。你不知道在下一次的执勤任务中将会面对什么状况，同时还有对于受伤或者送命的恐惧感。我们会接受防卫战术训练，这些练习可以帮助减轻上述恐惧情绪。至于失败这方面，我们需要学会坦然面对失败，并且从中学习，以便日后不再重复同样的错误。

我的长处

乔希：我一直都想要追逐一些东西。这还用问么？这是理所当然的吧！如果你拥有远见、梦想、目标……那么尽你所能，去追逐它们吧！这就是我的长处。我相信，我们应该倾尽自己的生命、精力、金钱以及时间去追逐我们想要在人生中达成的目标。

莉萨：我的长处就是坚持不懈，同时作为一位守护者——一位勇士，勇士的精神存在于我的心中。进入执法部门，去保护民众、服务民众、在婚姻中坚持自己的立场；以及我们现在的事业——勇士之心；去帮助治疗这个国家的勇士——折射出我作为守护者的一面。

我的缺点

乔希：我可以非常拼命地鞭策人们前进。我对自己的要求非常严格，也期待别人在这方面和自己一样。我试着变得更加和蔼（不管是对自己还是对其他人），帮助其他人变得更加优秀，而不是提出严厉的要求。

莉萨：我在面对截止期限来临前的压力时，干得真的不错。但是，在火烧眉毛之前，我真的是一位晚期拖延症患者。有时，这是我的长处，因为面对压力，我能表现得非常出色。这也意味着，如果缺乏压力，比如说没有一个截止期限，那么我并不总是能够火急火燎地将事情做完。我意识到，必须给自己设置一个截止日期——用虚假的或是随意的截止期限来欺骗自己并不总是可行。

我最擅长教授的企业家技能

乔希和莉萨：使命

我教授的企业家课程

乔希和莉萨：资本家也可以成为好人以及针对社会需求制定商业模式。

针对社会需求制定的商业模式

乔希·兰农　莉萨·兰农

> 这个世界充满了为钱而不顾一切的贪婪的人们……
> 但你不必成为他们中的一员。
> 乔希和莉萨证明了你可以成为社会企业家,
> 也就是一位有良心的企业家,同样可以赚很多钱。
>
> ——罗伯特·清崎

乔希:

莉萨和我都相信,一个人的言行举止应该一致。换句话说,如果一位理财规划师自己都不遵守原则,那么你很难尊重来自他的建议。这就好比去听取一位体重超标的营养师的建议一样。他们也许是优秀的人,但他们在自己所发挥专长的领域方面没有具备相应的职业精神。他们这种人就是说一套做一套。

这就是为什么我们喜欢与富爸爸团队一起学习的原因之一。罗伯特和金身边的这些顾问每天都能做到言行一致,无论是在自己的教学工作中还是在自己的事业中。这是富爸爸守则的一部分。罗伯特、金以及顾问团队成员在世界各地开设各种公司。他们所言都是经验之谈,同时还有来自商战中的累累伤痕和银行账单加以佐证。对我们来说,这就是诚信。和我们一样,罗伯特经常应用巴克敏斯特·富勒博士的话语,下面就是他关于这个主题经常说到的:"诚信是获得一切成功的根本。"

我们会在自己的领域中拼尽全力。我们讲授的最好的企业家技巧——也是我们赖以为生的——就是使命。我们会倾囊相授,毫无保留。我们在各方面受到使命感的驱动,无论是我们投资的方式、支配时间的方式、开设和运营公司的方式还是我们生活的方式。无论在人生中还是在事业中，拥有明确的目标会帮助我们关注自己的工作以及目标的实现。

莉萨：

我们成功地将富爸爸准则应用到了自己的个人和专业生活中。我们发现这些准则清晰明了，符合常识，而且有趣。以我们的经验来看，没人能够像富爸爸团队那样将其融会贯通于教学工作中。举例来说，富爸爸的第一课就是富人不为钱工作。起初，人们很难理解这条有深度但却很简洁的准则。如果富人不为钱工作，那么他们在为什么工作？

我们爱上这本名为《富爸爸那些比钱更重要的事》的书籍编纂工作的原因之一：对我们来说，这些经验和教训一直都根植于富爸爸所传达的讯息中。这本书揭示了富爸爸工作中非常核心的部分。这是到目前为止最为重要的书籍。

金钱很重要，非常重要。但它绝非我们生活中最为重要的方面。如果我们让金钱变成了自己"为什么"要成立一家公司或者找到一份工作这些事情最重要的关注点，接下来，你会陷入麻烦的。在人生中，还有很多其他更值得珍视的事情！

乔希：

举例来说，自2002年起，莉萨和我就全身心地投入到了行为健康领域。我们在几个州成功设立和运营了7处毒瘾和酒瘾戒除中心。就成瘾这方面来说，对金钱上瘾的人体现出的特征和举止，就如同瘾君子对待毒品一样。

如果金钱是你人生中最重要的事物，那么你就对其成瘾了。金钱对于你来说就相当于毒品。我们没有偷换概念，姑且让我们这样比喻。当收到一张支票时，你是否获得了一种快感？支票的数额越大，是不是快感就越强烈？当你看到自己的银行账号空空如也，是否会感到焦虑？你可能从来没从这种角度审视过这个问题，但其本质就是成瘾。

你周围的人们是否会有如下类似的说法："我一年不得不至少赚8万美元。你不知道，我有小孩要抚养，有账单要付，还欠着助学贷款以及各种债务……"

我们每个人都听到过类似的内容，而且以后还会听到。

如果你想审视一下，看看自己是否也对金钱成瘾，只要放弃你的工资一年时间，甚至是一个月，就知道答案了，看看都会发生些什么。你会走进一间讨论气氛激烈的戒瘾诊所么？你在丢掉工作后会浑身哆嗦、拳打脚踢或者大声叫喊么？如果是这样的话，那么这就是一本针对你所写的书。

第一步

我们的关注的领域是使命，以及将你的意识从成瘾的束缚中解脱出来。在一个匿名戒酒互助社里面，这称之为第一步。我们承认，自己在面对酒精诱惑的时候是软弱的，这让我们无从掌控自己的人生。

让一位酗酒成瘾的人迈出这一步，他需要忍受巨大的痛苦和折磨。为了让人们在节制的道路上迈出第一步，他们需要变得极度谦逊，承认自己需要帮助。一些人将谦逊的态度视作是某种软弱的表现，这完全是无稽之谈。这只不过意味着，一个人坦然地接受了现实，承认他们不可能知道全部问题的答案。谦逊同时意味着一个人变得想要接受针对他们自身问题的帮助。

在富爸爸顾问团队，我们定期培养自己的谦逊态度，彼此互相分享个人和公司的财务报表。我们一次又一次地发现自己在财务方面正变得失控。与在匿名酗酒互助社中一样，我们相互间变得极端坦诚。这里的标准不仅仅是坦诚——而是极端的坦诚——理解两者间的区别非常重要。对事实的尊重会让人坦诚，但发自内心的认同（表面看上去或者让人感觉到是真的，即便不一定是真的）是极度坦诚背后的推动力。

这种极端的坦诚体现在我们的财务方面，就是让我们为诚信负责。我们对自己所教授的东西真的身体力行吗？作为学生，我们能否将相应的法则应用到自己的生活中去？如果我仍然是一个酒鬼，我的妻子会将自己挚爱的人——我——送到我们的戒瘾康复中心去接受治疗么？如果我的妻子做不到的话，为何我们要求别人从没有操守的人（我的妻子）那里接受建议呢？

这是富爸爸行为守则的一小部分，这全都与使命有关。我们践行诚实守信、极端坦诚、袒露弱点以及积极竞争的原则。彼此间袒露弱点会让一个团队变得更加强健,并建立起一种极高水平的互信。你在团队中都信任哪些人?谁会对你承担起责任,朝着目标前进,而不是占你的便宜?

如果你做好了开始的准备,那么找到一位你能够信任的导师,让其参阅你的个人财务报表。这将让你迈出第一步:"我们承认,自己在面对金钱诱惑的时候是软弱的——这让我们无从掌控自己的人生。"

来自匿名酒瘾互助社提供的地板书中的第一步(第21页):没有哪一种形式的破产与此类似。酒精正成为贪婪的债权人,准备榨干我们的一切,我们需要抵制它的要求。一旦接受了这一显而易见的事实,那么我们作为人文关怀的破产之旅也就结束了。

我们可以很容易将"酒精"这个概念替换为"缺少财商教育",如同"贪婪的债权人"正"准备榨干我们的一切,我们需要抵制它的要求"。一旦接受了这一显而易见的事实,那么我们作为人文关怀的破产之旅也就结束了。

我在2001年成功戒除酒瘾。就在那时,莉萨和我开始学习罗伯特以及金·清崎撰写的书。对我们来说,书中的一切都感同身受。我坚决不会让任何毒品再一次地控制我。作为一个重获新生的学生,富爸爸的第1课——富人不为钱工作——直击我的灵魂。

富人为资产工作!对我来说,资产就意味着节制!

如同在婚姻中一样,莉萨和我携手开始了我们的社会企业家之旅。我们不再为了钱而工作。我们找到了自己在人生和事业中的使命。我们未来的方向是让自己的事业向社会释放出积极的正能量。

莉萨:

乔希于2001年戒除了酒瘾,在此之前,我们俩都是雇员,都有稳定的工作。乔希在夜店里为他父亲工作,而我在拉斯维加斯大都会警察局从事执法工作。在旁人看来,我俩看上去非常不错,出身于中产阶级家庭,开着不错的车,口袋里还有几个钱……但是,我们从内部开始变得支离破碎,相关的证据来自于我们婚姻(如同炸弹从内部引爆)。乔希的健康状况逐渐恶化,那些深更半夜仍在持续的聚会活动正逐渐从我们的账户中抽走资金。

在拉斯维加斯的夜店里浸淫多年，乔希被酒精摧垮了。我作为执法部门的成员，每晚都会针对成瘾问题开展工作，乔希的这种状态为我敲响了警钟。我无论在工作中还是在婚姻中都得面对这方面的问题。在经历数年情绪上的起伏波动之后，我给他下达了最后通牒：要么离婚，要么戒酒。我已经受够了。

乔希也做好了结束这种疯狂生活的准备。我们已经玩这个游戏好多年了。他嘴上说，也会去尝试，"我仅在周末喝酒"或者是"我保证下次再也不喝了"。还有很多你想不到的借口，他都试过。不能再给他反悔的机会了，我再也不想继续纠结下去了。感谢上天，他选择了戒酒。我们这时已经到了一个临界点，他的决定真的关乎生死存亡。

在离开酒瘾戒除互助会之后，乔希不想重回夜店行业了。他不想再次受到影响。夜店的商业计划非常简单：让老顾客一醉方休，让他们拥有一段真正美好的时光，然后保证每个人平安无事。这一套切实可行。夜店是拉斯维加斯最炙手可热的地方，人们都喜爱去那里。但是，即便是辛苦工作多年，打造了拉斯维加斯的头号热门夜店，他还是决定将这一切抛诸身后。他决定离开父亲创立的事业，而这个事业某一天可能会变成他自己的事业。

我们不得不做出改变，是时候面对全新使命了。即便乔希停止了酗酒行为，他仍然处于恢复的早期阶段，只要周围的环境不发生改变，他就会反复受到诱惑，不能自已。朋友们都认为，我们做出离开的决定很疯狂。夜店的业务很红火，顾客盈门，每晚登门的人数在1500位上下，而我在执法部门也有一份有保障的工作。就像刚才提到的，在旁人来看，我们俩的生活相当不错。但是我们自己明白，无论是肉体上还是精神上……我们知道，是时候离开了。

如同谚语所说："当学生做好准备时，老师就会出现。"这显然就是我们的亲身体验，来自富爸爸的讯息恰到好处地出现了，它来得正是时候，从此改写了我们的人生。节制是我们使命的基础，我们决定开设自己的戒瘾机构。我们有一个强烈的"为什么要这样做"的理由，我们有强烈的进入这一领域的使命感，这后来被证明是一个坚实的基础。

就像乔希所说，我们正在进入社会企业家的世界。

乔希：

这就是社会企业家的所作所为。我们怀揣激情，怀揣目标，去解决问题。西蒙·斯涅克在他的书中有一段关于这方面的精彩论述，书名为《从为什么开始——伟大的领导者如何激励每个人都行动》。他在书中这样写道："随着越来越多的机构和个人去学习了解如何从'为什么'开始，越来越多的人会从他们所做的工作中获得满足。"

为何我们要从"为什么"开始？斯涅克是这样说的：

> "想要鼓舞人们，要做到这一点并不困难，这通常与一些外部因素有关。相比之下，伟大的领导者知道如何鼓舞人们去行动。这些人在受到鼓舞的过程中，能够明白目标的意义，或者是找到一种归属感，这一点与任何外在的奖励或者福利毫无关系。这些真正具有领导才能的人能够拥有一众追随者，后者不是出于服从，而是受到鼓舞。

> "对于那些受到鼓舞的人来说，行动的动机来自于他们发自内心的感受。他们很少会受到利益的驱使。那些真正受到鼓舞的人会愿意无私奉献，克服困难，甚至承担身心上的痛苦。那些能够鼓舞别人的人将会拥有一众追随者——支持者、选民、消费者、员工——他们出于善意的目的去行动，不是因为他们不得不这样去做，而是因为他们发自内心想要这样去做。

> "发自内心热爱自己工作的人将更具生产力和创造性。他们的家庭通常更加幸福，也拥有更和谐的家庭生活。他们更加善待自己的同事、客户以及消费者。受到鼓舞的员工不仅会让公司更加强大，也会让经济更加充满活力。"

金钱以及权利（尽管非常诱惑）不是我们为之行动的"理由"。我们的动机来自切身的体会。我们的婚姻比金钱更重要。我们的幸福比金钱更重要。我们的节制比金钱更重要。我们愿意承担额外的代价，忍受创业过程中种种身心上的煎熬。我们的信仰升华了。

社会企业家以公司为手段释出善意。富爸爸的 B-I 三角形为我们制订商业计划提供了一个大纲。我们将自己的想法付诸行动。我们不会在这里给出这方面的全部细节。但是如果你想要了解更多，我推荐你去读一下《富爸爸杠杆致富》这本书。

使命是 B-I 三角形的基础，这一点毋庸置疑。

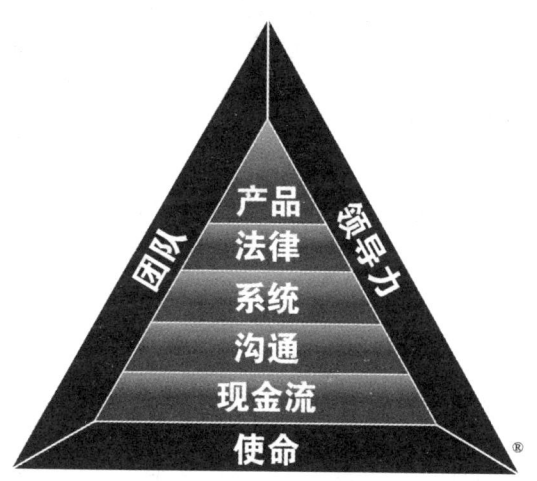

将使命作为构筑其他事物的基石，只有将公司赋予一定的使命，并以此驱动公司向前发展，这样才有意义（至少对我们来说是这样）。个人可以通过驾驭企业的力量，让这个世界变得更加美好，同时还能赚取利润。

社会企业家绝不会单单受到金钱利益的驱动。我们受到"要实现目标"这一想法的鼓舞，我们的动机发自内心。目的：怀着更加崇高的目的，构筑一家可持续发展的公司。

环顾四周，我确定你能够看到无尽的问题正等着被解决。为何不利用私人企业的力量去关注这些问题呢？缺乏财商教育、毒品酒精成瘾、针对性交易目的的人口贩卖、虐待儿童、水污染、各种犯罪问题、食品、住房……存在的问题无穷无尽。私人企业可以为社会问题带来解决方案，但需要一个像你这样愿意表明立场的人为社会带来改变。西蒙·斯涅克的话值得再次重复："对于那些受到鼓舞的人来说，行动的动机来自于他们发自内心的感受。他们很少会受到利益的驱使。那些真正受到鼓舞的人会愿意无私奉献，克服困难，甚至承担身心上的痛苦。"

莉萨：

这就是为什么我们关键的力量来自一家受到使命驱动的公司。我们当前的机构——勇士之心——就受到使命驱动。我们的专精之处在于：面向我们的勇士群体提供服务——在军队中服役的男男女女、退伍老兵、执法人员、消防员、医疗急救医生以及其他现场急救人员。我们帮助他们克服各种成瘾症状以及创伤后压力心理障碍症，还有其他各类障碍性疾病，这些都是由于各种各样的精神创伤所引起，包括焦虑、悲痛、创伤以及抑郁。

因此，问一下你自己：清晨，是什么使你站起来，积极面对全新的一天？你发现这个世界上存在哪些问题？有时候，你的动机来自于一些强烈的切身感受，就如同我们体会到的一样。有时候，只是一些可能让你反感的事情，然后你感觉，自己需要为此做点什么？

如果你对成为一位社会企业家感兴趣，那么现在，你行动的时机到了。这就是我们撰写这本《富爸爸社会企业家》的目的。你可以从其他社会企业家身上学到一些东西，将自己的激情转化为有利可图的生意。你可以在为这个世界做出贡献的同时，获得一些财务上的回报。

我们相信，自己正在进入一个勇于承担责任、有担当的企业舞台。这是一个无论消费者、股东还是员工都要求企业提升透明度的时代。这是一个全新的时代，许多社会企业家正在引领变革的方向。这就是我们在富爸爸公司所教授的东西：建立可持续发展企业的使命——通过富爸爸准则、激情以及利润。我们是社会企业家。

关于乔希·兰农

乔希·兰农是一个"受到使命驱使的人,具备不受束缚的洞见力"。他成功地在3个州开设并运营了7家获得许可和认证的治疗中心,并且自2002年以来一直担任CEO的职位。他最新的使命——勇士之心——拥有一个伟大的蓝图,那就是帮助100万的勇士从各种成瘾症状和创伤后压力心理障碍症中解脱出来。勇士之心在私人药物依赖治疗方案方面引领方向,帮助我们的勇士回归正常人生。

乔希在各方面拥有广泛的经验,包括领导力、商业开发、行为健康、许可、认证、不动产、投资、公开演讲、社会企业家、商业培训以及战略规划。他的人生经验和职业路径涵盖了方方面面,包括建筑工地领班(夏威夷科哈拉牧场)、连锁夜店总经理(内华达狄伦)以及作为创办人与他的妻子莉萨合办了旅途康复中心(犹他州以及亚利桑那州),该机构是经过认证的双重诊断毒品和酒精的治疗中心。2000年至2013年,12年多的时间,其规模逐渐扩大,在多个州拥有6处分支机构,目前拥有100名的专业职员,成功治疗了数以千计的客户。2013年晚些时候,旅途康复中心的全部6个分支机构被EBH收购,后者是一个全国性的行为矫正服务提供商,由弗雷泽医疗保健机构提供财务支持。

2014年,兰农夫妇在得克萨斯的班德拉成立了名为"勇士之心"的机构。勇士之心是一家获颁许可、得到联合认证并拥有40个床位,专注于为国家的勇士们提供住院治疗服务的机构,其服务的对象包括退伍军人、现役士兵、执法人员、消防员、医疗急救员和其他勇士们。

乔希是LUF海军海豹突击队SOT-G领导力课程以及USASOL特种作战(I、II以及III级)毕业生。

关于莉萨·兰农

莉萨·兰农是一位社会企业家、作者、投资者、国际性演说家以及一位母亲。

她是"具有同情心的守护者"。她在发展事业方面拥有强烈的激情,旨在通过提供安全的世界级治疗环境,帮助勇士们在面对各种诱惑时变得节制,最后实现彻底康复。她目前的使命通过勇士之心体现,这是一个针对我们的勇士推出的康复机构,其服务对象包括退伍老兵、现役士兵、警官、消防员以及其他现场急救员以及守护者。

莉萨同时也是富爸爸顾问系列丛书中的《富爸爸社会企业家》一书的合著作者。作为一位成功的企业家,她与自己的丈夫乔希一起成立并出售了6家私人戒瘾治疗机构——旅途康复中心。她还是布鲁克物业管理公司的创办人,这家机构的投资方向包括住宅、商业地产以及公寓大楼,目前持有的物产超过2600个单位。

在成为一位企业家之前,莉萨是一位执法人员,供职于拉斯维加斯大都会警察局。莉萨与乔希在1995年喜结连理,作为值得骄傲的父母,他们拥有两位表现出色的孩子。他们全身心投入到事业的发展中,并致力于关注社会问题。

近20年来,莉萨坚定了自己的信仰,那就是行善与赚钱这两者之间并不冲突。她相信,社会渴求那些拥有自己立场、创建工作岗位并解决问题的企业家。她的人生充满各种将问题转变为解决方案的故事,令人感到鼓舞。莉萨也是一位梦想家,其希望建立受到目标和价值驱动的公司,为社会带来积极的改变。

《富爸爸社会企业家》节选

第二章
了解社会企业

> 的确，对于任何曾声称"这种办法不可行"或者"我们能做得更出色"的人们——他们想挑战现状，动摇现行体制，尝试像社会企业家一样进行"创造性破坏"——来说，这样的机会现在已经很多了。
>
> ——戴维·伯恩斯坦（David Bornstein），
> 《如何改变世界》（*How to Change the World*）

为了最准确地理解社会企业的概念，或许我们应该先了解其中一位倡导者。格雷戈里·迪斯（J. Gregory Dees）是杜克大学富卡商学院的教授和社会企业化经营促进研究中心（CASE）的创始人，他被公认为社会企业化经营研究领域的学术带头人。2006年，在由新利公司（New Profit Inc.）主办的一次会议上，迪斯说"社会企业家"这个词反映了两方面的融合：既体现了社会性的目的，通常这会让我们联想到非营利组织，又体现了企业家的某种价值取向，这会让我们联想到企业，特别是最具创新和活力的企业。

换言之，社会企业家建立企业，在赚钱的同时又完成了社会使命。

当然，2001年年末，我们对成为社会企业家还没有什么概念。一旦我们决心为自己创造一种崭新的生活，那才是这一旅程的开始。正如任何行业的企业家告诉你的那样，从一个模糊的想法到成功建立且成熟运营一家企业还有很长的路要走，不管是不是社会企业，跨越这一鸿沟是大多数新企业所缺乏的。

一旦想要创造属于自己的新生活，并且实现财务自由，我们应该想到前方的道路漫长而且艰难。我们不仅要改变生活中的几件事情，而且要彻底改变，从自我欺骗的思想到我们使用的词语,从一起消磨时光的朋友到我们在业余时间做的事情,一切都要改变。我们已经做好准备了,准备拥抱改变,不管前方的道路有多么艰难。

但在当时,那个决定所带来的全部重量都压在了我们身上。

要是说我们被我在康复中心的经历以及改变我们生活方式的想法感动了,以至于立马就找到了让我们一辈子都热衷的事情,那也不太真实。至少在开车从南加州到拉斯维加斯的路上我们还没有决定开办康复中心。那时,我们最热衷的是如何修复我们的生活和婚姻。

我们只是从康复中心返回,作为全新开始的两个人,下决心不再让夜总会、金钱和让我们欲罢不能的堕落的生活方式再来纠缠我们。但是,我仍然作为父亲的得力助手在夜总会打工。虽然我不想再以这种方式生活,可我却不知道自己真正想要的生活又是什么样子的。我将我的困惑与父亲谈了,他是那种会把如此坦白当成是一种软弱表现的人,我认为可行的事情,他直接就说不可取。重新回去工作让我害怕,但不回去工作也让我害怕。

回家几天之后,我发现自己又站到了迪伦舞厅里,周围有上千人在庆祝2001年的新年前夜。整个晚上我都想知道自己到底在那里做什么。我倍受打击,却又束手无策。身边弥漫着开派对的人们的欢声笑语。随着夜晚慢慢降临,我清楚地知道这些开心全都是假的,或许他们跟我有着同样的问题,我感觉他们没有几个人真正地快乐。从大屏幕 LED 显示屏上看着时代广场的水晶球从高处落下,听着迎接新年的倒计时,我感觉离开父亲企业的恐惧正在消失,反而害怕再在那个地方浪费一年。不是害怕经常暴力和喜怒无常的父亲,不是害怕经济上有什么损失,不是不确定我未来的职业或担心家人会不会疏远自己,没有什么值得让我如此继续生活,置身于这种有害的环境之中。我必须离开这里,马上走。

与此同时,在这个新年前夜,随着时钟一分一秒地走向午夜,莉萨身穿制服与同事巡逻在拉斯维加斯大道上,她也面临着自己的恐惧。成千上万强壮的人挤在一起,非常危险,但莉萨更害怕夜总会中的我会发生什么事。我是新近康复的酒鬼,在这样的夜晚,似乎整个世界就只剩下了喝酒和狂欢。她知道我已下定决心离开夜总会的生意,怕的就是某个顾客把我拉回去喝酒庆祝。整个晚上她都在为此事担忧。

> 对于你是什么人或你想做什么，你所处的环境既能起到支持的作用，也能起到破坏的作用。如果你想改变，你就要察看一下你所处的环境，并且让它成为你的支持者。

随着夜幕逐渐消失，太阳开始升起，我们的值班也结束了，下班的时间终于到了。当我们都安全而且健康地下班回家，当听到我在元旦的早晨决定开始脱离父亲的企业时，她百感交集：吃惊、如释重负、兴奋和紧张。也就是从那天早晨，我们决定重新来过。仅此而已。我们并不知道接下来要干什么，但我们却清楚如果当时我们不立即行动起来，可能永远也逃脱不了了。我们在元旦这天快乐地进行头脑风暴，讨论等待我们的所有可能性。在某种程度上，让我在夜总会之外的地方工作对我来说是一种挑战，让莉萨不再当警官也是如此，但意识到整个世界有无限的可能在等待着我们选择，这令我们非常兴奋。那天，莉萨和我抛弃了清规戒律的约束，将蹦到我们脑子里的所有想法都提出来加以讨论。

刹那间，我与斯潘塞在康复中心的讨论涌入我的脑海。斯潘塞以前是一位饭店老板，当他意识到饭店的生意不再让他保持清醒时，他决定开办一家康复中心。

那会是一个信号吗？我们敢梦想过上类似的生活吗？是的，我们敢。因为我与莉萨大声地分享了那次谈话的回忆之后，我们俩都安静了下来，非常严肃地看着彼此。我们意识到它已然在召唤。毕竟我们知道其他正在与酒瘾抗争的人是什么样子，我们也知道这些瘾君子之前所深爱的人也正在经受痛苦。我们的生命拼图似乎在那一刻全都汇集到了一起，这让我们明白之前发生在我们身上的所有事情都是有原因的。

我曾经接受过几次康复治疗，我知道什么对付酒瘾更有效。莉萨和我都对酒瘾带来的痛苦、重返清醒生活所需跨越的困难和适应让人保持清醒的生活环境深有体会。为了与其他瘾君子及家人分享我们知道的事情，让他们的家庭重新恢复平静，这一定会大有裨益。

考虑了一个晚上之后，第二天早晨我把电话打给了斯潘塞。我迈出了第一步。我跟他讲了自己所经历的一切，我感觉困在了夜总会里无法脱身，再在那里工作下去无异于自杀。我告诉他我会再次被那个环境压垮，只是时间长短而已。莉萨也有同样的感觉，而且她全力支持我离开那里。

我告诉斯潘塞我们想提供解决问题（戒除酒瘾）的方案，而不是成为问题（成瘾者）本身。然后，我问斯潘塞他是否能够教我如何做康复中心的业务，如果可以，我将感激他的支持和指导。

"你是认真的吗？"他问我。

我向他保证我是认真的。

"那好，太棒了！"他说，"周一早晨到我办公室吧。"

对于斯潘塞将会把我们引向何处，或者他是否另有企图，我们一无所知。我开车回到南加州去跟他见面，并且吸收每一条我能从他那里听到的深刻见解和建议。这个人所走的道路正是莉萨和我想要开始走的道路。

我们的会面仅持续了10分钟。在这期间，他递给我一摞资料，这是他创办康复中心所用的政策和流程手册："就这些。这就是你如何创办治疗中心需要的东西。"事实上，他跟我分享了企业的私密资料，这让他的员工感到惊愕。

"获得授权是做成这件事情最难办的一个环节，"他说着，递给我更多的文件，"这些能帮你了解如何获得授权。"

我站在那里，彬彬有礼却又感到震惊，怀中抱着一摞越来越多的活页夹，斯潘塞还在往上摞着。当把所有的东西交给我以后，他用听起来像是给员工下命令一样的口气跟我说："我想要你飞到佛罗里达看看我在那里开办的治疗中心。好吗？过几天我就会去那里，因此，我想在那里跟你多谈谈。"甚至都没有跟我握手，或是说些祝我顺利的话，他就出门赴下一个约会了。

当晚我返回家中后，莉萨问我："情况怎样？"

"还行，不错的10分钟。"我告诉莉萨。此时，对于我们的计划如此之好我感到不知所措，对于斯潘塞提供给我的资料以及他相信我有能力干好这件事让我备受鼓舞。他似乎一点儿也没有质疑我或我们的决定。"莉萨，或许这是因为我们只请求他提供支持，而非从他那里索取什么。我不知道。但现在，我们要赶去佛罗里达。"

幸运的是，她相信我和我的新导师斯潘塞，以至于她愿意跟我登上飞往佛罗里达的飞机。我们俩都没有丝毫的犹豫。我们预订了飞往佛罗里达的航班，计划在那里待上一周，心甘情愿地服从斯潘塞的指示。后来，我们发现他和他的合伙人为我们这次会面安排了一整天的时间，包括去奥兰多的几个地方，跟许多有从事成瘾治疗行业经验的人交谈。现在回想起来，我们确信这是斯潘塞在检验我们，以判断我们对这一决定的认真程度。显然，我们过关了。

参观结束以后，我们对自己的决定更加坚定，并且渴望脚踏实地地经营自己的治疗中心。因为我们计划在佛罗里达待一周的时间，所以，那天与斯潘塞的会面结束之后，我们决定在开始新的冒险之旅前花几天时间到处转转，并且到迪士尼乐园游玩。也正是在此期间，莉萨怀上了我们的女儿黑利（Haley）。我们把它当成第三个信号，另外两个信号分别是我那次濒死的经历和爸爸碰巧送给我的圣诞礼物。正是这些信号告诉我们将要开始的生活是我们命中注定要做的事情。

我们两个人各有几年的管理和领导经验，"富爸爸"系列丛书为我们打下了坚实的财商教育基础，加上拥有包含授权信息的政策文件和流程手册，还有一个支持我们的同行和导师，令我吃惊的是，父亲同意我离开他的企业，开办属于自己的企业。所有事情似乎都在指引我们朝着创办康复中心的方向发展。

成功的基础

在接下来的几年里，我们都在忙着建立旅途康复中心。这个漫长的过程充满艰辛和挑战，我们要筹资、选址、取得治疗机构的资格、培养一个小众市场、寻找和增加客户、强化各种服务和在其他地方开设分中心以扩大规模。我们将与你分享所发生的一切。

我们最终取得了成功，但一路之上我们也犯了很多错误。每当面临挑战时，我们必须不断地提醒自己：我们想要做的是什么以及为什么想要做的是这个。不得不承认，撒手不干可能更容易做到。好几次我们都想放弃，并且说："放弃吧，我们可以干点别的。"

很多人在尚未实现目标之前就放弃了。你应该学会发现让自己坚持下去的力量,还应对自己的热情和梦想加以评估,并确信这才是你真正想要的东西。

但是,事情已经走到了这一步,我们最关心的是参与到这一公益事业当中,即为世界各地与酒精依赖相抗争的大约1400万人提供服务。2002年,当时正处在开办企业的初创阶段,我们发现需要治疗成瘾的人中80%没有得到正规的戒瘾服务,成瘾对各个社会阶层都产生消极影响,在这方面它没有歧视。

从对个人使命的热情和深刻的责任感出发,可以衍生出一系列的步骤,我们认为这是建立一家社会企业的基础。

● **找出自己建立在热情基础上的"理由"**。我们创办康复中心的理由并非清晰可见。但在经历了康复中心的戒酒醒脑过程之后(其他人会发现参加个人发展研讨班的经历也有类似的助益),它开始变得非常清晰了。我们的理由就是珍惜我们拥有的一切,每天早晨起来为这家企业不断地付出。直到今天仍然如此。你的理由可以是任何事情。拥有一个深刻的理由可以让你在艰难时刻仍然不断前进,因为这样或那样的困难随时随地都可能出现在你的创业路上。

● **做出清晰的承诺**。我们承诺开办一家治疗中心。通过调查研究,我们理清了自己的承诺,研究既来自于斯潘塞又来自于我们自己收集的资料,比如开展这一项工作的合法手续、如何取得资格以及有关成功运营这一机构能做和不能做的事情。我们将业余时间全部用于调查研究,将我们的家庭办公室变成了指挥中心,我们在这里收集信息,并加以处理以备不时之需。我们对自身的优缺点进行了评估,考虑如何利用我们各自的经验搞清楚目前在成瘾治疗领域还有哪些价值尚未发现。

● **找到适合的支持系统、导师和教练**。我们已经争取到了斯潘塞,在他力所能及的范围内给我们以指导,并传授创业智慧。在接下来的几年里,我们会接触更多的导师和支持者。事实证明,对我们来说,他们是无价之宝。合适的支持系统、导师和教练会推动你到达更高的境地——他或她会推动你去做你认为不可能做到的事情,让你换一种思维方式。这是一个优秀支持系统的标志。如果他们不支持你的愿景且无法推动你前进，你就应该另找他人；否则，你可能永远都不会实现既定的生活目标。

● **奉献和投入**。在个人发展方面，我们投入了大量的时间、金钱和精力。你的企业和你的生活就是你的生动写照。圣雄甘地（Mahatma Gandhi）曾经说过："欲变世界，先变自身。"企业家的能力有多大，企业就会走多远。你要么抑制企业的成长，要么领导它走向胜利。我们从未在提升自我和改进工作方面有所懈怠。

● **学习理财知识**。起初，我们对资产与负债的真实含义、如何筹资和投资以及主动收入和被动收入的区别知之甚少。开启我们财商教育的关键是《富爸爸你可以选择成为富人》这本书，但那仅仅是开始。说到底，不管企业的社会使命是什么，缺乏对财商教育的尊重，你无法成功经营一家企业。随着企业的成长，企业家需要不断地学习；随着世界经济形势的变化，企业家总有更多的知识需要掌握。

● **编制一份商业计划书**。这是你进行企业设计时需要思考的问题。企业能否在日后进行融资和扩张？除非你投入了大量的时间、精力和资源深入思考过企业的使命和团队，以及如何偿还投资者的资本；否则，没有人愿意投资帮你建立企业。这是检验社会企业可行性的关键所在。

结果显示，我们为给企业打下坚实的基础而采取的措施与许多重量级社会企业家的建议完全一致。

事实上，杜克大学社会企业化经营促进研究中心于2002年11月发表了一则报告，标题为《社会企业化经营的过程：创造值得认真追求的机会》，其作者艾谢·居奇吕（Ayse Guclu）、格雷戈里·迪斯和贝丝·巴特尔·安德森（Beth Battle Anderson）称："通常是个人的一系列经历促成了社会企业的建立；紧随其后的是对社会需求的确定，或者说清楚地认识到了'社会渴望与现实条件之间的差距'；然后，对社会需求的评估经常会过分强调消极因素，社会企业家要寻找可以'用来创造财富'的有利条件处于何方；最后，他们带来了改变，并且不断受到它（目标）的鼓励，寻求更多对社会产生积极影响的机会……成功的社会企业家会将这种'如何能够'的态度具体化，尤其是在创意阶段，高效的社会企业家会将这一导向应用到机会开发过程中，致力于持续创新、适应、分析和不断学习。"

不论是过去还是现在，它真的是我们取得成功的关键，我指的是"致力于持续创新、适应、分析和不断学习"这一过程。

施瓦布社会企业家基金会是一个全球性组织，其使命是推动和促进可持续性社会创新的主要模式，米丽娅姆·舍宁（Mirjam Schoning）是该基金会的主席，在社会企业领域工作了10年之后，她为社会企业家提出了以下7条原则或建议：

1. 追随你的激情。这是最重要的因素，它会让你在遇到挫折的时候还能走下去。

2. 平衡你的理性和激情。你正在满足的社会需求是真实且有根据的吗？

3. 进行头脑风暴，产生1000个创意，不要担心它们被优化、放弃或取代。

4. 甄选适合企业的商业模式，从第一天开始就清晰地表达企业的愿景、使命以及评价和测量体系。

5. 研究能与你正在想方设法追求的产生同样效果的方法。你的创意确实如你所想的那么独特吗？要考虑到外部竞争状况。

6. 考虑将你的社会企业实行授权经营，我们最需要的是希望创业家能将他们绝妙的创意带到这个世界的其他地方。

7. 给自己至少3年的时间（或36个月，这样听起来比3年短），让你的企业起步，并进入比较稳定的状态。

或许对于我们而言，抛诸身后的安逸生活可能会害惨我们，但最终正是这种追求让我们没日没夜、不惧重重困难地创办企业。我们真切地体会到我们别无选择。我能够看到自己还是一名夜总会员工的时候每天如何一点点地走向死亡，就像温水煮青蛙一样。尽管莉萨拥有一份受人尊重的职业，作为警官的她每天都在为社会做贡献，但她还是常常感觉不满意，并且渴望有一条更有意义的表达途径，以此改善我们以及周围人的生活。

营利还是非营利？

想要解决某个社会问题，你的确不必创建一家企业：有人加入了和平队（Peace Corps）或无国界医生组织（Doctors without Borders），有人加入了塞拉俱乐部（Sierra Club）、自然保护协会（The Nature Conservancy）、饥饿儿童救济会（Feed the Children）、赈饥美国组织（Feeding America）、绿色儿童基金会（The Green Children Foundation）或其他慈善组织做志愿者。社会非常需要有人这样做，但还是有人指出他们的这种行为多少有些自私，这种行为应当由以利润为终极目标的营利企业模式所取代。我们不愿意有人贬低这种想法，但这的确是一个重要贡献。

旅途康复中心源自于我们内心的一个渴望，那就是创造一个维系生命的环境，既能让我们做一些帮助他人的重要事情，又能让我们得以谋生。但是，这并不是说志愿者和非营利组织的付出没有价值。

不过，我们仍然认为，渴望回报社会或解决社会问题不必非要借助于非营利组织或非政府组织（NGO）。就像我们一样，很多人发现提供服务和赚钱的渴望不再是相互排斥的，在很多情况下，随着岁月的流逝，采用营利模式可以让服务更持久，而且影响更大。通过拥有一家营利企业，我们可以拓展生意，做出更多的响应，为更多的人提供他们所需要的服务，并且通过在设有很少限制措施的自由市场更容易地向慈善机构捐款。

有一个人相信这种假设，他就是迈克尔·霍尔索斯（Michael Holthouse）。他是得克萨斯州的慈善家和资深创业家，派拉网络公司（Paranet Inc.）的创始人和总裁，还是《公司》杂志（Inc. Magazine）评出的"年度创业家"和两次"增长速度最快的 500 家公司"获得者。在 1997 年将派拉公司出售给斯普林特公司（Sprint）之后，霍尔索斯将其精力和财力投入到慈善项目——霍尔索斯儿童基金和为生活做好准备（Prepared 4 Life）上。霍尔索斯儿童基金把重点放在对高危青年进行亲社会和体验性的项目；"为生活做好准备"是一个非营利组织，它开展了柠檬水日（Lemonade Day），这是一个体验性的社区活动，旨在培养生活技能，并且通过摆柠檬水摊教会年轻人创业的技巧和价值观。

"社会上有很多符合 501（c）(3)[①] 条款的慈善或公益组织，目前它们已经偏

[①] 501(c)(3)是美国税法的一个条款——志愿者组织免税。该条款是给宗教、慈善、教育等组织以免税待遇，主要有两种：一是组织无需缴纳所得税；二是捐赠者将钱捐赠给C3组织，捐赠的钱数将从个人所得税中扣减。企业也有减税待遇，如果捐赠给美国慈善机构，公司也可减税，这是为了鼓励个人和企业向C3组织捐赠。——编者注

离了这种模式,即声称'我在做有利于世界的事情,但我必须求助于基金会,从它们那里得到钱,这样才能继续做我正在做的事情',霍尔索斯说,"但那种模式早已过时了,它不会持续多久。每个想解决社会问题的群体或组织必须要像真正的企业一样经营。他们的经营必须有预算、收入及其所提供的服务,而且不会把利润分配给股东,而是重新投入到组织运营中,以便扩大其服务对象的数量,或者改进服务质量。"

克里斯廷·赫尔希(R. Christine Hershey)是赫尔希公益(Hershey Cause)的总裁和创始人,他认为社会企业家有共同的性格特点,不必急着加以区分,社会企业家没有解决世界上最大问题的原因之一是处于这一行业的人没有得到足够的资金。

奥巴马政府已经将世界食品安全设定为其外交政策计划的当务之急,但并没有依靠非政府组织来处理这一问题,而是一致认为营利组织会让这一切发生改变。

技术服务(TechnoServe)是华盛顿特区的一个非政府组织,它向第三世界国家的企业提供商业运作方面的援助,从而帮助这些企业摆脱贫穷。而嘉吉公司(Cargill)则是一家综合农业企业,当技术服务组织和嘉吉公司参与到融资、管理和企业发展支持之后,莫桑比克那家养殖场饲养的家禽质量大为提升,而且还创造了就业岗位,提高了农民的收入,最终提高了家禽的质量,使得嘉吉公司可以将它们销售出去,反过来又使它实现了经济效益和社会效益的双丰收。追求利润的动机变成了农场主、企业和消费者三方共赢的事情,最终完成了争取世界食品安全的一项重大举措。

在开始建立旅途康复中心时,我们考虑最多的是如何经营。我们决定将它作为真正创造收入的企业来经营,如此一来,我们就可以持续投资,并向我们的客户提供最优质的服务和治疗。我们怎么能期望优秀的戒瘾顾问和医生从繁忙的职业工作中慷慨地抽出时间以志愿者的身份加入到非营利组织中呢?

在社会企业企业化经营的讨论当中,兼顾经济、社会和生态的理念频繁出现。这种三方面都兼顾的模式通常简称为3P,即人(People)、地球(Planet)和利润(Profit)。社会企业家渴望实现这种兼顾:达成社会使命,造福地球或保护地球,并且仍能赚取利润。

至于我们,我们的三兼顾变形为"社会价值、利润和自由",即提供社会价值,创造能够让我们坚持做下去的利润，获得戒瘾和摆脱破坏性生活方式之后的自由，不仅为我们自己，而且也为了我们所治疗的那些人。我们实现了从雇员、企业主并且最终到投资者这一身份的转变，并从中学到了很多东西，最终实现财务自由。

"社会资本家"这个词可能暗含着"我们满脑子是钱"的意思，因为我们赞成富爸爸的致富哲学，为了增加财富，我们可能会让其他人受穷，从而实现自己的资本化。

说实话，如果钱是我们的创业动机，我还不如待在夜总会里。它的确能够让我过上一种宽裕的生活，那样我可以接爸爸的班，继续经营，并把它扩大成一家非常成功的夜总会。莉萨和我是旅途康复中心的志愿者，我们从来没有从公司里领过一分钱的工资。

从第一天开始，我们就不断地将赚来的钱再投进公司，以改进、扩大和提高服务。我们建立了一条免费拨打的 24 小时戒瘾热线，并交由一个呼叫中心管理，呼叫中心每周 7 天值班，不管打电话的人是否向旅途康复中心寻求治疗，只要是寻求有关戒瘾方面的建议或资源的电话，他们都会接听。

在帮助社会的同时，企业确实是有利可图的。事实上，全球发展趋势也似乎表明，这种做法可能更可取。

熟读深思

你如何定性自己跟金钱的关系？你会因为没有足够的钱而诅咒它吗？你会贬低有钱人吗？金钱观只是一种观念。如果你改变了对金钱的看法，你就能改变跟它的关系。金钱的目的是为你服务，而不是让你为它服务。

第三部分
掌握B-I三角形

明智地选择你的团队,以及你的老师。
谁应该加入你的团队?

——罗伯特·清崎

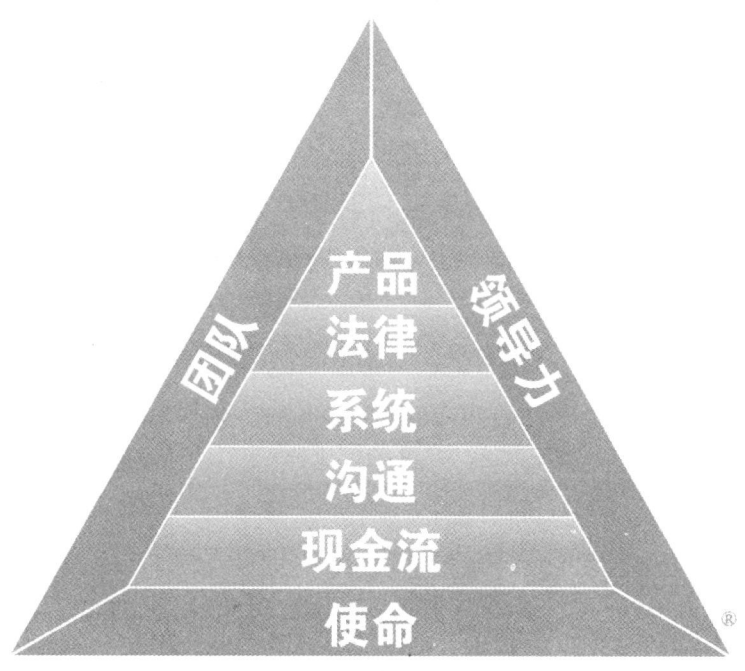

掌握 B-I 三角形

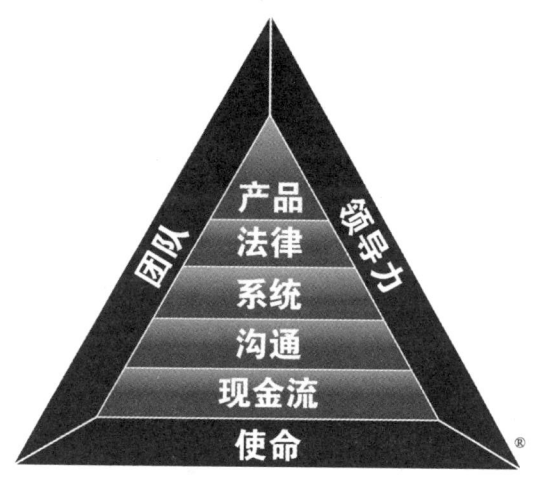

与身体一样，富爸爸的 B-I 三角形也是系统中的系统。当某个系统出现问题或者不能正常工作时，整个身体都会受到影响。对于公司来说，也是一样的道理。

在这一部分，富爸爸团队会向你解释，商业八要素中每一个要素的重要性。

使 命

使命是精神方面的

金·清崎

使命是精神方面的，它是一家公司的灵魂。罗伯特和我受到使命的驱动，富爸爸公司也是这样。与我们同呼吸、共命运的使命就是提升人们的财务幸福感。

在富爸爸公司过去20多年来的发展过程中，如果说有一件事情变得如水晶般清晰，那就是使命是神圣的。这是精神方面的，但它也会从文化方面塑造一家公司。

这是我们品牌的基础，就如同使命是B-I三角形的基础一样。使命——连同领导力以及团队——为其他5个对公司成功来说至关重要的要素创造出框架。这些全都始于使命，且以此为基础。

通过军校以及海军陆战队，罗伯特学到了使命的精神力量。在越战中，他了解到，拥有同样的使命感让团队成员紧密团结这方面的重要性。他也经常提到，拥有强烈的使命感——无论是在金斯波因特，还是在海军陆战队，抑或是富爸爸公司——给予自己纪律性，让他成为团队中更强大的一员，同时作为领导者变得更强、更高效。

我在富爸爸B-I三角形中的角色与使命有关，就是作为精神守护者存在。公司的精神将我们每个与品牌相连的人通过意识和心灵联系在一起，包括员工、合伙人、粉丝和追随者。精神力量会点燃激情，让我们在为自己的事业追寻目标和梦想时无所畏惧，充满斗志。

我们的公司中蕴藏着难以置信的能量。精神也通过方方面面反映出来，从我们的企业文化中，从我们品牌与生俱来的对立立场中，从那些来自世界各地的认同富爸爸的观点并且在其人生中采取行动的人那里。在亚洲，他们将富爸爸形容为"紫色风暴"。富爸爸旋风通过他的力量、激情与目标横扫整个世界。

直到罗伯特和我明确了自己的使命，认识到人们对于财商教育的迫切需求，同时了解了我们如何帮助人们解决这一问题之后，我们才开始涉足产品开发。

每一天，我们都听到来自世界各地的人们提起，在富爸爸的观点、富爸爸公司的努力以及来自世界各地的合作伙伴的帮助下，他们的人生变得更加美好。我们的精神力量变得更加高涨。我们知道，自己正将才干以及天赋用在好的方面，服务于世界各地那些如饥似渴学习知识的人、那些希望对金钱了解更多的人以及想知道如何让财商在他们的人生中发挥作用的人。

金的科尔比指数

金·清崎
科尔比A™指数评估结果

祝贺你，金
你在科尔比指数评估中获得了完美的分数

你很独特，敢于面对未来的挑战。你引领着潮流，洞见各种可能，并且能完成别人认为不可能完成之事。你甚至在看到问题有希望得到解决之前就坚信自己能够做到，并将其转化为一次富有成效的冒险。

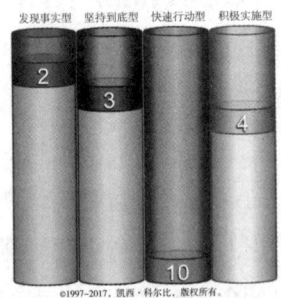

获科尔比公司许可重印。

领导力

像 CEO 一样的人生

迈克·苏利文

富爸爸公司CEO以及连续创业家

对于不同的公司来说，领导风格千变万化，这取决于方方面面的因素。很显然，领导者的个性是其中的因素之一，但同时也会受到来自公司文化、商业环境以及行业风格的影响。在如今这个快速发展的信息时代里，行业发展以及市场环境瞬息万变。任何拖延以及决断力的缺乏都可能是致命的——让竞争对手有可乘之机。我发现那些强有力的领导者在培养他们的领导风格时,会相信自己的本能,使其服务于他们的公司以及品牌、市场、消费者、自己的长处以及公司文化。史蒂夫·乔布斯非常倾向于微观管理的领导风格，这一点与后继者蒂姆·库克有很大区别。相比之下，沃伦·巴菲特对公司的领导采取不干涉政策，在他拥有或者投资的那些公司里，他相信经理人知道如何去达成自己所期望的业绩。

我认为自己就是一个奉行不干预政策的领导者，而且有着随和的管理风格。那些与我共事的人都知道的一点就是虽然从表面上看，我彻底奉行不干预政策，但是在背后我完全是事必躬亲。我认为，我的天赋就是培养人际关系——与我的经理人、团队成员、战略合作伙伴以及公司的所有股东。这帮助我了解公司的实际情况，这是我的关键优势。我能够聚焦问题区域，确保我们的领导者获得所需的资源及指引，以便很好地完成自身的工作。我是那种直接和问题打交道的人。我认为要尽快控制住不利局面。如果你无法做到这一点，陷入犹豫不决中，问题就会越聚越多，从而影响整个团队。团队成员应该拥有一位对未来有清晰展望的领导者，他不但理解我们每个人都应该对彼此负责，共同完成和达到我们设立的期望及标准，而且一旦发现问题就当机立断，做出决定，即便这是一个艰难的决定。

我对管理层和团队的期望很高，并且非常不希望看到预期无法达成、团队没有充分发挥潜力或者无法展现富爸爸公司品牌标准的时候。我就团队如何运作设置规则，对于团队成员来说，他们不需要花费很长时间就能理解到，他们需要一炮打响，实现预期。我不会手下留情。就我们应该如何运作这方面，我会直接给出诚实的指引，并且尽自己最大的努力来传达严肃且经过思考的反馈意见，去帮助我们的团队成长和发展。这也会相应地帮助公司取得发展。如果团队和个别人的表现不如预期，那么他们会收到公平的警告，进而做出改变。如果他们尊重我们公司的文化，想要继续作为一流团队中的一分子，那么他们通常都会做到的。

在本书关于掌握 B-I 三角形这一部分的后续内容中，肖恩会谈到科技在如今的公司中扮演的角色。当我接过富爸爸公司的领导权时，首先意识到的一件事就是这个品牌的全球影响力。这已经超越了信仰。然后，我几乎立刻就意识到两件事：首先，我需要一个人来帮助我，这个人需要有技术方面的眼光；其次，我们需要与广大的、来自世界各地的富爸爸狂热粉丝保持联系，与此有关的沟通方面的事务应该拥有高的优先级。

当我首次与罗伯特以及金会面时，我们的谈话转向了我将要在富爸爸公司的任职问题。我知道，如果没有一个在 IT 方面非常精通的人提供协助的话，我没有办法胜任这项工作。对我来说很幸运的是——对于富爸爸公司来说也是一样——我刚好就认识这么一个人。他就是我的长期生意合作伙伴肖恩·卡尼利亚。

这个年轻人拥有所有能够对我们现有业务提供帮助的技术。肖恩对于任何现状都持合理的怀疑态度，他会毫不迟疑地提出质疑，并且挑战我们目前的思考和行事方式。这非常像"富爸爸"的行事风格。甚至在他担任富爸爸公司总裁的职务之前就是这样。肖恩在本书的后面会从 B-I 三角形的角度出发，分享他关于团队和系统的想法。

我经常反思自己的领导风格这么多年来是如何变化的。经验提升了我的格局，开阔了我的眼界。我在创办企业方面有着长达 50 年的经验，我看到了数不胜数的变革。绝大多数变革都在某些方面实现提升——它们中的许多为你带来新的机会，新的行事方式，并以更有效率和更有利可图的方式来运营公司，为你的消费者提供服务。我也观察到这样一个现象,那就是同样的问题出现了一次又一次,而且与公司、产品或者行业无关。这时,我就会知道,这一定意味着什么。

经验就是最好的老师,多年的经验帮助我更快地做出决定,同时还拥有更多的信心。我认为,一个强大的领导者的标志就是可以为人们带来强大且有建设性的反馈意见——反馈意见会帮助个人和团队成长,让他们变得更加优秀。

作为富爸爸公司的CEO,我带给公司的强项之一就是努力工作,全面看待问题。我可能不会与所有人达成共识,但是对他人观点的理解和赏识非常重要。罗伯特经常提到一个硬币有三面:你的那一面,我的那一面,以及"边缘面"。透过硬币的边缘,我们可以看到它的全部。在接收并处理信息时,我学会了将自己大量的想法和具体过程秘而不宣……人们很少会了解我的真正想法。保留一点小秘密,这做法不错,而且可以让每个人保持警觉。不要误会我的意思,在沟通方面,我非常开诚布公。我只是说,就自己对未来的看法和可能做出的举措而言,我不会总是将全部的牌都摊在桌子上面。就自己看到和听到的进行观察、倾听和处理,对我来说,这一策略多年来发挥了不错的作用。

富爸爸公司的企业文化中,真正让我感到共鸣的那一部分是我们通过犯错误来学习。作为一位领导者,我认为重要的是让人们知道,犯错误是可以接受的,只是不要一遍又一遍地重复同样的错误。我们可以从错误中学到很多,只要我们能够对此留意,并将所学应用到今后的工作中。在领导力方面,这通常是艰难的一课……因为大环境让人们相信,犯错误是坏事,要么反映出我们的弱点,要么反映出我们工作能力的不足。

我被人称之为连续创业家——这一点我非常赞同。我了解到,所有大规模公司的CEO全都面临同样的挑战——没有谁去重新发明轮子。这始终都关乎人和钱。关键在于,要去雇用合适的人,为他们提供培训和支持。围绕公司的使命以及团队成员的角色设立明确的预期。从我的经验来看,当人们明确自己的方向、关注共同的目标并且知道他们的价值所在时,就会发挥出自身最佳的工作状态,其余的就取决于他们本身的能力了。

作为一位企业家,在领导一家公司时,我面对的最大挑战就是筹钱周转。能弄到钱就可以让你去做自己需要做的。如果你一直就只想到钱,而不是如何超越你的竞争对手、构筑世界级团队并且让公司取得发展,那么你会在财务上屡屡碰壁。缺少资金会让你展望未来的视线变得模糊，这通常意味着你无法请到最有才干的人或是投机取巧并且推迟那些可以让公司取得发展的战略。你最终会为此付出代价。

除了身为一位连续创业家，我也热衷于体育运动。因此，我想用来自卢·霍尔兹的名言结束这篇文章。霍尔兹是圣母大学足球队的著名教练，他说过："拥有能力是一件好事情，但拥有发现他人能力的能力却是真正的考验。"这就是一位领导者的关键任务——去发掘和培养那些能够让公司走向未来的人才。

哪些关于领导力的智慧是我需要与企业家分享的呢？很简单，不要陷入琐事当中，细小的事情会将你拖入泥潭，例如：我们公司取了一个适当的名字么？我们的标识没有问题么？我们应该设立一家有限责任公司，还是一家股份有限公司？这些决策最好是留给专业人士——你的法律和沟通团队。因此，领导者可以关注更大的图景和未来。

我与许多公司都携手工作过，无论规模大小，总是绕不开的一件事情就是资金。我前面提到过，资金可以让你去做自己需要做的事情。无论是设立一家公司或者扩张业务规模，资金都非常关键。我看见企业家一次又一次跌落进同样的陷阱。他们拥有自己的商业计划（也许是一份杀手级的商业计划），但资金的缺乏让他们与取得巨大成功的机会擦肩而过。他们可能拥有一个价值百万美元的想法，但却没有必要的启动资金去设立公司来赚进那百万美元。

如果让我选择三个词语来描述自己在领导力方面积累的经验，那就是规划、执行，以及改变。领导者需要具备这样的能力：让事情保持在既定路线上，并且根据情况变化随时纠正和调整，让规划时刻发挥作用。

迈克的科尔比指数

迈克·苏利文
科尔比A™指数评估结果

祝贺你，迈克

你在科尔比指数评估中获得了完美的分数

你在面对需要将信息进行战略组织的情形中表现非常出色。你可以决定事务的优先级，并将它们以合理的次序分配。同时体现在战略和战术方面的才干使你成为任何需要付出巨大努力才能完成的事务中不可或缺的人。

科尔比行动模型

发现事实型	坚持到底型	快速行动型	积极实施型
8	6	4	2

©1997–2017. 凯西·科尔比. 版权所有.

获科尔比公司许可重印。

团 队
团队中没有个人主义

肖恩·卡尼利亚

富爸爸公司总裁

团队,连同使命和领导力是公司的三要素,它们构成了B-I三角形的框架,确保了三角形在外形上的稳固,即结构的完整性。如果某家公司的商业八要素中的这三项不是坚如磐石,那么其根基就会动摇。如果一家公司的根基不扎实,那么领导者在这上面构筑的任何事物都很难面对今后的挑战。

罗伯特和金设立了富爸爸公司的前景以及使命。迈克·苏利文,也就是富爸爸公司的CEO,我认识这个家伙(并且作为商业合伙人)好多年了,他是一位拥有企业家精神的强大的领导者。他赏识和尊重富爸爸公司的文化,给予我们团队学习和成长的空间。具体到团队方面的角色,我扮演的是一个多面手——负责商业规则、系统与过程、科技以及招募方面的事务。我在组建团队方面的经验让我明白:这其中的某些过程是放之四海而皆准的——对于任何组织来说都是一样,无关商业类型或者行业部门——也有一部分,对我们公司来说是真正独特的。对我来说,一直存在的吸引力和挑战,就是招募人手,然后对他们进行塑造,最后看着他们成长为一个强大团队。这其中部分是科学,部分是艺术——有形和无形交织其间。当你能够将其中的比例拿捏好,那么参与到整个过程中就是一种令人难以忘怀的体验。

我将自己的管理风格描述为"扁平的"——我们作为一个团队,共同付出努力,为的是取得最好的成绩!虽然职务头衔对于外部世界来说很重要,但也会让人们从内部产生隔阂。此外，它也会将人们分门别类，让他们将思考或者行动过程建立在自己被赋予的职责、技巧或者是岗位要求之上。这种想法或者隔阂盘踞在脑海中，会倾向于扼杀团队和个人的创造性。在富爸爸公司，我们制订规则，帮助团队成员保持沟通方面的畅通，当轮到你去说些什么的时候，你带有尊重性地给出自己的想法，并且做好接受反馈的准备。基于回馈，我们反复检讨，直到想法开始成型。这是一个出色的过程，我们所有人都学会给予以及接受那些有帮助的并且用意明确的反馈。

当建立和扩展我们的团队时，在面试过程中，我们始终对对方的人际关系技巧保持关注。我们相信自己可以传授给一位新的团队成员任何技巧。我们可以很快地了解到，一位候选人的长处和技巧是否如他所声称的那样。

如果在面试过程中，我们听到"我"这个字眼太多次，那么这就是一个明显的信号，显示出对方更加关心个人方面，而不是团队整体的成功。这同样告诉我们，对方不善于倾听，他们更感兴趣的是表现自己如何优秀，而不是去考虑如何对团队形成有机补充。没有人可以仅靠自己就能完成任何事情。无论你要做什么，都需要其他人的帮助。我们在生活和工作中有这么一条法则：团队中没有个人主义。

我们寻找那些对学习充满激情的人，那些面对失败保持谦逊态度的人。在构筑品牌和公司的过程中，失败不可避免地成为其中的一部分。重要的是，我们能够通过这种方式来学到经验和教训，以便让自己不再重复同样的错误。犯错误不一定都是坏事情。事实上，我们常说："让失败来得彻底一些，让失败发生得更快一些。"有些时候，这些失败可以教会我们很多东西，如果我们认真对待的话。只有当我们没有从中学到经验教训，继续重复错误的时候，错误才会变成一个问题。

当我们着手扩展团队时，在面试过程中，如果某个候选人展示出对富爸爸品牌的了解，那么确实能够助其一臂之力，因为这告诉我们，对方为面试做了准备，给出了关于他们的技巧和长处如何用来支撑品牌和使命的一些想法。

在发展团队的过程中需要注意一些什么？我们相信其中之一就是，确定一个符合要求的人到底能够表现得多优秀，与他使用"我"这个字眼的频度有关。那些倾向于打断对方，而不是倾听，夸夸其谈但始终没有提出一个明确观点，或者无法回答一个直截了当的问题的人，对我们正在打造的团队来说，就不是适合的人选，也不符合我们的行事风格。富爸爸的团队致力于相互间支持和付出——无论是在项目、活动还是挑战方面——都会倾尽全力。我们将门槛定得很高，也期望团队中的每一个人都有意愿发挥出他们的最佳水准。我们绝对不会说"……这不是我的事情"。

对一家创业公司来说，团队的构建既具有挑战性，也让人兴奋。我们一直督促自己，要以不同方式去思考，要具有创新性以及企业家精神。这是富爸爸公司的文化，而沟通是关键。我们在教学和生活中应用一条黄金法则：团队不能忽视沟通。当出现问题或失败时，人们总是会将其归结在沟通因素方面——没有沟通、糟糕的沟通或者沟通太少。我们在内部沟通，也会向外部世界沟通——我们需要持之以恒的沟通。无论是新产品的开发和发布，还是与商业伙伴达成战略合作，抑或与来自世界各地数以百万计的追随罗伯特和富爸爸公司的人在推特和脸书上沟通，我们始终保持同样的尊重以及透明度。

我们作为一支团队去运营，彼此间互相支持，互相负责。我们不厌其烦地强调，会始终支持自己的团队成员，反之亦然。我们不寻求获得个别的认可，无论输赢，我们都作为一个团队去面对——而不是以个体的身份。因为这种心态，你绝不会听到富爸爸公司中的任何一个人会说"……这不是我的事情"。

我们必须首先记住且是最重要的事情就是我们正在雇用和教授的是人。我想要教授的第一件事情就是你正在请人来工作，而不是通过别的方式。因此，要学会对人进行管理，而不仅仅是针对工作。这些人会有个人的问题以及目标，就像他们在工作上的目标一样。这些个人的优先事项通常都在公司的管理层和他们的同事面前隐藏起来。优秀的领导者能够教导和帮助团队中的每个人深入挖掘并且触碰到自己真实的一面，让他们相信自己以及自己的潜力。通过这种方式，团队的领导者可以帮助团队成员在他们以前从未面对过或不认为自己可以做到的事情方面提升信心。

推动人们走得更远，比他们想象的还要远，上述成长过程不可或缺。而让上述变化成为现实的手段始终会被归结于有效且持续的沟通。

我们的目标是建立一支团队，并使其成长为世界级水准——一支在沟通和担当方面有很高水准的团队，一支在学习和成长方面持之以恒的团队。

肖恩的科尔比指数

肖恩·卡尼利亚
科尔比A™指数评估结果

祝贺你，肖恩

你在科尔比指数评估中获得了完美的分数

你在采用独特的策略、区分与把握机会以及处理复杂问题的未知性方面拥有不同寻常的才干。当需要对一个机会进行量化并找到途径来对其进一步利用时，你能够从容应对。

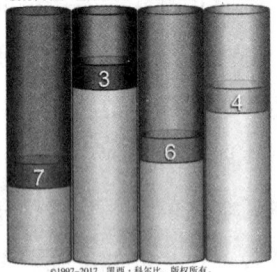

科尔比行动模型

发现事实型　坚持到底型　快速行动型　积极实施型

7　3　6　4

©1997–2017，凯西·科尔比，版权所有。

获科尔比公司许可重印。

产　品
为什么产品不是关键

罗伯特·清崎

我总是听到这种说法："我有一个关于产品的相当不错的想法。"如果真的是这样简单就好了！我们中的绝大多数总会在某一时刻想到一个不错的点子。而将这个产品推向市场——让你公司的方方面面都能完美和谐地运转起来——是让真正的商人从未经世事的新手中脱颖而出的关键。

如同我们在本书开篇讲到的那样，许多人都拥有一个价值百万美元的想法。对于绝大多数人来说，问题就在于不知道如何将那个价值百万美元的想法转变为切切实实的真金白银。

这就是一支团队可以让事情发生本质改变的关键所在。

被我的富爸爸称之为B-I三角形的图表呈现出了每家公司都应该具备的商业八要素。B-I代表企业主以及投资者，也就是企业主以及投资者的三角形，因为其针对的就是那些在现金流象限右侧运作的人——企业主以及投资者。

当一位企业家说"我要设立一家公司"时，他实际上要设立的就是一个B-I三角形。

如果一位企业家不能齐聚八大要素，他的公司要么遭遇失败，要么面临财务困境。

请注意，产品或者想法是B-I三角形中最不重要的部分。为什么绝大多数企业家失败，甚至是有着天才般价值百万美元想法的那些人？原因之一就是：他们所拥有的全部就只是三角形顶端的要素——产品。他们中的绝大多数都欠缺八大要素中的一个或多个。

绝大多数人都在绞尽脑汁地寻找一个优秀的产品或服务。他们认为，仅凭一个优秀的产品或全新服务，就可以让自己步入创业者的天堂。这是一种妄想。

也许你会猜到，十个企业家中就有九个会在创业的头五年遭遇失败，其主要原因就是他们没有将一位企业家所必需的八片拼图收集完整。许多人面临失败的原因就在于这八片拼图中的一片或多片要么缺失、要么存在问题或者是处置失当。举例来说，当我开创自己的首个大生意，也就是我在20世纪70年代经营尼龙和维可牢冲浪钱包事业时，我有一个不错的产品——钱包，但是"法律"方面的缺失让我没有继续迈开脚步，向三角形中产品要素的下方前进。因为我没有那么多的钱，我也没有办法花费7000美元去支付律师费，以便为我的产品申请专利保护。在一年的辛勤工作以后，我的尼龙钱包变得相当受欢迎。但好景不长，钱包被许多来自亚洲的制造商抄袭模仿。很快，与我的炙手可热的全新产品相仿的廉价山寨品如潮水般涌入美国市场。我无法采取任何行动，因为我没有花钱让自己的产品受到"专有权"保护——也就是一项能够被我拥有和控制的资产。专有权（proprietary）这个英文单词就来自于财产（property）这个词。

对于绝大多数企业家来说，问题在于：他们通过工作赚来很多钱，但是没有开发出属于自己的资产。至少那就是我所遭遇的。我如此迫不及待地迈出脚步，为了卖出那数量少得可怜的钱包，赚取一点点钱，却没有建立起属于自己的资产——真正的资产。让企业家变得富有的是资产，而不是钱。

如果你看过电视节目《创智赢家》，你经常会听到嘉宾之一向那些企业家问道："你拥有产品的专有权吗？"这些嘉宾将关注点放在了B-I三角形的第二层要素——法律——上面。

专有权指的是你产品的专利、版权或者商标，或者说，你的产品或者你的IP——知识产权——是否可以被许可给其他人使用。这意味着，其他人要想使用你的某项资产，就必须向你支付费用。简单来说，专有权的概念类似于法律权利中的一处不动产。今天，富爸爸公司将使用我的知识产权的权利授权给了来自世界各地的超过50家公司。这就是为何我是一位富有的企业家。我没有通过工作就赚到了很多钱，因为我建立的这些资产在为我工作。

前文中提到的那位年轻的女孩是一位成功的保姆，但其可能不会成为一位富有的企业家，因为她是在为钱工作，而不是在建立资产。我知道你们中间还有一部分的人对于"为什么产品是商业八要素中最不重要的一项"这种说法感到惊讶。我现在就来回答这个问题。每当有人想要争辩产品的重要性时,我就问道:"你吃过麦当劳的汉堡么?"

不管我身处这个世界的何处,绝大多数人都告诉我说他们吃过。绝大多数人或多或少都曾有过在麦当劳餐厅就餐的经历。

我接下来会继续问道:"你可以做一个比麦当劳更好吃的汉堡么?"绝大多数人都说"可以"。

我接着问道:"那么,你能设立一家在规模和业绩上超过麦当劳的公司吗?"很显然,绝大多数人都给出了否定的回答。

"这就是对于一位企业家来说,为何产品没有那么重要的原因。"我用这个结论来结束了对话。对于企业家来说,重要的是开创事业的能力。富有的企业家是为了创立事业而工作,而非为了制作汉堡包而工作。他们构筑资产。

一旦金和我明确了自己的使命,我们就开始着手产品开发。在《富爸爸现金流》游戏的原型产品完成了上市前的测试工作,以及《富爸爸穷爸爸》的手稿完成之后,我们在 B-I 三角形上的下一步就是法律。我们需要一位专利和商标律师将这些产品转化为资产——受品牌保护的产品。

我已经从当年涉足的摇滚乐行业中吸取了深刻的经验和教训。与成为一位拥有厂房、员工,需要承担和面对来自公司的各种开销以及其他惨痛经历的企业家相比,富爸爸公司从诞生之初就是为了品牌而存在。这就是为何核心的富爸爸公司是一个规模非常小的机构。我们不拥有自己的厂房、印刷机或者仓库。我们赚钱的途径是通过让其他来自世界各地的公司——例如图书出版公司等——去行使自己的权利来生产我们的产品,并且向富爸爸公司支付许可费用。从某种意义来说,这有点像空手套白狼。

很显然,我让事情听起来过于简单。对于金和我来说,这是一个反复尝试的过程。今天,"富爸爸"作为一个国际性品牌,与来自世界各地的伙伴携手合作。从许多方面来看,富爸爸非常像可口可乐公司。我们拥有品牌,而我们的合作伙伴拥有设备,他们印刷我们的书籍、开设培训班以及销售棋盘游戏,这些都是在我们的许可下进行的。

如果你想要了解如何设计一个更好的产品,例如一个更好的汉堡包,那么只用找一份食谱就行了。这本书并不适合你。这本书是关于如何建立你的团队——

你在 B-I 三角形中的商业结构——来支撑你的公司并推动其发展。

罗伯特的科尔比指数

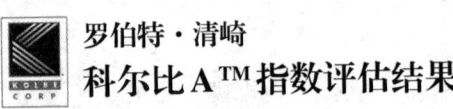

罗伯特·清崎
科尔比 A™ 指数评估结果

祝贺你，罗伯特
你在科尔比指数评估中获得了完美的分数

你能够很好地面对困难局面，寻求大胆的解决方案，让不可能变为可能。通过在未知的道路上搏杀以及急中生智的创举，你最终能够让事情走上正轨，并从困境中找到出路。

科尔比行动模型

发现事实型　坚持到底型　快速行动型　积极实施型

2　2

6

9

©1997-2017. 凯西·科尔比. 版权所有。

获科尔比公司许可重印。

法 律
从 B-I 三角形中获得法律保护

加勒特·萨顿

在 B-I 三角形中，法律要素紧邻位于金字塔形顶端的产品要素。法律作为商业八要素之一，有一个很充分的理由。如同我们在早些时候讨论过的，法律和监管会影响到每一位企业家和投资者。

你需要对自己进入的领域十分精通的律师的协助。如果你想要尝试的领域受到严格监管，那么你就更加需要对这些监管规章很精通的律师的协助。如果你想要实现自己的想法或者开发产品，那么你就需要一位知识产权律师，通过专利、商标和版权等手段来保护你的创意。在上述的全部情形中，你都将要建立和积累自己的资产。相应地，你始终需要对资产采取保护措施。

我们全都需要遵守法律。如果你能够理解并顺着法律的思路，去做那些被法律所容许并且是法律鼓励你去做的事情，那么你就能够从中获益，实现财富的积累。不要将法律视作一种负担，而要看作是一种利益——这就是成功人士的心态。积累自己的财富是一种积极主动的行为，你就是让这一切成为现实的人。如果你想做到这一点，必须采取某种保护行为。当然，这同样需要你独自完成。政府并不会关心你是否会采取措施去保护自己。你必须主动地设立自己的资产保护结构。你必须配合自己的律师，借助有限责任公司、股份有限公司以及信托等手段中的一种或多种来保护你的资产。

资产保护定义

资产保护是一种策略，这在我们这个充斥着各种诉讼的社会中，被人们用来防止损失的发生。它基于一种原则，那就是你名下的资产可以被胜诉的债权人

(也就是提出控告,并且在法庭上获胜的人)控制。如果资产不是在你的名下,而是属于一家股份有限公司或者有限责任公司的话,通常会获得更好的保护,但是你必须符合法律上的某些要求,才能让这些保护措施起作用。在有些州(例如加利福尼亚),相关法律对资产的保护措施就显得较为薄弱,这种情况下,通常需要额外的规划措施加以强化。当说到公司结构(统称之为实体)时,你面临几种选择,这凸显出寻求专业人士协助进行选择的重要性。你需要专业人士的帮助,以最符合你具体情况的方式,选择设立实体的形式并为其选择注册地。

就如何保护资产你所应该了解的八点

1. 在遭到起诉前,你就应该规划好自己的资产保护策略

只要是设立公司或从事投资的人,任何时点都有遭到别人起诉的风险。你认为这种事情不会发生在自己身上?你这样想的话,就太天真了。

一旦对方发起诉讼,再实行保护措施就来不及了。这就像是你不能在火灾发生之后再购买保险一样。一旦某人针对你提起一场诉讼,你将无法进一步保护自己。你的公司结构要么已经建立起来,要么压根就不存在。这意味着,你不仅要在遭到诉讼之前就设立有限责任公司或者股份有限公司,更要在你觉察到问题的存在之前就行动。唯一保险的方法就是在一切开始之初就选择合理的方式行事。

2. 将你的个人资产与公司资产隔离

如果不将自己的资产与公司的资产隔离,那么你很可能陷入麻烦。你不会想要以独资企业的形式或者以普通合伙人的形式开展业务的。这些形式是既不需要申请注册,也不会受到保护的经营方式。你只是以个人身份在开展经营活动,你的个人资产未能与公司资产区隔,两者在性质上是一样的,因此很容易遭到他人觊觎。不使用分开的银行账户也是有一定隐患的,通过个人银行账户开展业务或进行投资时,无法避免个人资产受到牵连。

3. 记住,以独资企业的形式开展经营活动充满风险(作为普通合伙人面对的风险更甚于此)

如果你作为一位独资企业的经营者,某天突然遭到一位愤怒的消费者起诉,那么你名下的任何个人资产都不会得到保护，例如你的住房或者汽车，连同你的银行账户以及一些退休金账户在内的金融资产同样也不会受到保护。在法院的判决对你不利的情况下，你可能会失去所有这一切。我们能够选择的实体类型有好有坏，甚至还有令人厌恶的。独资企业就是一种糟糕的实体类型，它完全无法对你提供任何保护。

比较令人厌恶的实体类型就是普通合伙人，它让人承担了双重责任。虽然说以这种类型开展业务非常容易——只要互相间握个手就行——但对你造成的影响却非常大。现在，你不仅需要为自己的错误承担个人责任，并且连你合伙人的错误也要一并承担。请务必远离糟糕和令人厌恶的实体类型。

4. 使用不错的实体类型来保护你的资产

为了保护自己，请使用下面列出的四种不错的实体类型。设立这些实体类型需要获得你所在的州（或者保护措施更到位的州，例如怀俄明州或内华达州）政府颁发的执照。能够限制你的责任的实体类型包括：

- C 型股份有限公司
- S 型股份有限公司
- 有限责任公司（LLC）
- 有限合伙企业（LP）

C 型股份有限公司和 S 型股份有限公司都是在获得州政府颁发执照后获准设立的有限公司形式。它们之间的差异体现在税收申报方面。C 型股份有限公司需要在公司层面和股东层面分别进行税务申报，也就是"双重课税"。S 型股份有限公司的纳税义务直接传递到了股东层面。如需了解更多这方面的信息，请参考我的《富爸爸如何经营自己的公司》。

5. 履行让公司存续的手续，让合法的保护措施持续生效

仅仅获得州政府颁发的股份有限公司或有限责任公司执照，并不意味着你可以一劳永逸地什么都不做，而始终受到保护。你必须遵守符合一些现行的要求，才能持续获得保护。例如，你需要维护和更新公司的注册登记状态，并且以企业

负责人而非个人的身份去签署任何文件。此外，还存在其他规章要求。这些被人们称之为"维持作为保护措施的公司面纱"（即维持公司的法人地位）。我们向许多客户提供了这一项服务。如果你没有履行这些简要的手续（适用于所有不错的实体类型），那么一位胜诉的债权人就可以"揭开公司面纱"（即否定公司的法人资格），要求以你的个人资产来偿还公司债务。在此类诉讼中，成功"揭开公司面纱"的占了几乎半数。很显然，有很多人都没有遵守规则。

那么这些必要的手续都包含哪些呢？部分手续如下：

①向州政府提交所有的年度报表，并支付相关费用。

②在公司注册地所属的州以及其他任何公司合规进入并开展业务的州配备常驻代理人。

③让所有的决定形成书面记录（会议纪要）。

④以公司的名义与外界打交道（在合同或者支票上使用"股份有限公司"或"有限责任公司"字样）。

⑤确保公司的资金充足。

⑥使用独立的银行账户，并且单独进行税务申报。

如果你没有履行这些正式手续，那么现在是时候这么做了。

6. 获得适当的保险保障

来自保险的保障对我们所有人来说，都是进行防卫的第一道防线，无论是对于我们个人，还是在积累财富的方面，都是如此。在公司中，你想要针对企业行为以及所持有的不动产购买保险。作为个人，你想要为自己的住房和汽车购买保险。通过签署保单，你个人应对和承担风险的能力将会增加100万美元甚至更多。

律师知道如何索赔，他们会为了有限责任公司或股份有限公司的利益据理力争。在获得充足的保险保障的情况下，你在这些受到保护实体中的投资将最大程度地免受牵连。

你需要关注保单中的哪些方面？下面列出的若干事项值得考虑：

- 责任险应该将你物业中出现的第三方受到伤害的情形涵盖其中。
- 如果你雇用的人是作为正式员工为你工作,那你必须为其购买工伤保险。
- 针对你的建筑物可能受损或需要重建的情形,权衡是否应该在条款中包含针对"现行造价补偿"的附加条款。这意味着,你将以"目前的建筑造价"获得赔偿,而不是根据很多年前的标准。
- 如果你是一位房东,那么在你的物业受损并且不能居住的情况下,"租赁损失"附加险可以帮助你获得赔偿,以便帮助你支付搬迁费用或者在物业重建时仍可以获得一定的收入来弥补损失。

这仅仅是需要考虑的问题中的少数。一个优秀的保险经纪人应该是你信任的团队成员之一。保险公司从自身利益出发,是不愿意接受任何索赔的。他们寻找各种理由拒绝理赔。因此,当你买了保险之后,你应该利用实体作为第二道防线,从针对你的公司发起的诉讼中去保护你的个人资产。

7. 将财产转移到实体名下

太多的人在针对他们持有的不动产设立了有限责任公司之后,通常认为这样就完事了,其实还有另外一个至关重要的步骤要做。

你必须将物业从你的名下过户到你新成立的有限责任公司名下。如果你设立了有限责任公司,但是它并未体现在管理这些物业权属的官方记录中,那么你不会得到这方面的保护。某人如果就一处物业提起诉讼,那么这个诉讼将会针对官方记录下的物业所有人。如果不将物业过户到有限责任公司名下,那么它还是属于你个人持有。

一旦你成立了有限责任公司,请确保你提交了产权转让证明或契约书(不是放弃权利的那种),将所有权转让给有限责任公司。

8. 我能不能遭到诉讼之后再实施资产保护策略?

简要的答复是不行!你不能在遭到诉讼之后再寻求保护。

资产保护对你来说体现为一种好处,而不是一项权利。在你通过有限责任公司或股份有限公司保护你的资产之前,这些实体必须以一种及时的方式提前建立起来。如果你于星期二遭到控告，然后你在星期三成立了一家有限责任公司，那么你将不会得到保护。法官会无视这家由你刚刚设立但姗姗来迟的有限责任公司。

几年前，有一个来自加利福尼亚的女人找到我，向我了解我们在设立公司方面所收取的服务费用。她拥有几处联排公寓物业，这些物业被租给了不同的房客。她觉得自己为了获得保护而付出的代价太高（部分原因是因为加利福尼亚州对每家实体收取每年 800 美元的费用）。她决定不在自己和租客之间设立一家有限责任公司作为缓冲的手段。

几个月后，她致电我们的办公室。她遭到一位在楼梯上滑倒的租客的控告。她向我们询问，是否可以为她提供任何补救措施。不幸的是，不存在这样的措施。

因为她没有及时地建立起对自己资产的保护措施，她名下的所有资产都成为原告和原告律师所觊觎的对象，其中包括她的住房权益、银行账户以及所有名下的联排物业。

最糟糕的地方在于，这种事情很普遍。实际上，全国范围内，半数的企业主在他们的公司或者由于自己的投资控股活动而遭到控告时，个人需要承担连带责任，这是因为他们要么没有成立公司，要么没有遵守公司层面的必要手续。

在你开始积累自己的财富之前就建立起保护措施，这一点尤为重要，上述事例就是原因所在。同等重要的是，你必须履行必要的手续，以便让自己持续受到保护。

加勒特的科尔比指数

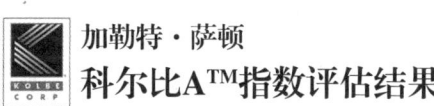

加勒特·萨顿
科尔比A™指数评估结果

祝贺你，加勒特

你在科尔比指数评估中获得了完美的分数

你协调和处理繁杂事务的能力相当出色。你善于承担来自实践中的风险。你不会没事找事，但会通过战略性选项来展开尝试过程。

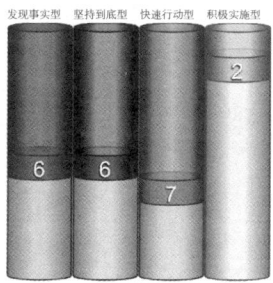

科尔比行动模型

发现事实型　坚持到底型　快速行动型　积极实施型

©1997-2017, 凯西·科尔比, 版权所有。

获科尔比公司许可重印。

系　统

系统 =IT

肖恩·卡尼利亚

富爸爸公司总裁IT奇才

如今，市场中的各方力量纷纷选择前往 IT 的祭坛朝拜——将互联网科技奉为圭臬。网络改变了经营之道，也为拥抱其力量的人提供了大量的机会。而事情的另一面则是，各种科技的变革永不停息且日新月异，这要求我们对其保持警惕感和前瞻性。在如今的世界，如果公司在任何一方面做得不够，都将危及自身存亡。

今天，B-I 三角形中的系统要素指的就是 IT。科技已经变成了商业基础设施中的核心，并且对公司的方方面面造成影响，从法律和现金流，再到产品和沟通，尤其是在沟通方面。科技既能够为公司带来丰厚的回报，同时也会造成一些风险。

我们使用系统的目的主要是针对两方面：沟通和分析。我们拥有用于内部以及外部的沟通系统，在团队那一部分我提到过"团队不能忽视沟通"。这一点值得反复强调。无论是公司内部还是外部，保持沟通都是必不可少且需要持之以恒的方面。我们通过科技和系统的使用，来确保团队将关注点放在想法和产品上。我们也通过系统来了解：我们传达的讯息和采取的行销方式上，哪些发挥了作用？哪些没有发挥作用？在各种工具的帮助下，市场行销团队能够了解到应该做些什么，以便在沟通方面进行调整；或者如何对传达的消息和推出的产品进行定位。我们进行调整，然后观察效果，反复尝试。这始终会回到沟通方面（所以它单独构成了 B-I 三角形中的一个要素：沟通。没什么值得奇怪的！）。

B-I 三角形真的是系统中的系统，各要素彼此间相互关联。内部系统中的关键功能就在于发挥科技的力量,为我们呈现出一幅画面,让我们明了市场上正在发生的各种情况,以及如何利用所掌握的这些信息来发挥出企业自身的优势。

今天,科技带给每一家公司全方位的冲击,从网络形象到财务,从人力资源到商业系统,不一而足。科技改变了我们对待销售和市场行销的方式、构建和管理数据库的方式以及存储和找回信息的方式。

当今世界,如果你没有一个强大的面向消费者的网站,人们就不会认真地看待你。此网站还必须为用户提供无缝的访问体验,不管对方正在使用何种设备——手机、笔记本电脑或者是台式机。对于内部系统来说,也是同样的道理。这些系统必须对员工提供一致性,以便让他们可以将关注点放在新的想法和产品上面,而非花时间去弄清楚系统本身或者某些方面是否可以工作。这是一个好坏参半的情况,系统和过程必须经常性地得到发展,我们才可以跟上如今这个瞬息万变的商业世界。

各种商业机会多得难以置信,而且每时每刻都还有全新机会在不断涌现。今天,企业家和公司可以面向全世界开展业务!而就在十年前,一个小规模或者初创公司只能将关注重点放在其所在的本地区域。如今,这种情况大为改观!通过免费工具,例如脸书、推特等,我们可以以人们喜欢的方式直接与他们沟通。

公司和品牌有能力在他们的消费者群体中进行测试和实验。我们可以贴近消费者,通过分析那些体现出消费者意愿的数据,去了解他们想要的是什么,以及我们应该以什么样的方式提供给他们。

我们的战略:保持倾听,直到我们知道了正确的行事之道。这对于公司以及其受众是一种双赢局面。

随着科技继续演变并且变得更加的复杂,变革成为一件理所当然的事情。社交媒体现在给予每个人发出自己声音的机会,在那里他们可以畅所欲言。我们必须继续保持科技方面的领先优势。拥有一支强大的内部团队,加上谦逊的态度和关注力,与自己的消费者保持一致,对你来说将成为自然而然的一件事情。

更多令人兴奋的事情出现在了前方的地平线上。自动化在特定的行业中正在成为现实。这肯定会造成一些工作岗位的消失,但同时又会创造出另外一些全新的工作岗位。这就是团队以及公司绝对不能停下学习与发展脚步的原因!

唯一不变的就是变化——未来属于那些知道这一点的人。为了在明日的革新和工具方面保持领先状态，我们的战略是找到团队中的成员，让他们轮流对科技开展研究工作，看看我们是否能以某种方式加以利用。我们持之以恒地践行这一战略思路！

肖恩的科尔比指数

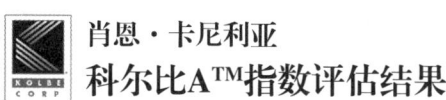

肖恩·卡尼利亚
科尔比A™指数评估结果

祝贺你，肖恩
你在科尔比指数评估中获得了完美的分数

你在采用独特的策略、区分与把握机会以及处理复杂问题的未知性方面拥有不同寻常的才干。当需要对一个机会进行量化并找到途径来对其进一步利用时，你能够从容应对。

科尔比行动模型

发现事实型　坚持到底型　快速行动型　积极实施型

7　　3　　6　　4

©1997-2017，凯西·科尔比，版权所有。

获科尔比公司许可重印。

沟 通

如何通过公关和市场行销来促进销售

莫娜·甘贝塔

普拉塔出版和公共关系总监

在本书的第一部分，罗伯特谈到如何打造一个品牌。在这个过程中，一个关键的要素就是品牌的认知度——当人们有所需要时，让你的产品或者服务成为唯一一个能够出现在他们脑海中的品牌——无论是复印机、纸巾、玻璃清洁剂、汉堡包还是轮胎。

有许多途径可以提升品牌价值和知名度，所有这些都归结于 B-I 三角形的沟通要素。

让我们首先关注外部沟通。互联网改变了人们沟通的方式，提供了大量的新机会，也让后来者面临的门槛更低，因为通过其建立消费者群体、分享讯息并保持联系的成本低廉。需要找一家实力强大的广告代理商并且向其支付大额广告费用的日子已然终结，但是这并不意味着事情变得更加简单，或者可以减少这方面的关注度或者是采取更加松懈的纪律。我们用于沟通的载体发生了变化，对应的规则和界限也随之改变。今天，我们需要更多地侧重于有针对性地传达讯息、创造价值以及面对现实，那就是你只有很短暂的时间，短到以分钟计——如果不是以秒来计的话——去赢得人们的关注。这是个难以完成的任务。

所有这些也表明——姑且不论在传播体系上发生的巨变——公司在传达讯息以及进行市场行销方面并没有发生太大的变化。市场行销方面的要素依然包括销售、广告和公共关系。罗伯特常常分享他的富爸爸关于销售的看法：销售等同于收入。

依照罗伯特的富爸爸的说法,销售是一位想要成功的企业家所必须掌握的头号技巧,组织中的每个人都必须学会销售,无论是在内部还是在外部。如果他们不具备此类技巧,那么公司就不太可能取得成功。这也意味着公司需要在广告上面投入非常多的资金。但关注于销售时可能更有效率,并且会带来一个更佳的投资回报。

广告费用可能变得非常高昂,无论是在谷歌上打广告还是在《华尔街日报》上刊登。这意味着,你必须付出实打实的钱,而且还不能保证成功或者促成销售。

这就是公共关系在扩大面向公众的宣传范围方面可以起到作用的地方。

无论广告还是公共关系都需要投资于你所定义的目标市场,并且精心构思所要传达的讯息,以便能够让目标受众产生共鸣,但两者间的花费差异巨大。在许多情况下,公共关系可能更加涉及到软性成本,而非刚性成本。对于初创公司来说,创办人往往拥有更多的时间,而非资金。产生公共影响力需要花费时间并做出持续的努力,但是这些投入的回报却十分丰厚。

如果你花时间做了研究,找到对你要传达的讯息来说最为适合的媒体渠道,那么你和你的宣传人员实际上就成为了服务提供者——作为一个可信的信息源服务于受众,并为受众带来真正的价值。与以前相比,如今的媒体渠道在数量上要更多——24小时不间断的节目、社交媒体渠道、网站内容、播客、博客——此外还有传统的印刷品、广播和电视渠道。这些全都需要提供有品质的内容,以便对其受众产生吸引力,并保持一定的活跃度。有着非凡的讯息传播技巧并且在传播领域有着卓越表现的人才非常抢手。

就如罗伯特在他的章节中关于品牌所谈到的那样,在过去的20多年时间里,富爸爸公司几乎就没有在广告上花过钱。你可能会问:怎么可能是这个样子?那他们是如何让其发展为今天这样一家具有国际影响力品牌的公司?

你可能已经猜到了,这就是沟通。在沟通的世界里,就宣传和销售产品以及服务,存在三个主要的方面,我早些时候提到过它们,那就是公共关系、广告和销售。

多年来,富爸爸公司在公共关系上花了大量的时间(但相对较少的钱)。这始于1997年,也就是当《富爸爸穷爸爸》出版的时候。罗伯特和金参与了在全国范围内开展的针对图书作者主办的各类广播节目。每周，罗伯特都会接通广播节目主持人打来的电话，讲述关于《富爸爸穷爸爸》的故事。他不是在推销，而是在讲述自己的故事。他是一位不错的嘉宾——表达能力很强且活泼，通过讲述一个故事，与来自世界各地的听众产生共鸣。通过讲述这个故事，他让人们产生了想要买来一读的欲望。

很显然，在每次节目临近结束时，主持人都会问道："我们的听众朋友们可以在哪里找到你的书？"罗伯特的回答始终如一："就在大家身边的书店。"

人们前往书店，询问《富爸爸穷爸爸》一书的情况，他们已有购买动机，而书店就不需要去推销书籍——我们通过公共宣传，促进了销售。

这些销售——作为开展公共关系扩大传播范围以及接受各种采访所带来的直接结果——帮助《富爸爸穷爸爸》登上了《纽约时报》畅销书榜单。这引起了奥普拉·温弗瑞的注意。2000年，在花费一小时作为奥普拉脱口秀的嘉宾参与其节目之后，罗伯特和金明白了什么叫作"奥普拉效应"。当罗伯特·清崎以及来自富爸爸的讯息被传播到全世界人们的面前时，他与奥普拉的能量产生了交汇——两个同样鲜明的个性，同样在教育方面充满激情——一夜之间让罗伯特和他的书登上了世界舞台。这让"富爸爸"成为一个家喻户晓的词以及世界级品牌，也为在财商教育方面直言不讳的提倡者——罗伯特和金——打造了事业的舞台。

为什么一个十分钟的广播访谈与一段60秒、花费1000美元的广播广告相比，前者发挥的作用更大呢？因为罗伯特不是在推销。他吸引了公众的关注度，促使他们前往书店一睹究竟。他通过讲述富爸爸、穷爸爸以及一位小男孩在两种关于金钱的截然不同的观点态度中挣扎的故事，实现了自己想要深入到听众的心灵和意识中去的目的。听众开始明白罗伯特写这本书的目的，以及财商教育如此重要的原因。

赢得公众关注的另一个优势——公共关系的推广以及媒体覆盖——经常被人们所忽视。这经常被称之为"第三方背书"。如果一位记者决定采访罗伯特，并在一篇文章中提及他，那么无论其文章的主题是关于个人理财方面，还是关于储蓄很愚蠢（今天看来）这一方面，或者是如何负责任地利用债务，抑或是如何通过你的钱变得更聪明这一话题，那么其想要传达和沟通的讯息就是罗伯特是这方面的权威，他在个人理财方面发出的声音很重要，因此值得我们关注。而罗伯特与其他知名的、备受敬重的专家一同亮相福克斯新闻、美国有线电视新闻网或者诸如《市场观察》一类的节目时，产生的效果是一样的。通过这些手段，公众可以进一步了解一些关于罗伯特本人、他想传达的讯息以及他在可信度方面的信息。这些并不是花钱就能够买到的。这就是公关的力量。

如今，在全球各地，社交媒体渠道以及成功的公司——例如脸书、推特等——在人们的沟通方面拥有巨大的影响力，这也印证了沟通的重要性和价值。社交媒体让沟通变得更有效率、更加快捷且费用更低。

对于一家公司来说，对B-I三角形中的沟通要素至关重要的是内部沟通，其在获得的关注度和持续性方面应该与外部沟通维持同样程度。让我们回想一下肖恩的话语：我们不能忽视沟通。在公司内部，我们需要与团队成员、管理层、公司所有者以及股东沟通，甚至与战略合作伙伴、卖家以及加盟会员沟通。成功的企业家能够证明一个事实，那就是清晰、简明以及有礼貌的内部沟通将会构建起强大的团队、品牌和事业。强大的内部沟通可以造就巨大的差异，在成功举办新的活动或者推出新的产品方面是如此，在诸如更新公司的医保计划这类虽然很平凡（但却很重要）的事情方面也是如此。在如今这个日新月异的世界里，赢得人们注意力集中的间隔更短，客户在深度挖掘我们的讯息方面也更缺乏耐心，我们需要尽可能简短的沟通，且必须开门见山，直击重点。针对关系建立和打造品牌的策略可以逐渐累积，然后静待合适的时机来临，也就是建立起一个强大的联系——无论是内部的还是外部的。

多年来，罗伯特接受了来自世界各地的大量媒体的数千次采访，他们为他和他的富爸爸公司撰写了数百篇的文章。他还作为特写出现在许多杂志的封面上，具体多少家杂志多得没法数清。围绕富爸爸公司以及《富爸爸穷爸爸》这本书——如今仍然位列个人理财类书籍第一位——产生的种种议论在继续影响着下一代。沟通媒介可能变得稍许不同，一如电邮消息以及脸书的帖子在影响力方面逐渐盖过《芝加哥论坛报》这类纸质媒体的采访。但是，沟通所展现出的力量，例如《富爸爸穷爸爸》传达出的讯息所展现的影响力，则经受住了时间的考验。对所有公司来说，在B-I三角形方面，这都是至关重要的要素。

莫娜的科尔比指数

莫娜·甘贝塔
科尔比A™指数评估结果

祝贺你,莫娜
你在科尔比指数评估中获得了完美的分数

你在进行比较、将信息文档化以及定义优先级方面表现得相当出色。你在研究历史细节方面是一个值得信赖的人,能够在特别感兴趣的领域成为专家,并且做出战略性决策。

科尔比行动模型

©1997–2017,凯西·科尔比,版权所有。

获科尔比公司许可重印。

现金流

销售 = 首要任务

现金流 = 底线

汤姆·惠尔赖特

一旦你拥有了适合自己的领导力、团队以及使命，并且让它们互相配合，开展运营，那么是时候将目光转向现金流方面了。现金流对于任何公司来说都是赖以生存的血液。如果现金流中断，那么公司将会破产；如果源源不断地产生现金流，那么公司和它的所有者就会兴旺发达。因此，我们要搞清楚现金流究竟从何方而来？同时找到最佳方式，确保现金流能够持续增加，并且始终有效地满足公司以及其所有者的需要。

现金流源自多处，其来源可以被归于三个大的类别中，这三个类别组成了公司财务报表中最为重要的部分——现金流量表。现金流量表反映了在一个特定的期间内（月度或者年度），现金流从哪里来，以及它们又去了哪里。

首先，现金流可以产生自公司的运营，这也是产生现金流的最好方式，其始于销售（参见 B-I 三角形的沟通部分）。销售创造收入，而收入既可以体现为现金的形式，也可以以应收账款的形式反映。如果你将产品销售给一位消费者，并且允许后者在经过一段约定的天数之后再支付款项，那么你就对这位消费者形成了一笔应收账款。应收账款没法变成现金，除非对方最终向你支付了款项。对于许多企业主来说，其面对的挑战之一便是自己看到的收入体现在损益表中，公司却没有收到同样数目的现金。这可能是由于应收账款的数额增加了，因此虽然收入在数字上是增加的，但是却没有看到对应的现金。

当然，销售仅仅是产生自业务运营中的现金流故事的开始。一旦有现金流入，其通常会被支出给蚕食。这就是深谙此道的企业主重点关注的地方。成功的企业主对支出的关注程度不亚于他们对收入的关注程度。那我们来看一个简单的例子。想象一下你的损益表，就像下面这张：

	损益表		
100	销售额	140	40%
−80	销货成本	−112	80%
20	毛利润	28	
−16	支出	−22.4	16%
4	净利润	5.6	40%

你决定，自己想要让净利润增长 40%。那么对你来说，很显然其中的一种选择就是将销售额提高 40%。那么损益表看起来将会是这个样子的：

另一个选项则是减少支出。在这个例子中，你仅仅只需将支出降低 10%，就可以实现净利润 40% 的增长，那么损益表看起来会像这个样子：

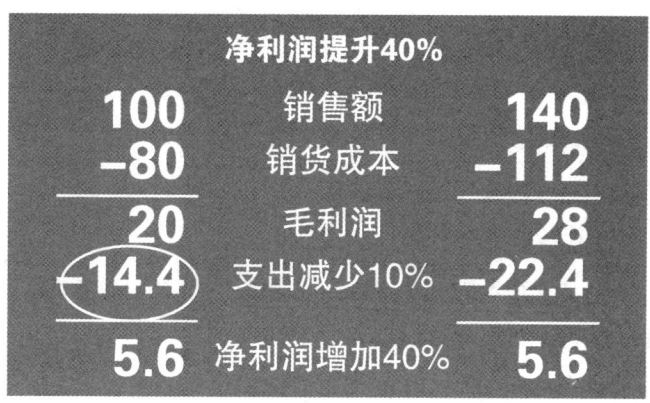

因此,哪一种选项更容易实现呢?是将销售额提高40%还是将支出减少10%呢?很显然,减少10%的支出始终更加容易一些。要做到这一点,方法就是逐笔检查开支,看看其是否会对收入的增加有任何帮助?任何支出的目的都应该是增加收入,而任何无法实现这一目的支出都应该被取消。举例来说,有许多公司现在都向员工提供食品饮料。这就是一笔可多可少的支出。如果这项举措可以提升员工的生产率,而作为一个结果,其对应的收入也会提升,那么这钱花得值得。如果该举措提升的仅仅是员工的体重而非生产率,那么就应该取消这项支出,并转而寻找其他可以提升生产率的方式。

每一笔支出都应该以这样的方式加以分析。你可以开始查看过去12个月的损益表,坐下来,与你的注册会计师或者商业合伙人一起,检查每一个单独的支出类别,看看哪一类的支出帮你赚到更多的钱,而哪一类对提升公司收入没有效果或者收效甚微,可以列入被取消的队伍。

接下来的部分是投资。你可以通过资产投资来取得或者消耗现金流。投资的目的就是为了产生现金流。你可能面对充足的现金流入的情形,然后将其消耗在家具、设备或者其他资产上面。因此,你的现金流在期末可能消耗殆尽。这也没有关系,只要你能够适当地进行管理就行。

就像你对待支出的方式一样,你也应该仔细地查看出现在你的资产负债表中的每一笔资产。资产负债表中包含了你的资产(也就是你拥有的那些)以及你的负债(也就是你欠的那些),还有余下的归属于企业主的东西(权益)。如果一项资产不能产生收入,那么就将其处理掉,要么卖掉,要么捐到一个合适的地方。(如果你将它捐出去，那么至少会以税收冲销的形式收到一些现金流。）

如果一项资产不能产生收入，那么其就不再是一项资产了。它只是待在你的资产负债表上，什么作用也发挥不了。我们将其称之为闲置资产或者未充分利用的资产。这类资产必须被处理掉，就算亏损出手也无所谓。这是一种不可产生收入的资源，必须将其转换为一种可以产生收入的资产。

对你的资产来说，首先需要决定的是可接受的投资回收率是多少？任何没有达到该投资回收率的资产都应该被关注，看看是否是存在某种方式，来改善这项资产的投资回收率。如果存在，那么就采取所需的行动去改善投资回收率；如果不存在的话，就将其处理掉。几年前，在我的会计事务所，有一些客户并没有贡献较多的收入。因此，我们将这些客户转交给了另一家会计师事务所，然后腾出时间来关注其他更有价值的客户。

最后一条增加现金流的途径就是融资，这包括来自投资者的权益融资以及来自银行的融资。你可能看到大量的收入出现在了损益表上，然后奇怪为何手上却没有任何的资金，其原因可能是你的钱被用来偿还债务了。因此，虽然你的现金流被消耗了，但是净权益却增加了。这未必是坏事。

就像你对待支出和资产方面的态度那样，你也必须定期查看你的负债（负债是会计师和银行家针对债务所用的术语），判断它们是否在发挥自己的作用。任何负债的目的都应该是创建一项资产。如果你拥有的负债并没有产生资产，那么这些负债就是坏的债务。产生资产（进而可以产生现金流）的负债就是好的债务。

关注现金流并且遵循这些基本准则的企业主很少会陷入麻烦，他们例行检查自己的现金流量表，并且定期检查自己的支出、资产以及负债，以便确保支出能够产生收入，资产能够产生现金流，而负债能够产生资产。

对于现金流来说，最后一个至关重要的方面就是税款。除去销货成本（用来生产这些供你销售的货物的成本）以及劳务（你的正式员工或者是合同工）成本之外，税款将会是你最大的单一支出项目。幸运的是，任何国家制定的税法都偏向于让企业主从中获益。

政府同样想要确保你的支出能够产生收入。实际上，这也是用来检验一项花费是否能够作为商业用途支出在税前扣除的标准之一。这项支出对于你的公司来说是否是必要的？这项支出是否增加了收入或者是提高了你的市场份额？如果上述问题的回答是肯定的，而且你保留了这些支出的凭据，那么政府将会允许你从应税收入中予以扣除。记住，你根据自己的净收入来支付税款。因此，任何从净收入中扣除的支出都会减少你最后缴纳的税款。

你根据法律规定所成立的公司在形式上的区别也会对你的税款计算方式产生巨大影响。你设立的公司被称之为你拥有的实体。加勒特在B-I三角形的法律部分涵盖了这一点。你所设立的实体形式——合伙企业、股份有限公司或者有限责任公司——会对你计算和缴纳税款的方式产生巨大影响。如果你能够以适当的形式设立实体，那么政府将会通过更低的税率来奖励你。在美国，这意味着你可能想要设立S型股份有限公司去运营一份事业，或者在投资公司（例如不动产租赁）中以合伙人的身份缴税，并承担有限责任。

当然，减少你的税款、管理你现金流的最重要部分在于你的团队成员。负责现金流方面的团队成员应该是一位注册会计师，或者与此相当的资历（许多国家中的"特许会计师"就相当于美国以及加拿大的注册会计师）。注册会计师会在财务报表以及税收申报方面为你提供帮助。如果你想要了解更多关于如何寻找一位优秀注册会计师以及税务顾问方面的知识，我建议你阅读一下我撰写的《免税财富》一书。

汤姆的科尔比指数

汤姆·惠尔赖特
科尔比A™指数评估结果

祝贺你，汤姆
你在科尔比指数评估中获得了完美的分数

你很独特，敢于面对未来的挑战。你引领着潮流，洞见各种可能，并且能完成别人认为不可能完成之事。你甚至在看到问题有希望得到解决之前就坚信自己能够做到，并将其转化为一次富有成效的冒险。

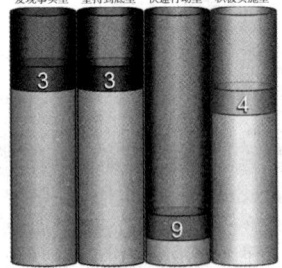

©1997–2017, 凯西·科尔比, 版权所有。

获科尔比公司许可重印。

总　结

　　本书的诞生得益于团队的努力。我必须再一次强调，这是金和我组建的团队中全部成员的才干和经验的结晶。我希望，这本书能够鼓舞你去寻找和发现你所需要的有才干的人，以便构建起一支世界级的商业团队。

　　今天就开始着手构建你的团队。创建属于你自己的荣誉守则，彼此之间以高标准要求和对待。这将帮助你吸引到高水准的客户、合伙人、导师以及顾问，这些因素会让那些蓬勃发展的公司与那些陷入困境的公司区分开来。

　　拥抱来自 B-I 三角形的力量以及经验教训，并且利用其作为你的向导，创建和支持你公司的八个强大要素——你的公司将会经受住所有公司都需要面对的考验。

　　我很荣幸能够借此机会向大家介绍我的团队。我知道，他们所分享的经验教训和故事将会帮助你避免一些错误，而这正是我在商业生涯的早期所犯下的。我认为你也会认同一件事，那就是他们是优秀的资产，甚至比钱更重要。

　　我们最后以问题的形式为大家呈现出一个结论：你的团队中都有哪些人？

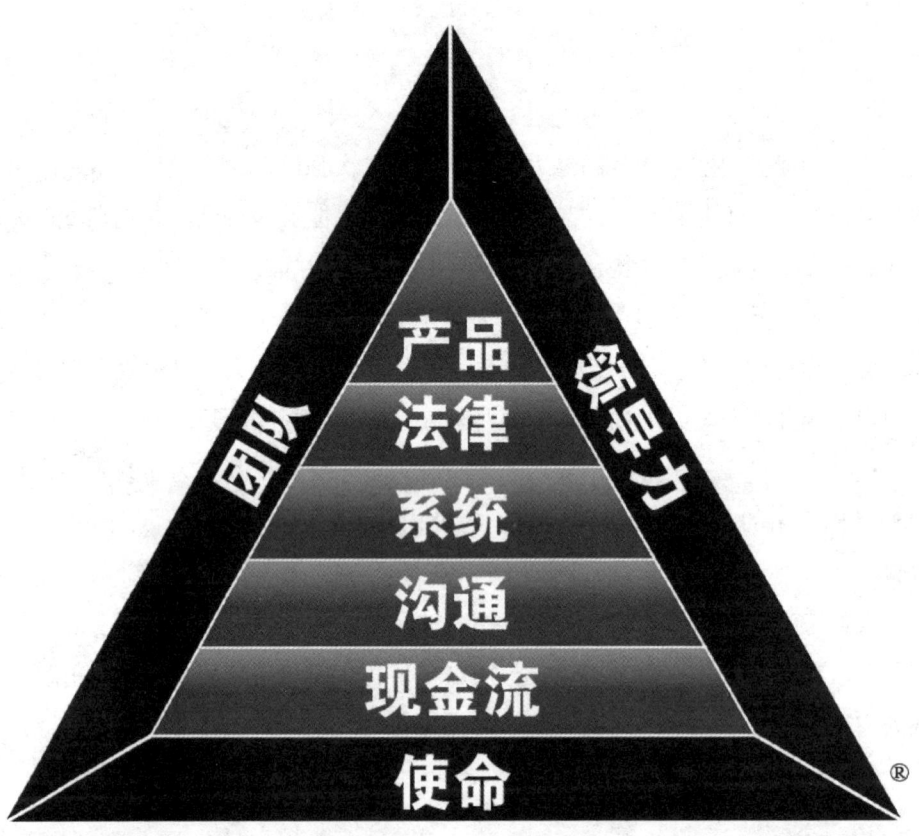

　　科尔比公司的使命是通过让人们拥有成为自己想要成为的那种人的自由,来帮助他们取得成功。这始于科尔比指数,它是一种评估,可以用来衡量其他评估无法衡量的东西——你的意动力量。意动与意识的第三部分有关,可能你对此并不太了解。简单来说,当你在解决问题时,这部分的意识会指示出那些你真正愿意或不愿意去做的。你可以将其视作自己的"直觉"。

　　通过了解这些直觉,以及你本能地解决问题的方式,或者怎样的情形能够对你造成压力,你就更加容易在事业和个人生活中取得成功。

　　科尔比评估帮助公司为正确的人赋予正确的角色,减缓工作场所的压力,帮助团队成员更好地共事——只需辨识出天生的力量即可。一旦你了解了自己的直觉和那些推动你与朋友、合作伙伴以及配偶形成并发展人际关系的要素,你就可以更加容易地谈论自己的不同之处,并对它们一笑了之,然后找到应对它们的技巧。这些手段同样适用于你的孩子们,你可以用来帮助他们发掘自己与生俱来的力量。

　　现在就去 Kolbe.com 进行科尔比指数评估吧!

迅速提高财商的三个方法

方法一：阅读"富爸爸"系列书籍

财富观念篇	《富爸爸穷爸爸》
	《富爸爸财务自由之路》
	《富爸爸提高你的财商》
	《富爸爸女人一定要有钱》
	《富爸爸杠杆致富》
	《富爸爸我和埃米的富足之路》
财富实践篇	《富爸爸投资指南》
	《富爸爸房地产投资指南》
	《富爸爸点石成金》
	《富爸爸致富需要做的6件事》
	《富爸爸穷爸爸实践篇》
	《富爸爸商学院》
	《富爸爸销售狗》
	《富爸爸成功创业的10堂必修课》
	《富爸爸给你的钱找一份工作》
	《富爸爸股票投资从入门到精通》
	《富爸爸为什么A等生为C等生工作》
财富趋势篇	《富爸爸21世纪的生意》
	《富爸爸财富大趋势》
	《富爸爸富人的阴谋》
	《富爸爸不公平的优势》
财富亲子篇	《富爸爸穷爸爸（少儿彩图版）》
	《富爸爸发现你孩子的财富基因》
	《富爸爸别让你的孩子长大为钱所困》
	《富爸爸穷爸爸（漫画版）》

财富企业篇	《富爸爸如何创办自己的公司》
	《富爸爸如何经营自己的公司》
	《富爸爸胜利之师》
	《富爸爸社会企业家》

方法二：玩《富爸爸现金流》游戏

风靡全球的《富爸爸现金流》游戏浓缩了《富爸爸穷爸爸》一书的作者——罗伯特·清崎三十多年的商界经验，让我们在游戏中模仿和体验现实生活的同时，告诉游戏者应如何识别和把握投资理财机会；通过不断的游戏和训练及学习游戏中所蕴含的富人的投资思维，来提高游戏者的财务智商，最终实现财务自由。

方法三：关注读书人俱乐部微信

北京读书人俱乐部微信公众号由北京读书人文化艺术有限公司运营，为"富爸爸"读者提供符合富爸爸理念的各种理财资讯、产品和工具。读书人文化是一家专业图书策划与出品公司，一直致力于为读者提供幸福生活的知识。从2000年成立至今，读书人文化已在投资理财、文化生活和少儿教育三个领域确立了自己的文化理念和品牌，先后策划出品了"富爸爸穷爸爸"系列、《谁动了我的奶酪》《金字塔原理》《空谷幽兰》《中国的品格》《莲花次第开放》《一心一意来奉茶》《小狗钱钱》《儿童自我成长小百科》等优秀图书。同时，公司也以自身积累的图书和作者等优质文化资源为载体，不断拓展相关衍生产品与服务，如培训讲座、投资工具和影视作品等。读书人文化将秉承"读书人当为天下爱书人服务"的理念，用更多优秀图书和产品，助力读者的财务自由与心灵自由之路。

readers-club
扫码关注读书人俱乐部
获取更多相关资讯

读书人淘宝店
扫码关注读书人淘宝官方品牌店
获取更多优惠信息